Géographie économique de l'Europe centrale

SciencesPo. Les Presses

Domaine **Économie** politique

Dirigé par François Bafoil et Jacques Le Cacheux

Violence de la rente pétrolière
Algérie – Libye – Irak
Luis Martinez
Collection Nouveaux Débats
2010 / ISBN 978-2-7246-1162-5

L'Économie ordinaire entre songes et mensonges
Gilbert Rist
Collection Références
2010 / 978-2-7246-1156-4

SCIENCES PO
Économie politique

Géographie économique de l'Europe centrale

Recomposition et européanisation des territoires

Gilles Lepesant

SciencesPo.
Les Presses

Catalògage Électre-Bibliographie (avec le concours de la Bibliothèque de Sciences Po)
Géographie économique de l'Europe centrale. Recomposition et européanisation des territoires / Gilles Lepesant.
- Paris : Presses de Sciences Po, 2011. - (Références).
ISBN 978-2-7246-1188-5
RAMEAU :
- Europe centrale : Conditions économiques : 1990-...
- Europe de l'Est : Conditions économiques : 1989-...
- Union européenne : Europe centrale
DEWEY :
- 330.943 : Conjoncture et conditions économiques - Europe centrale
- 330.947 : Conjoncture et conditions économiques - Europe de l'Est

Public concerné : public intéressé

SOMMAIRE

Pour Beata et Adrian

Remerciements

Ma gratitude va à François Bafoil et à Michel Foucher pour leurs commentaires et leurs conseils au cours de l'écriture de cet ouvrage. Celui-ci a bénéficié du dialogue noué au cours des années passées avec mes collègues d'Europe centrale, en particulier à l'Institut de géographie de Varsovie, à l'Université de Prague et au Centre des études régionales de Pécs (Hongrie). J'ai également pu compter sur la disponibilité de responsables en entreprise, de fonctionnaires des nouveaux États membres dans leurs ministères respectifs ou au sein de la Représentation permanente de leur pays à Bruxelles, sans oublier les contacts noués avec des acteurs de collectivités locales. Les thèses exposées doivent également beaucoup aux discussions entretenues avec les étudiants du campus européen (Dijon) de Sciences Po. Plusieurs missions conduites en Europe centrale ont été cofinancées par le conseil régional d'Aquitaine dans le cadre des appels à projets « Enseignement supérieur » et par l'Union européenne dans le cadre du programme Interreg REDIN. Enfin, ce livre est redevable des entretiens accordés par les fonctionnaires de la Commission européenne, à la DG Regio et à la DG Relex notamment. Parmi ces fonctionnaires, Alessandro Missir di Lusignano aurait été parmi mes lecteurs les plus chers et les plus avisés, s'il n'avait disparu beaucoup trop tôt.

Introduction

> « Pour fonder leur droit à la survie et justifier leur rôle de guides, les Europes, vieilles et nouvelles, doivent s'européaniser elles-mêmes, pratiquer et formuler cet équilibre de la maîtrise du monde matériel et de l'idéal de la communauté fraternelle qui est une sagesse acceptable pour tous. Ce perfectionnement de l'Europe est une lente conquête.
>
> Être Européen, en ce sens difficile, ce n'est pas être né sous telle latitude, ressortir à tel cercle de culture, mais participer à la mission que l'Europe historique a contribué à définir et qu'elle a tant de fois manquée.
>
> L'Europe désigne moins un champ qu'une semence que nous devons faire germer, une tâche que nous devons accomplir ensemble. »
>
> François Perroux (1990 [1951], p. 405).

1989-2009 : vingt années de transformations au cours desquelles l'Europe centrale s'est convertie à la démocratie et à l'économie de marché, et a rejoint une Union européenne initialement forgée sans elle. Avec le recul du temps, le cheminement paraît naturel. Pourtant, les doutes et les appréhensions qui s'exprimèrent à l'Ouest du continent lors de la réunification de l'Allemagne puis lors des élargissements de l'UE traduisaient davantage qu'un manque de vision. Ils rendaient compte de la difficulté de la tâche. Dans une région pourvue d'une faible tradition démocratique, minée par les rancœurs entre voisins et confinée depuis le Moyen Âge dans un rôle subalterne dans la géographie économique du continent, l'intégration réussie au projet économique et politique européen n'allait pas de soi. En 1989, l'archaïsme des structures de production, la vétusté des infrastructures, les logiques autoritaires, sans parler des tentations révisionnistes après les changements de frontière imposés en 1945 : rien ne garantissait que la diffusion du modèle européen à l'Est de l'Oder pût aboutir. Le défi a pourtant été relevé, et à l'exception notable des Balkans et de certains territoires de l'ex-URSS, il l'a été sans guerre.

La période 1989-2009 constitue une rupture radicale de l'Europe centrale avec son histoire. Jamais auparavant, les nations de cette région n'avaient pu parachever leur genèse étatique, bénéficier d'une sécurité aussi optimale et organiser leur développement sur des bases aussi prometteuses. À qui imputer cette « transition heureuse » ? À la lucidité des acteurs et à la sagesse des opinions ? En partie, sans doute. C'est toutefois l'Union européenne qui a fourni le cadre politique et économique adapté en incarnant cette Europe mythique avec laquelle les nations de la région en quête de reconnaissance souhaitaient renouer. Par séquences successives – de la signature des accords d'association à l'adhésion à la zone Schengen –, les pays d'Europe centrale ont intégré l'espace européen au point que la coupure inscrite dans les représentations mentales contemporaines entre « les deux Europe » s'avère trompeuse. Les progrès varient d'un État à l'autre, les dynamiques diffèrent selon les régions, l'espace ex-soviétique poursuit sa fragmentation : le paysage centre et est-européen est moins que jamais un bloc.

Quelle Europe centrale ?

À l'Ouest du continent européen, l'idée d'une Europe centrale homogène subsiste dans les esprits. En revanche, pour les nations situées entre Russie et Europe occidentale, l'idée d'amalgamer les pays de la région dans le discours ambiant (« les pays de l'Est »), voire de les associer à leurs voisins orientaux (concept « d'Europe émergente » en vigueur dans certaines institutions économiques internationales), relève de l'incongruité.

La prédominance de la langue slave joue un rôle fédérateur secondaire au regard des logiques politiques et historiques. Elle est certes largement répandue mais elle est absente de plusieurs pays (Hongrie, Roumanie notamment). Sur le plan historique et culturel, la pluralité des dénominations retenues pour délimiter la région (*Mitteleuropa*, Europe du Centre-Est, Europe médiane, *Süd-ostmitteleuropa* entre autres), chacune chargée de connotations politiques, rend compte à elle seule du manque d'unité de cet espace. Certes, « l'Europe centrale n'est pas un vain mot » comme l'écrivait le géographe Emmanuel de Martonne (1930) en référence aux paysages et aux styles architecturaux qu'il y avait observés, et les écrivains de la région (Czesław Miłosz, Robert Musil, Joseph Roth notamment) ont contribué par leurs œuvres à valoriser l'identité centre-européenne. Des similitudes relevant de la culture, notamment de la musique (Béla Bartók parlait d'un « jargon musical international est-européen », 1934, p. 3) ou encore de la gastronomie peuvent donner l'illusion d'un continuum entre Baltique et Adriatique. Toutefois, depuis la fin de la mixité ethnique dans la plupart des pays, l'extermination des populations juives et les volontés d'affirmation nationale, peu de ponts subsistent entre les cultures : plus que jamais, l'Europe centrale se définit en creux, comme un entre-deux.

Certaines élites de la région ont invoqué une identité supposée commune entre ses différentes composantes. Un courant panslaviste prospéra jusqu'au début du XXe siècle, en contrepoint notamment de l'influence allemande même s'il fut miné par les divisions provoquées par la place à accorder à l'Empire russe dans l'architecture de la région. Plus tardivement, le Hongrois László Németh vanta la fraternité des peuples d'Europe de l'Est (Berend, 2003). Il reste que depuis l'extinction des Empires ottoman, austro-hongrois, russe et allemand, la cohésion de l'espace reliant la Baltique à l'Adriatique est plus superficielle que jamais.

L'ultime lien fédérateur pourrait être le sentiment d'insécurité imputable à cette situation d'entre-deux. Comme l'expliqua Fernand Braudel (1985), « l'Europe médiane n'aura jamais eu cette chance inouïe de se gonfler d'espace, d'exploser hors d'elle-même. Ses voisins la cernent, l'emprisonnent ». Une identité par défaut a en revanche pu émerger. « Est Mitteleuropéen tout homme que la division de notre continent blesse, touche et offense » écrivait ainsi György Konrád[1]. Dans ce contexte, le sentiment d'insécurité ne saurait étonner. « Pour comprendre le caractère de l'Europe centrale, écrivait Guido Zernatto (1940), il faut constamment avoir présent à l'esprit que toute forme de civilisation humaine y est toujours remise en question : l'État, la nation, les fondements de la société et de l'économie. » Alors que la seconde guerre mondiale venait de commencer, Guido Zernatto souhaitait pour ces États « une possibilité de réaliser à la fois leurs désirs nationaux tout en vivant dans des communautés politiques où les points de friction soient réduits au minimum, et dans le cadre d'une organisation économique, qui, fondée sur la raison, tienne compte des exigences des temps actuels ». Avec les élargissements de 2004 et de 2007 de l'Union européenne, ce vœu semble exaucé. Les pays de la région ont recouvré leur souveraineté nationale ou ont forgé des États nouveaux. L'Union européenne a encadré ce processus et permis que les tensions héritées du passé soient gérées en vertu de règles de droit, et le processus de fragmentation politique a pu s'opérer dans le contexte d'un grand marché. La quête identitaire exigeait des constructions étatiques. La paix et le développement

---

1. *Cité dans Cécile Wajsbrot et Sébastien Reichmann (dir.),* L'Europe centrale : un continent imaginaire, *Paris, Autrement, série « Monde », h. s., n° 51, 1991.*

requéraient l'adhésion à une Union. L'Union européenne a satisfait ces attentes contradictoires, même si en la rejoignant, les nouveaux États membres ont accepté de mettre en commun une souveraineté fraîchement acquise ou recouvrée. Le sentiment d'insécurité a, lui, été conjuré par une intégration dans les structures de l'OTAN.

Au sein de l'Union, les nouveaux États membres n'ont pas pour autant constitué un bloc. Les États de petite taille rechignent à consentir au pays le plus peuplé de la région (la Pologne) le rôle de chef de file que celui-ci endosserait volontiers pour conjurer le risque de demeurer un enjeu entre la Russie et les grandes puissances occidentales. Lors de la crise financière de 2008, certains voisins de la Hongrie, inquiets de l'effet de halo que provoquait à leur détriment la situation d'un pays moins bien loti qu'eux, se sont désolidarisés d'elle à l'heure où elle en appelait à un plan européen en faveur de l'Europe centrale.

Au fond, dans la géographie économique du continent, l'Europe centrale en tant que telle n'existe pas. À l'absence de solidarité politique, de connivences historiques fortes à l'échelle de la région s'ajoute une diversité objective des situations. En 2007, pour un produit national brut (PNB) par habitant moyen fixé à 100 à l'échelle de l'UE-27, la République tchèque et la Slovaquie atteignaient respectivement 80 et 72, soit un chiffre comparable à celui du Portugal (75). La plupart des autres nouveaux États membres oscillaient entre 56 et 67. La Roumanie et la Bulgarie étaient nettement en retrait (46 et 40), même si pour les autres nouveaux États membres aussi, plusieurs années seront nécessaires pour approcher le niveau des États les plus prospères. L'Europe centrale n'est donc pas un bloc. À la vérité, elle ne l'a jamais été. La période communiste comme l'élargissement groupé de 2004 ont fait illusion. Depuis 1989, les différences entre les pays dits « de l'Est » se sont accentuées, même si tous ont amorcé un processus de rattrapage avec l'Ouest.

Dès lors, pourquoi les rassembler dans un même ouvrage ? D'abord, les nouveaux États membres (principalement ceux qui ont adhéré en 2004) sont confrontés à un même défi : après avoir réussi une première transition (du socialisme au capitalisme) qui a vu le succès de la paix, de la démocratie, de l'adhésion à l'Union, ils sont confrontés à une deuxième transition. Celle-ci doit permettre de passer d'un mode de développement fondé sur des bas salaires (associés à un niveau technique reconnu) à un mode de développement susceptible de conjurer le risque pour l'Europe centrale de demeurer une périphérie durable dans la géographie économique du continent. Ensuite, élargir la réflexion à l'Ukraine permet de nuancer le discours sur la réunification de l'Europe et de mieux comprendre les dynamiques à l'œuvre. Comparée aux nouveaux États membres, ce pays révèle les clivages qui parcourent l'Est européen, clivages entre des États qui connaissent des trajectoires différentes, et clivages au sein des États qui ne peuvent qu'attiser la curiosité du géographe. Enfin, l'Europe centrale ne se définit pas seulement comme un entre-deux mais également, du fait de l'insécurité, de l'éloignement des côtes et des faibles densités, comme une périphérie vers laquelle le progrès s'est diffusé depuis l'Ouest mais où peu d'innovations ont germé. L'enjeu du rattrapage – loin de résulter d'un demi-siècle d'économie planifiée – y est récurrent dans la longue durée, avec en filigrane, pour les États ayant adhéré à l'Union en 2004 comme pour l'Ukraine, la question d'un nouveau modèle de développement.

La question peut être analysée en sociologue, en politologue, en économiste. À l'heure où les logiques territoriales sont de plus en plus valorisées dans l'interprétation des dynamiques de développement, c'est en tant que géographe qu'elle sera ici abordée. Analyser les dynamiques territoriales implique d'articuler les différentes échelles spatiales, de mesurer comment le local et le global interagissent, de souligner le rôle joué par les acteurs et les institutions, de préciser celui de l'Union européenne, bref d'étudier ce processus d'européanisation des territoires qu'ont permis les flux économiques et la mise en œuvre de la politique régionale de l'Union européenne. Avec quels outils théoriques ?

La notion de territoire dans l'après-fordisme

L'idée que le monde est plat, que la question de la distance ne vaut plus, que les entreprises impliquées dans la mondialisation sont devenues indifférentes aux territoires s'est heurtée à une réalité que la simple observation du quotidien permet de constater. Aux flux de capitaux échangés chaque jour d'une place financière à l'autre (dans une géographie qui permet qu'au moins une des grandes bourses mondiales soit en permanence active) répondent le développement des circuits courts, l'essor des appellations contrôlées, la valorisation des ressources proches par les collectivités locales, la prise en compte croissante, dans le coût des déplacements des biens et des personnes, des dégâts infligés à l'environnement des générations actuelles et prochaines.

Nié par l'intensification des flux et les nouvelles technologies de communication, le territoire est pourtant plus que jamais mis en avant. Sur le plan politique, la « fin des territoires » (Badie, 1997) est contredite par « l'obsession des frontières » (Foucher, 2007). Sur le plan économique, la rapidité avec laquelle se succèdent les implantations et les fermetures d'entreprises, les délocalisations et les relocalisations, loin d'épuiser la notion de territoire la met à l'honneur puisqu'il est établi à travers ces mouvements que le choix du lieu pour produire n'est pas secondaire. La mondialisation (à supposer que celle-ci soit un phénomène récent) a au fond probablement revitalisé la notion de territoire.

Le fordisme se caractérisait par une organisation de la production, une division du travail et une régulation principalement nationales. Dans ce schéma, le territoire était entité négligeable, le sort d'une région donnée étant pour l'essentiel fonction de sa situation dans l'espace national et mondial (Benko et Lipietz, 1995). Des spécialisations territoriales ont pu s'opérer (Michelin à Clermont-Ferrand) mais le territoire, compris comme une entité disposant de stratégies et d'outils de développement efficaces, n'était pas une donnée clé. À l'époque fordiste, la présence d'une entreprise industrielle dans une région impliquait mécaniquement la création sur place de richesses sous forme d'emplois et de revenus (Pecqueur et Ternaux, 2005). Les grandes unités de production avec leur direction centralisée dominaient le tissu économique, et les pouvoirs locaux se préoccupaient rarement de développement endogène. Présence de matières premières, d'un bassin d'emploi bon marché, avantages logistiques du site retenu : telles étaient les qualités attendues de l'espace-support. Si l'idée que nous avons radicalement rompu avec les logiques fordistes fait débat, ce modèle a vécu, remis en cause par l'intensification des échanges, l'internationalisation des processus de production, l'essor de l'entreprise-réseau, les transformations internes des entreprises.

Cet épuisement du fordisme a logiquement modifié la donne. On attend désormais de la région qu'elle soit plus qu'un espace, qu'elle soit un territoire avec des stratégies, une identité et des acteurs dont l'efficacité se mesure à leur degré de cohésion. Mais le nouveau mode de fonctionnement de l'entreprise rend aussi compliquée que nécessaire cette adaptation. Entre pouvoirs publics et acteurs économiques, la relation n'est plus la même lorsqu'à l'entreprise enracinée depuis plusieurs générations de dirigeants ou installée sur volonté de l'État central succède la filiale d'un groupe mondial.

Le constat vaut pour l'Europe de l'Ouest. En 2010, le président de la chambre de commerce et d'industrie (CCI) du Grand Lille constatait : « l'ex-bassin minier vit de l'automobile et de ses sous-traitants, et le Dunkerquois de sociétés telles que Arcelor ou Coca-Cola. Les entreprises de la région ne relèvent plus de grandes "familles" nordistes mais de groupes étrangers qui n'ont pas la même sensibilité aux territoires[2] ». Il vaut encore davantage dans le cas de l'Europe centrale compte tenu du rôle joué par les acteurs économiques étrangers. Les investissements directs étrangers (IDE) y ont en effet afflué en masse. Ils n'ont pas seulement apporté des capitaux. Ils ont aussi irrigué les tissus économiques d'un savoir-faire essentiel au succès de la transition vers le capitalisme. L'impact précis de ces IDE sur la transformation des économies et sur les territoires prête néanmoins à débat. Il dépend de la stratégie de l'investisseur mais aussi des acteurs aux différentes échelles territoriales. Or, l'idée que le territoire est un construit social responsable de son développement marque une rupture avec les modes de pensée développés par les régimes communistes. Le lobbying des acteurs locaux dans les couloirs des administrations centrales y était certes pratiqué mais ces acteurs n'avaient ni les compétences, ni la liberté, ni l'expérience requises pour jouer le jeu du développement endogène aujourd'hui indispensable.

En somme, à l'heure de la mondialisation et du moindre enracinement des activités économiques dans leur milieu, le territoire retient plus que jamais l'attention. « *Space matters* ». La formule n'est pas d'un géographe mais d'un économiste, Paul Krugman, dans un ouvrage publié en 1991 (1991a) qui fut de ceux qui ont

---

2. Le Monde, *4 février 2009.*

inspiré la nouvelle économie géographique (NEG). Paradoxalement, au moment où les géographes pensaient avoir tout dit sur la notion de territoire, les économistes l'ont inscrite parmi les principaux objets de recherche de leur discipline. Dans la littérature économique traditionnelle, les analyses des jeux entre acteurs et du fonctionnement des marchés ne consacrent en effet que peu d'importance au territoire. « Entre la micro et la macro, il n'y a pas de médiations géographiques où s'élaboreraient des territoires faits d'agrégations incomplètes » déplore ainsi Bernard Pecqueur (2009).

On ne peut pourtant reprocher à l'économie de ne s'intéresser à l'espace que depuis Paul Krugman. Pierre Veltz (1996) fait remarquer que les précurseurs en matière d'économie politique, qu'il s'agisse de Cantillon, de Condillac ou encore de Smith, insistaient sur le rôle de la ville et ont étudié la relation ville-campagne avant que, progressivement, ce thème ne s'efface de la littérature économique. Dès le XIXe siècle, Johann Heinrich von Thünen (1826), géographe mais aussi agronome, éclairait les relations entre rente foncière, distance par rapport aux centres urbains et choix des activités agricoles, certaines d'entre elles gagnant à être proches de la ville malgré le coût du foncier. Walter Christaller contribua également à la théorie de la localisation en développant la thèse des lieux centraux. Gustav von Schmoller, l'un des chefs de file de l'École historique allemande, s'attacha quant à lui à montrer l'intérêt d'une approche pluridisciplinaire – impliquant notamment l'Histoire – dans la compréhension des faits territoriaux. Il est vrai que dans les réflexions de ces auteurs, la géographie était vue principalement sous l'angle du climat, de la distance, des coûts de transport. Les interactions socio- et politico-économiques aux différentes échelles territoriales suscitaient moins d'intérêt.

Dans les années 1930, et surtout après la seconde guerre mondiale, une distinction s'opéra entre la théorie de la localisation néoclassique et la théorie du développement régional enracinée dans l'institutionnalisme. Gunnar Myrdal (1957), Albert O. Hirschman (1958), François Perroux (1983 et 1988) animèrent cette dernière. Créée dans les années 1950, notamment sous l'impulsion de Walter Isard et d'Alvin Hansen (Bailly, 2009), la science régionale fut prisée tant aux États-Unis (où elle encadrait la réflexion sur les localisations stratégiques) qu'en Europe et en URSS où elle supposait l'existence de fondements scientifiques à une politique d'aménagement du territoire (cf. la thèse de Claude Ponsard publiée en 1955 et intitulée *Économie et Espace*).

Affaiblie par la vague libérale qui a contribué au discrédit de toute action publique volontariste, cette science réapparaît, portée par la NEG, la théorie des milieux, les nombreux travaux sur les districts industriels, avec en arrière-plan un débat sur l'opportunité de l'approche modélisatrice. Avant Paul Krugman, la prise en compte des imperfections de marché dans les années 1970 et 1980 avait renouvelé l'analyse économique grâce à la nouvelle micro-économie (Cahuc, 1998), la nouvelle macro-économie keynésienne, les nouvelles théories de la croissance (Guellec et Ralle, 2003), les nouvelles théories du commerce international (Rainelli, 2003). Le caractère novateur de la NEG tient probablement en premier lieu à une formalisation mathématique plus élaborée que lors des efforts de modélisation précédents et à un changement de paradigme.

La NEG a en effet montré que le territoire pouvait être analysé avec la boîte à outils classique des économistes (choix rationnel des agents et des firmes) et que les différentes configurations spatiales pouvaient – du moins en apparence – être modélisées. En revanche, pour comprendre les phénomènes d'agglomération et étudier les inégalités spatiales, il fallait, explique Paul Krugman, s'affranchir du cadre trop restrictif de la concurrence parfaite. « Le fait que les questions spatiales aient été longtemps secondaires dans l'analyse économique tient avant tout à la manière dont est pensé le marché. Au fond, pour dire quoi que ce soit d'utile ou d'intéressant sur la localisation des activités économiques, il faut se départir de l'approche fondée sur les rendements constants, la concurrence parfaite, autant de présupposés qui domine l'essentiel des travaux d'économistes. Tant que les économistes ne disposaient pas des outils analytiques pour penser les rendements croissants, la concurrence imparfaite, la géographie économique était condamnée à demeurer en marge de l'économie » (1991a, p. 4).

Si les rendements d'échelle étaient constants, rien n'interdirait en théorie à l'entreprise de multiplier les implantations pour être à proximité du consommateur. C'est l'existence de rendements croissants qui limite l'intérêt d'une telle dispersion. Un dilemme apparaît ainsi : restreindre les unités de production puisque le coût moyen de production diminue avec les quantités produites ou multiplier les sites de production pour se rapprocher des consommateurs et réduire les coûts de transport. Cet arbitrage entre le souci d'exploiter les économies d'échelle et la volonté d'être au plus près de chaque consommateur nourrit les dynamiques territoriales. En effet, en présence de coûts de transport bas, les activités économiques ont tendance à se regrouper. La proximité géographique permet en outre des interactions sociales qui profitent aux agents économiques et les incitent à se concentrer dans l'espace. La réduction des entraves à la libre circulation des biens et des personnes alimente donc les dynamiques de polarisation économique.

Transposer cette grille de lecture à l'échelle du continent européen est tentant. Les quatre libertés (des biens, des personnes, des services, des capitaux) sont au cœur du marché intérieur que l'Union européenne peut, à juste titre, présenter comme son œuvre principale (bien qu'inachevée). Certes, Daniel F. Spulber (2007) souligne l'importance des barrières à l'échange en distinguant quatre catégories de coûts : les coûts de transaction (les frais associés à la préparation à la réalisation d'un échange marchand – méconnaissance des langues, des pratiques, des cadres législatif et réglementaire), les barrières tarifaires et non tarifaires (droits de douane, quotas, restrictions volontaires aux échanges, normes sanitaires et phytosanitaires), les coûts de transport et le temps (délais de livraison, de transit). Mais l'une des caractéristiques du territoire de l'UE n'est-elle pas précisément l'effacement progressif d'une grande partie de ces entraves à la mise en œuvre du marché intérieur ?

Paul Krugman a ainsi logiquement tenté le parallèle entre l'UE et les États-Unis. Comme sur le sol américain, les activités devraient en Europe se concentrer progressivement sur quelques territoires moteurs. Certes, l'un des facteurs de concentration évoqué par Krugman – les migrations – est bien davantage à l'œuvre sur le sol américain où le salarié s'est accoutumé à aller là où sont les emplois que sur le sol européen. D'autres peuvent en revanche jouer : les interactions entre le secteur des biens intermédiaires et le secteur final, la concentration des activités innovantes, notamment sous l'effet des politiques publiques de soutien aux *clusters*, ou encore les spécificités des marchés du travail.

Dans le cas européen, quelle peut être la vocation de l'Europe centrale ? Celle d'une zone périphérique de sous-traitance caractérisée par une faible innovation et une démographie déprimée, statut auquel l'Histoire l'a habituée ? Peut-elle plutôt devenir un espace dynamique dans une Europe polycentrique, soucieux certes de rattrapage mais souhaitant jouer un rôle qui ne soit plus secondaire dans la division européenne du travail ? La grille théorique de la NEG n'exclut pas *a priori* ce deuxième scénario. La localisation des activités économiques peut également être affectée par des phénomènes de congestion, de coûts induits par l'agglomération des activités, de sorte que les phénomènes de dispersion peuvent succéder à des processus de concentration. Dans le cas de l'Europe centrale, la capacité des pays de la région à s'inscrire, grâce à l'innovation et à l'éducation, dans le paradigme de l'économie de la connaissance semble déterminante, le couple salaires modestes/compétence technique reconnue, tout comme la concurrence fiscale, ne suffisant plus.

L'économie en géographie

Certains géographes ont vu avec scepticisme ces incursions des économistes dans les débats relatifs à l'espace. Des divergences d'ordre méthodologique sont notamment apparues. « Sur le plan épistémologique, la démarche exclusivement déductive de la théorie économique, qui postule une universalité des processus, n'est-elle pas en contradiction avec la diversité intrinsèque des lieux et de leur histoire postulée par la géographie, qui la conduit à emprunter parfois une démarche inductive, et souvent rétroductive, c'est-à-dire avec des allers et retours fréquents entre des observations et des formalisations partielles ? » s'interroge Denise Pumain (2007). Les désaccords portent également sur l'analyse de certains objets de recherche. À titre d'exemple, la distinction établie par William Cronon (1991), dans la lignée des travaux conduits par Masahisa Fujita, Paul Krugman et Anthony J. Venables, entre les avantages naturels d'un site et ceux procurés par les aménagements surprend des géographes enclins à ne pas séparer aussi radicalement ce qui relève de la nature et ce qui incombe à l'homme. De même, la mise en valeur, par J. Vernon Henderson (1974), du rôle des seuls acteurs locaux dans les portefeuilles d'activités des villes est contestée par des géographes portés à souligner la pluralité des niveaux de décision et la faible marge de manœuvre des élus locaux face aux grands groupes économiques (Pumain, 2007).

Dans son ouvrage *Development, Geography and Economic Theory* (1997), Paul Krugman déplore la perte des cinq traditions de la géographie économique : théories allemandes de localisation, modèles de gravité, causalité cumulative, usage du foncier, modèles de rente foncière et externalités locales. Ron Martin et Peter Sunley (1996) lui répondent que ce n'est pas par manque de savoir-faire ou de volonté que les géographes ont progressivement délaissé ces notions, mais qu'ils estimaient simplement en avoir épuisé toute l'utilité pour les analyses territoriales. Au fond, expliquent les deux auteurs, la NEG souffre des mêmes lacunes que la science régionale. Les deux reposent sur des présupposés contestables concernant deux questions clés : l'agglomération spatiale des activités économiques, d'une part, et les dynamiques de convergence, d'autre part.

Concernant l'étude des processus d'agglomération spatiale, Paul Krugman fonde, nous l'avons vu, son argumentation sur les rendements croissants, les économies d'échelle et la concurrence imparfaite. Pour appréhender la question des échanges, il faut comprendre les enjeux des rendements croissants et, pour cela, étudier la spécialisation et la concentration spatiale. Des modèles similaires ont été utilisés pour comprendre la croissance des villes. Dans l'analyse de Paul Krugman, la ville attire en raison des meilleurs salaires qu'elle propose et de la diversité ainsi que de la richesse de son offre. En quête de marchés significatifs, les entreprises rejoignent également les agglomérations. Même si le premier pas ne relève pas nécessairement d'une stratégie élaborée et pleinement consciente, un processus cumulatif peut s'ensuivre. Les cas concrets évoqués à l'appui de cette formalisation sont toutefois rares et se résument pour l'essentiel aux villes américaines. Ron Martin et

Peter Sunley (1996) soulignent que les modèles proposés par la NEG ignorent les infrastructures et les institutions locales, les investissements nationaux et étrangers et la concurrence internationale. Ils s'interrogent également sur le caractère novateur de la NEG. Sa valeur ajoutée serait-elle d'intégrer la question des rendements croissants et les processus cumulatifs dans l'analyse régionale et urbaine ? Dès les années 1960-1970, la géographie industrielle exploitait ces notions. D'autres auteurs ont souligné la nécessité de mieux prendre en compte le rôle de l'innovation technologique dans les processus d'accumulation spatiale (Acs, Audretsch et Feldman, 1993).

L'analyse des territoires gagne par ailleurs à s'appuyer sur les travaux consacrés aux transformations internes des entreprises. Michael J. Piore et Charles F. Sabel (1984) soulignent ainsi les enjeux de la nouvelle organisation industrielle, et notamment de la « spécialisation flexible ». Pierre Veltz précise que les économies d'échelle « résultent de moins en moins d'effets de concentration ponctuelle et de plus en plus d'effets de coordination et d'intégration au sein de réseaux d'unités dispersées » (Veltz, 1996, p. 25). Les entreprises, notamment les plus grandes, peuvent certes réaliser des économies d'échelle en disposant d'implantations de grande taille. Néanmoins, selon lui, l'objectif est de plus en plus souvent atteint par la mise en réseau d'unités de taille moyenne. En outre, les externalités liées aux infrastructures sont de moins en moins discriminantes à mesure que les réseaux se modernisent. Si les externalités immatérielles sont primordiales, convenons que certaines firmes ne les recherchent pas et qu'internet peut suffire. La proximité de marchés est-elle déterminante ? La disponibilité d'une main-d'œuvre bien formée apparaît également comme un facteur de localisation crucial. La stratégie des entreprises, la capacité d'action des acteurs locaux, l'approvisionnement en biens intermédiaires sont tout aussi importants. Sans être indifférente à la dimension spatiale, l'entreprise ne recherche pas systématiquement la proximité des grands marchés.

Concernant la question de la convergence, l'approche néoclassique a été revisitée par la NEG. La thèse longtemps dominante fut qu'un pays relativement pauvre pouvait se prévaloir d'une forte productivité marginale du capital et d'un retour sur investissement significatif. Dans ces conditions, le scénario de la convergence était le plus vraisemblable. Robert J. Barro et Xavier Sala-i-Martin (1995) ont précisé qu'en raison des conditions similaires que l'on trouve au sein des États, ce scénario était plus probable entre les régions d'un même État qu'à l'échelle internationale. Néanmoins, ces auteurs avec d'autres ont constaté que, dans plusieurs pays, la dynamique de convergence entre régions était lente, voire nulle. En somme, la diffusion du capital, du travail, de la technologie ne s'opère pas toujours, et la rentabilité du capital et du travail ne faiblit pas nécessairement. Ce doute quant à la convergence « naturelle » entre régions riches et pauvres, les géographes l'avaient exprimé bien avant les tenants de la NEG.

Au fond, Paul Krugman considère que les hétérogénéités spatiales peuvent être expliquées par les seules externalités pécuniaires. Pourtant, les externalités non pécuniaires jouent un rôle clé dans l'économie réelle. Les liens sociaux plus ou moins formels, les marchés du travail, le développement et la circulation des connaissances, l'innovation, le niveau technique de la main-d'œuvre échappent en partie aux règles du marché mais jouent un rôle déterminant dans l'attractivité et le dynamisme des territoires. Les théories de la croissance endogène ne s'en tiennent précisément pas au seul jeu des facteurs de production et soulignent le rôle de facteurs proprement endogènes (Romer, 1986). Alfred Marshall (1927), le plus souvent cité pour ses travaux sur les districts industriels, mettait l'accent sur les aspects immatériels, les réseaux sociaux constitués, mais dans un cadre territorial donné.

Surtout, la propension de l'économie géographique à formaliser des processus qui ne peuvent être considérés comme universels est particulièrement mal perçue par les géographes. Au fond, peut-on mettre en équation tous les aspects concernant la localisation des activités économiques ? Le poids des héritages, les dynamiques, les ruptures ne sont rendus qu'imparfaitement par les modèles développés. Les efforts de modélisation réalisés notamment dans le contexte de la NEG présentent certes l'avantage de synthétiser et d'expliciter les dynamiques à l'œuvre, mais le manque de références empiriques fragilise certains modèles qui font abstraction de la diversité des situations et de l'abondance des facteurs à prendre en compte. Ron Martin et Peter Sunley (1996) notent ainsi avec dépit que les développements théoriques de Paul Krugman ne comptent aucun exemple tiré de la vie réelle et ne résistent pas à une confrontation avec celle-ci.

Cette séparation étanche entre recherche théorique et recherche appliquée est-elle la caractéristique de la science régionale depuis ses origines ? Non. Comme l'explique Antoine Bailly (2009), les modèles de gravité développés par François Perroux dans *L'Économie du XXe siècle* (1961) ont été à l'origine du concept de pôle de croissance qui sera repris pour certains choix de localisation et dans le cadre de la réalisation des métropoles d'équilibre. Dans les années 1970, Torsten Hägerstrand (1970) jugeait utile de préciser que « *regional science is about people, not just about location* ». Stan Czamanski avec d'autres (1976) souligna très tôt l'impératif environnemental, et Morgan Thomas (1977) parlait de « *space society* » en contrepoint de « *space economy* ». En se fondant sur des modèles empruntés à l'économie et à la géographie quantitative, la science régionale a éclairé la nature et l'impact des flux structurant les espaces. Pour espérer éclairer et améliorer le réel, la discipline doit toutefois renoncer « au dogmatisme positiviste dominant [qui a] constitué un handicap pour le renouvellement de la science régionale » (Bailly, 2009) et s'ouvrir à d'autres disciplines.

Épaisseur institutionnelle et dynamiques territoriales

Les théories de l'espace diversifié et relationnel, proches des théories du développement (Capello, 2009) ont permis d'enrichir la notion de territoire. Ce dernier est dit diversifié dans le sens où son développement est inégal, et relationnel dans le sens où son développement dépend, entre autres, de la capacité des acteurs à agir de concert. Les premières théories de la croissance appliquées à l'espace le percevaient comme une unité abstraite, homogène. « *Physical container* » (Capello, 2009), l'espace ne jouait qu'un rôle passif. À partir des années 1970, un changement de perspective s'opère. L'espace devient une ressource, un des déterminants de la compétitivité des systèmes productifs locaux. Les externalités positives, la capacité des acteurs à réduire les coûts de transaction, à renforcer la capacité d'innovation sont placées au premier plan. Avec ce changement de paradigme, le développement des territoires est par définition endogène.

Prendre en compte « l'épaisseur institutionnelle » (Amin et Thrift, 1995) est en ce sens utile, surtout dans le cas des pays d'Europe centrale qui ont vu leurs cadres politico-administratifs remodelés. S'interroger sur la gouvernance ne revient pas à s'interroger sur les gouvernements. « L'idée sous-jacente est que les institutions du gouvernement n'ont plus le monopole d'une action publique qui relève aujourd'hui d'une multiplicité d'acteurs dont la capacité d'action collective détermine la qualité, elle est prioritairement une interrogation sur le pilotage de l'action publique » (Duran, 2010, p. 170). Apparu dans les années 1950 en économie avant d'être importé par la science politique, le terme de gouvernance renvoie à une forme de régulation territoriale entre acteurs géographiquement proches, qu'ils relèvent de la sphère publique ou privée. Comme Ronald Coase (1937) expliquait que l'entreprise émerge car elle permet de réduire plus efficacement les coûts de transaction que le seul marché, la gouvernance territoriale peut les réduire entre firmes. De même, le territoire ne peut être réduit à un simple échelon administratif. C'est un construit social permanent. En Europe centrale, les pouvoirs locaux ont retrouvé une marge de manœuvre dont ils avaient été privés durant la période communiste. Il leur faut donc s'insérer dans des cadres administratifs nouveaux, dans des configurations qui changent les rapports de force entre les différents échelons même si certaines permanences ne peuvent être occultées (identités locales, anciens réseaux politiques et sociaux partiellement préservés).

« Les institutions jouent-elles un rôle important ? » se demande Andrés Rodriguez-Pose (2010). Bien qu'analysées en tant que telles depuis longtemps, les économistes les ont en effet rarement étudiées en lien avec le développement. Au jeu des marchés, au rôle des infrastructures, les théories de la croissance ont ajouté dans les années 1980 d'autres indicateurs de développement comme l'innovation (Romer, 1986), l'éducation (Lucas, 1988) ou la formation. Investir dans ces domaines doit permettre aux régions moins développées de rattraper leur retard. Dans la littérature de plus en plus abondante qui traite du rôle des institutions, certains mettent l'accent sur la confiance (Knack et Keefer, 1997), d'autres sur le capital social (Putnam, 1993). Une distinction est opérée entre les institutions formelles et les réseaux informels (Rodrik, Subramanian et Trebbi, 2004).

La perspective institutionnaliste propose donc une alternative aux thèses de l'économie néoclassique, où comptent avant tout les forces du marché, comme aux thèses keynésiennes qui soulignent le bien-fondé des politiques publiques de redistribution. À ses origines, cette perspective a bénéficié d'un contexte favorable valorisant les enjeux sociaux et culturels de l'économie (Lee and Wills, 1997). Elle a ensuite pu compter sur différents apports spécifiques. Si Michael Storper (1995) met l'accent sur « les infrastructures sociales », d'autres soulignent l'importance des conditions sociales et culturelles propices à l'émergence d'une économie de la connaissance (Lundvall, 1994). En somme, le territoire, avec son histoire et ses caractéristiques sociales est au cœur de dynamiques constructives où des liens vertueux entre acteurs fondent le développement.

Ces enjeux institutionnels et sociaux ont été reliés aux défis posés par la mondialisation aux territoires. Michael Storper (1997) les détaille et analyse comment les pouvoirs publics et les entreprises développent entre eux des « *untraded interdependencies* » pour les relever. L'approche institutionnaliste a souligné combien le développement dépendait du contexte et s'inscrivait dans une trajectoire historique. Ces thèses ont alimenté l'argumentaire désormais en vogue dans la plupart des institutions internationales et nationales en faveur du développement endogène, en opposition à la « logique d'assistance » soudain discréditée. Peu à peu s'est imposée l'idée que soutenir les progrès des régions dynamiques valait mieux que de verser des subsides aux régions pauvres comme dans le tonneau des Danaïdes. Sur le plan économique, le retour sur investissement n'est-il pas ainsi plus signficatif ? Si le raisonnement n'a pas été poussé jusqu'au bout dans les politiques de développement régional, il est apparu en arrière-plan des choix opérés par les nouveaux États membres pour l'allocation spatiale des fonds européens.

Le rôle des institutions et des contextes socioculturels a notamment été détaillé dans les travaux consacrés aux districts industriels. Dans la lignée des travaux d'Alfred Marshall, l'intérêt pour les dynamiques locales s'est renforcé à la lumière du développement inattendu des régions du nord-est et du centre de l'Italie dans les années 1970. Tandis que les régions industrielles du nord-ouest subissaient la crise, cette dynamique n'était explicitée ni par le paradigme néoclassique de mobilité des facteurs de production (celle-ci tendait plutôt à décliner), ni par le rôle des grandes entreprises, ni par un développement keynésien tiré par la demande. Les travaux de Giacomo Becattini (1987) sur les districts ont alors inspiré une littérature sur le développement par le bas soulignant le rôle non seulement des agglomérations mais également celui des facteurs culturels. Si les modèles néoclassiques insistaient sur les facteurs externes de la croissance, cette dernière fut dès lors de plus en plus souvent pensée comme la résultante de facteurs exogènes et endogènes. Ces analyses furent complétées par des approches inspirées de Schumpeter et valorisant l'innovation dans le développement local.

Le rôle des territoires dans l'innovation

Les travaux sur les districts industriels puis ceux des géographes américains de Los Angeles comme Allen J. Scott et Michael Storper, ceux des économistes, des sociologues (Michael J. Piore et Charles F. Sabel) ont contribué à la valorisation de la dimension territoriale du développement. L'idée que la proximité géographique produit des externalités a suscité de nombreuses réflexions dont rend compte l'apparition des notions telles que celle de « région apprenante ». En Europe, le Groupe de recherche européen sur les milieux innovateurs (GREMI) a permis, sur la base d'études conduites simultanément dans plusieurs régions européennes, d'enrichir l'analyse de ce type de développement territorial. L'éloge récurrent des districts industriels suggère que la proximité favorise les transferts technologiques (Benko et Lipietz, 1995), stimule l'innovation de la part des entreprises (Aghion et Howitt, 1998), d'où une forte concentration géographique de celles-ci (Acs, Audretsch et Feldman, 1993).

Cet éloge du développement endogène est-il justifié ? Certes, des synergies constructives et positives entre les acteurs locaux peuvent expliquer le succès de certaines régions mais, dans la pratique, les configurations qui reviennent le plus souvent sont celles de jeux d'acteurs complexes, marqués par des rapports de force et par des représentations diverses, voire conflictuelles (Cumbers, Mac Kinnon et McKaster, 2003). Réifier la région au point de parler de « région apprenante » comme si la région en question formait une unité historique, économique et socio-politique ne résiste pas à l'examen des faits. Autre lacune, les travaux consacrés aux districts portent sur les facteurs qui ont permis leur émergence mais négligent les facteurs de déclin. Si les succès de la Troisième Italie ont été magnifiés, peu d'intérêt a été accordé aux raisons pour lesquelles ce modèle est désormais en crise. La proximité des acteurs, leurs interdépendances fortes qui ont été présentées comme à l'origine de leur développement n'ont-elles pas fini par « isoler » la région concernée ?

De même, l'idée que l'innovation procède d'interactions entre acteurs à l'échelle d'une région ne correspond à la réalité que dans un nombre limité de cas. Les recherches empiriques conduites tendent à montrer qu'en Europe, l'innovation dans les PME relève le plus souvent de décisions réactives dans le cadre de filières ou de secteurs dominés par de grandes entreprises internationalisées (Tödtling et Kaufmann, 2001). En outre, la littérature accorde peu d'importance à la difficulté de préserver des liens de confiance entre entreprises sur le long terme (Harrison, 1994) ou encore aux logiques de concurrence qui coexistent avec les logiques de coopération mises en avant. Dans le cas des *clusters* et des pôles de compétitivité, certaines entreprises se tiennent volontairement à l'écart des structures mises en place afin de ne pas exposer l'état de leurs avancées sur des produits innovants. À tort ou à raison, celles-ci considèrent que la coopération dessert l'innovation.

Qu'en est-il dans les *clusters* de l'Est européen ? L'outil de la planification et la nationalisation des biens de production ont permis aux régimes communistes de redessiner partiellement la géographie industrielle. Rarement pour le meilleur, souvent pour le pire. Néanmoins, sur la base de cet héritage (qui n'a étonnamment pas profondément remis en cause la géographie industrielle d'avant-guerre), une mutation des espaces industriels est à l'œuvre. L'importation de l'outil de développement qu'est le *cluster* est assumée dans certains pays. Pourtant, une question se pose : comment, avec un capital social faible et des investisseurs étrangers encore peu portés sur l'innovation, peut-il contribuer à l'aménagement d'un nouveau modèle de développement ?

Pour mieux appréhender ce dernier, une approche non seulement pluridisciplinaire mais également multiscalaire s'impose. Paul Krugman et ses disciples semblent considérer l'espace à une seule et même échelle. Leur modèle fournit des clés d'interprétation valables à tous les échelons, qu'il s'agisse d'expliciter les processus de métropolisation, les dynamiques régionales ou les processus mondiaux. Pourtant, des facteurs différents jouent aux différentes échelles, de sorte qu'un modèle universel paraît peu approprié.

Surtout, le développement territorial ne se réduit pas au développement local. Les dynamiques de développement résultent le plus souvent d'interactions à différentes échelles, avec des politiques sachant plaider la cause de leurs circonscriptions à différents échelons, et plus généralement des acteurs aptes ou non à appréhender les logiques spatiales des entreprises, sans parler d'institutions clés (services de l'emploi, systèmes d'éducation) qui relèvent fréquemment des prérogatives principales de l'État. Cet enchâssement des niveaux d'action prévaut en Europe où entre la commune et l'échelle mondiale se superposent quantité de niveaux intermédiaires, dont celui de l'UE.

L'expression anglaise « *place-based development policy* » permet d'éviter la confusion entre développement territorial et développement local. Fabrizio Barca (2009) définit une telle politique en ces termes : capacité des acteurs à mieux utiliser les ressources locales, à transformer leurs savoirs et leurs préférences en projets, à exploiter les mesures exogènes qui se traduisent par des soutiens financiers et à organiser une gouvernance multiscalaire. Notons que le terme « *place* » ne renvoie pas à une unité administrative pré-définie mais à un territoire de projet. Néanmoins, une « *place-based policy* » risque d'être transformée en rente de situation par les acteurs locaux, tandis que des règles trop rigides imposées par le centre risquent de décourager tous les acteurs locaux – ou du moins une partie.

Les études sur les milieux innovateurs ont ainsi pu parfois tomber dans le « piège localiste » en négligeant les interactions multiscalaires dans les processus de développement. Les analyses du « nouveau régionalisme », en mettant l'accent sur « les dynamiques extra-locales configurant la croissance économique dans les régions » (Coe *et al.*, 2004, p. 469), sont à ce sujet plus réalistes. Selon Frank Moulaert et Abid Mehmood (2008), la littérature consacrée aux milieux innovateurs surestime en règle générale la marge de manœuvre des acteurs locaux. C'est pourquoi il convient d'entendre par « gouvernance » l'action publique conduite par différents niveaux de pouvoir en vue de développer un territoire donné. Le passage à une ère post-fordiste a eu ici des implications sensibles. Percevoir le territoire comme un stock de ressources fixées et non comme une ressource à valoriser n'a plus de sens.

Pierre Veltz (1996) appelle ainsi à penser l'aménagement du territoire non pas comme un processus de redistribution mais « comme une ensemble de politiques favorisant la création de ressources et de richesses nouvelles ». Les théories traditionnelles, explique-t-il, raisonnent en termes d'allocation de ressources données, d'avantages comparatifs liés aux dotations en facteurs. Mais chacun voit bien que la création de ressources nouvelles, notamment immatérielles, devient l'élément moteur de notre économie. Les lignes de partage entre les différentes échelles s'estompant, Pierre Veltz refuse la dichotomie entre économie des grandes firmes et développement local. Dans cette optique, le développement des territoires, comme le développement en général, passe par la densité et le maillage entre les acteurs. « Il dépend plus de la pertinence des cadres collectifs d'action, de la vigueur des projets et des anticipations du futur que des infrastructures et des équipements. La qualité des institutions est plus importante que les autoroutes » (Veltz, 1996, p. 96).

Cette approche nous paraît particulièrement digne d'intérêt dans le cas des pays d'Europe centrale où les fonds structurels visent principalement à mettre à niveau les infrastructures de transport. Si les besoins en la matière ne font aucun doute, qui sont les territoires gagnants et perdants ? Surtout, la mise en œuvre de la politique régionale permet-elle de moderniser les institutions et les pratiques qui régentent les politiques d'aménagement du territoire ?

Correspond-elle à une politique d'aménagement et de développement fondée sur les principes de l'économie de la connaissance ou à une « simple » politique d'équipement ? Par institutions, nous entendons, outre les administrations publiques, les agences de développement, les sociétés de conseils, les sociétés de capital-risque, les fonds d'investissement permettant aux petites entreprises de se développer, bref un écosystème favorable à l'innovation. Les organismes de formation où se fait – ou ne se fait pas – la jonction entre monde de l'entreprise et système éducatif sont également précieux. Dans la mesure où le territoire entre désormais « dans le jeu économique comme matrice d'organisation et d'interactions sociales, et non plus, d'abord, comme stock ou assemblage de ressources techniques » (Veltz, 1996, p. 12), la modernisation institutionnelle ne peut en somme pas être détachée de l'évolution des dynamiques territoriales.

Mesurer ces dernières n'est guère aisé. L'indicateur le plus fréquent, celui du PIB par habitant, ne renseigne qu'imparfaitement sur le niveau de bien-être d'un territoire donné. Le prisme des revenus s'avère plus approprié mais l'on sait combien il est difficile de mesurer la qualité de la vie ou la qualité de l'environnement à travers des indicateurs synthétiques (Stiglitz, Sen et Fitoussi, 2009). L'idée d'assimiler les territoires à des entreprises s'est diffusée au point de plaider, de la part des nations comme des pouvoirs locaux, pour des stratégies visant à renforcer leur compétitivité dans un contexte de concurrence entre les territoires. Cette grille d'analyse ne permet toutefois pas de saisir des dynamiques plus complexes entre entités spatiales. Paul Krugman s'insurge contre l'exaltation récurrente de la compétitivité des nations en démontrant qu'une coopération internationale intelligente est davantage dans leur intérêt. Le même constat vaut assurément à l'échelle régionale.

À l'échelle nationale, les analyses de Laurent Davezies (2008) invitent à préciser la notion de développement. Dans un pays comme la France où la part des transferts publics dépasse, dans toutes les régions, celle des recettes procurées par les activités productives, où les migrations créent des complémentarités de fait entre les régions, qui soutenir ? Les régions peu productives mais où une économie fondée sur le tourisme et la consommation des retraités exilés de la ville assure un niveau de vie satisfaisant, ou les régions motrices qui voient les salaires avantageux compensés par un coût de la vie élevé, des poches de pauvreté et des externalités négatives de plus en plus sensibles ? Les États d'Europe centrale n'ont pas à ce jour un système social suffisamment développé pour que cette approche puisse être aussi pertinente que dans le cas de certains pays ouest-européens. Néanmoins, les inégalités de revenus y sont moindres que les inégalités de PIB, et le choix des indicateurs pour évaluer l'impact des fonds européens fait débat. Est-il pertinent de ne mesurer ce dernier qu'à l'aune du PIB par habitant et de sous-estimer ainsi l'effet de levier que ces fonds exercent pour moderniser la gouvernance et introduire de nouvelles pratiques en matière d'aménagement et de développement des territoires ?

Sur ce point, la valorisation du développement durable s'impose comme une priorité, compte tenu des héritages et des paradigmes contemporains. Le choix fait par plusieurs nouveaux États membres de s'inscrire dans la nouvelle géographie de l'industrie automobile européenne et de devenir la base arrière des pays ouest-européens en la matière est-il à cet égard judicieux ? De la période communiste, les pays d'Europe centrale ont hérité à la fois d'un environnement dégradé et de transports en commun valorisés. Comment préserver et développer ces derniers, s'amarrer à l'économie pauvre en carbone et riche en « emplois verts » que l'UE appelle de ses vœux ? D'où peut venir l'impulsion ? De l'UE ?

L'européanisation des territoires

La littérature consacrée à l'européanisation témoigne de la variété des sens donnés à ce mot. Si Robert Ladrech (1994, p. 69)[3] en donne une définition assez restrictive, François Bafoil et Timm Beichelt (2008) soulignent que le sens identitaire n'est pas anodin dans le cas de l'Europe centrale. De fait, l'adhésion à l'UE fut pour les pays de la région la traduction d'un « retour » en Europe après la parenthèse soviétique. Pour l'Ukraine, ce sens identitaire est encore plus important. Les partisans d'une adhésion voient celle-ci au moins autant comme un levier pour la modernisation que comme un moyen de contrebalancer une influence russe jugée nuisible.

Cette dimension identitaire de l'européanisation a assuré ce consensus social et politique indispensable pour la réussite des négociations d'adhésion et pour réduire – du moins provisoirement – l'expression d'intérêts ou d'opinions contraires. L'européanisation de l'Europe centrale ne peut en ce sens être comparée à l'européanisation telle qu'elle est entendue en Europe occidentale. Est-elle réellement le levier pour des changements structurels profonds ou n'induit-elle que des modifications superficielles ? Dans le cas de l'Europe centrale, la réponse paraît s'imposer : le processus d'intégration a radicalement transformé l'économie, les institutions et les discours, même si certains aspects de l'héritage ont (logiquement) subsisté. Si beaucoup a été écrit sur les diverses formes que peut prendre l'européanisation, il convient également de distinguer quatre étapes dans le processus :

---

3. *L'européanisation y est perçue comme «* a process re-orienting the direction and shape of politics to the degree that EC political and economic dynamics become part of the organizational logic of national politics and policy-making *» (un processus qui influence les choix politiques à un degré tel que les dynamiques politiques et économiques de l'Union européenne deviennent partie intégrante de l'organisation de la vie politique et des prises de décision à l'échelle nationale).*

– Avant le début des négociations, l'européanisation s'opère principalement à l'échelle nationale, le pays mobilisant les ressources et l'opinion publique pour engager les négociations dans la posture la plus favorable. Certes des accords commerciaux organisent une libéralisation asymétrique des échanges et permettent ainsi de poursuivre l'intégration économique sans attendre l'adhésion, mais la souveraineté de l'État candidat n'est pas altérée. Ce n'est plus le cas lors de la deuxième étape.

– Entre le début et la fin des négociations, la Commission et les États membres sont particulièrement influents. À aucun autre moment, la conditionnalité ne s'exprime avec plus de force, même si des phases transitoires peuvent étaler dans le temps les ajustements requis de la part de l'État candidat. L'européanisation s'opère ici sur la base de l'acquis communautaire[4] qui, par définition, ne se négocie pas (contrairement à ce que l'expression « négociations d'adhésion » pourrait laisser croire). Le pays candidat doit s'engager à l'intégrer dans sa législation et, depuis l'ouverture des négociations avec la Croatie, doit même apporter la preuve que cette « nationalisation » de l'acquis européen est effective. Ce n'est plus une équipe restreinte de négociateurs qui est au centre du jeu. C'est l'ensemble des administrations qui doivent s'approprier et mettre en œuvre l'acquis communautaire.

---

4. *« L'acquis communautaire correspond au socle commun de droits et d'obligations qui lie l'ensemble des États membres au titre de l'Union européenne. Il est en évolution constante et comprend la teneur, les principes et les objectifs politiques des traités ; la législation adoptée en application des traités et la jurisprudence de la Cour de justice ; les déclarations et les résolutions adoptées dans le cadre de l'Union ; les actes relevant de la politique étrangère et de sécurité commune ; les actes convenus dans le cadre de la justice et des affaires intérieures ; les accords internationaux conclus par la Communauté et ceux conclus par les États membres entre eux dans le domaine des activités de l'Union » (http://europa.eu/scadplus/glossary/community_acquis_fr.htm).*

– Après l'adhésion, l'européanisation s'apparente à une poursuite du processus d'ajustement et d'apprentissage. Les acteurs nationaux apprennent à défendre leurs intérêts, non plus face au « club » mais au sein de ce dernier, la mise en œuvre de l'acquis se poursuit, éventuellement dans les juridictions nationales chargées de l'appliquer, les politiques communes s'appliquent avec tous les avantages et les prérequis qui les caractérisent à mesure que les périodes transitoires accordées ou imposées s'achèvent.

– Enfin, une fois l'intégration parachevée, l'européanisation se poursuit mais sous une forme moins rigide. Le respect des règles devient moins prioritaire puisque qu'aucun État membre n'ose sanctionner les autres (ainsi, en 2010, les exigences pour adhérer à la zone euro demeurent inchangées mais aucune sanction n'est appliquée à l'égard des États membres qui ne respectent pas ces critères, à savoir la quasi-totalité d'entre eux). La Commission conserve toutefois la possibilité, en tant que gardienne des traités, d'engager des procédures d'infraction. L'européanisation se poursuit par les programmes et les politiques communes, à travers les progrès de l'intégration, et enfin par la seule existence du cadre européen qui s'impose désormais dans presque tout l'éventail des activités économiques et sociales (ce qu'on pourrait appeler l'européanisation contextuelle). Dans le cadre de cet ouvrage, il est surtout question de l'européanisation dans ses première (Ukraine) et troisième phases (États membres ayant adhéré en 2004 et 2007).

À défaut d'avoir engagé un processus d'adhésion, l'Ukraine connaît une européanisation par les réseaux et par les marchés. Le processus mérite d'autant plus d'intérêt que la base industrielle (dominée par l'industrie sidérurgique) et agricole du pays se situe à l'Est, à proximité de la Russie dans des régions majoritairement russophones. Pour notre réflexion sur l'européanisation des territoires dans l'Est européen, cette originalité soulève plusieurs questions. Comment l'Ukraine s'inscrit-elle dans la géographie économique européenne ? Comment peut s'opérer une européanisation par les normes et les échanges sans la perspective concrète d'adhésion dont ses voisins occidentaux ont bénéficié ? Quel rôle jouent les régions orientales dont les acteurs semblent partagés entre une proximité culturelle avec la Russie, des intérêts claniques et personnels et une appétence pour les bénéfices d'un rapprochement avec l'UE ? Quelles sont les interactions entre le local, l'européen et le global, à l'heure où la demande d'acier des pays émergents tire la croissance des régions sidérurgiques de l'Est et où l'État central rechigne à déléguer des compétences ? Les acteurs locaux et régionaux sont-ils liés par les comportements et les règles passés – configuration classique des vieilles régions industrielles analysée par Gernot Grabher (1994) – ou s'engagent-ils progressivement dans une modernisation comprise en termes wébériens comme une « dynamique complexe de désenclavement de la tradition, d'autonomisation des lieux de la décision, de rationalisation des procédures et d'individualisation des comportements » (Bafoil, 2008, p. 69) ? La comparaison avec les nouveaux États membres est ici éclairante. Toutefois, le discours ambiant sur l'Europe réunifiée a occulté le clivage qui a demeuré et qui s'est même renforcé entre les nouveaux États membres et leurs voisins orientaux.

Bien que membres d'un même bloc pendant près d'un demi-siècle, les liens économiques ont été pour l'essentiel rompus entre les pays d'Europe centrale et leurs voisins orientaux. Une reconstitution partielle peut éventuellement s'amorcer sous l'effet des investisseurs étrangers désireux « d'aller plus à l'Est » ou encore des stratégies politiques favorables à une plus grande cohésion territoriale entre Baltique et mer Noire. Quelle nouvelle géographie se dessine-t-elle alors ? Une géographie inspirée de logiques antérieures à la phase communiste mais dans des cadres étatiques nouveaux et avec l'UE comme facteur structurant ? Ce questionnement sur les nouvelles structures spatiales vaut également à l'échelle des États, dans le contexte de la mise en œuvre de la politique régionale. Tant les IDE que les dynamiques économiques et les pouvoirs publics annoncent une nouvelle organisation des territoires qui, au cours des deux décennies suivant 1989, a déjà privilégié les pôles et les régions dynamiques. Une européanisation des territoires s'opère dans le sens où les processus à l'œuvre relèvent certes en partie de l'héritage mais aussi de logiques répandues à l'Ouest (étalement urbain, métropolisation des économies, concentration sectorielle des activités, etc.).

Si, en matière d'aménagement du territoire, l'européanisation des règles est limitée (l'acquis communautaire comporte peu de prescriptions dans ce domaine), l'européanisation des pratiques mérite davantage d'attention. En partant de l'idée qu'une deuxième transition s'impose aux pays d'Europe centrale pour s'épargner le rôle de périphérie de l'Europe développée, il convient de confronter les réponses apportées par les nouveaux États membres aux défis liés à l'aménagement et au développement de leurs territoires. Si le développement territorial se doit d'être, du moins en partie, endogène, comment les acteurs locaux centre-européens utilisent-ils et enrichissent-ils la boîte à outils du développement territorial développée ces dernières années à l'Ouest du continent ? Si l'innovation est un impératif pour parachever la modernisation des tissus économiques, comment les acteurs du développement peuvent-ils capitaliser sur les investissements étrangers opérés dans la région pour des raisons salariales et fiscales et développer des pôles innovants ?

À travers cet ouvrage, c'est en somme l'européanisation des territoires situés entre la Baltique et l'Adriatique qui est interrogée, une européanisation vue à travers les flux économiques, les réseaux et les pratiques d'aménagement des territoires et dont les exemples traités – pour l'essentiel puisés parmi les États ayant adhéré à l'UE en 2004 avec l'Ukraine pour contrepoint – soulignent les succès et les limites.

Première partie

L'Europe centrale, dynamiques de rattrapage et crises

Chapitre 1 / UNE SUCCESSION DE MODERNISATIONS AVORTÉES

En Tchécoslovaquie, peu après la révolution de velours et alors que se profilait un rapprochement avec l'UE, une affiche recouvrait certains murs de Prague. L'illustration, le continent européen fissuré par une faille géologique avec une échelle permettant de se hisser de la partie est située en contrebas à la partie ouest, pouvait se lire comme une allégorie : celle d'un « retour dans l'Europe » vécu comme un progrès[1]. L'affiche résumait également le bilan, tel qu'il était interprété, de la période communiste. La promesse d'une modernisation si longtemps différée, fondée sur l'industrialisation et les préceptes marxistes n'avait pas été tenue. En somme, la perception, ancienne et bien antérieure à la période soviétique, d'un retard par rapport à l'Ouest n'avait pas été conjurée. Il importe de le rappeler, de préciser les modalités et les raisons de ce « retard » pour mesurer combien le rattrapage amorcé depuis 1989, s'il devait se poursuivre et aboutir à un nivellement des niveaux de vie dans l'Union européenne, constituerait, non pas la seule réparation des dommages causés par les régimes communistes, mais une rupture historique majeure.

Les origines de la thématique du retard

Dans son analyse des clivages structurant l'espace européen sur la longue durée, Fernand Braudel (1985) souligne l'importance d'une ligne Stockholm, Gdańsk, Cracovie, Budapest, Pécs. Pour lui,

1. *Anecdote rapportée par Jean-Luc Delpeuch (1994).*

la phase de modernisation du XIIe et XIVe siècles a marqué une pause à hauteur de cette ligne : l'Elbe est ainsi devenue une frontière entre, d'une part, l'Ouest évoluant vers le capitalisme et la production manufacturière et, d'autre part, l'Est cantonné dans l'agriculture et le féodalisme.

Un espace commun mais différencié depuis le Moyen Âge

Les interactions entre ces deux parties du continent sont toutefois anciennes même si le doute persiste quant au rôle que jouaient les territoires situés à l'est de l'empire d'Occident de Charlemagne, maintenus réunis sous les Ottoniens. Les liens étaient-ils aussi ténus que durant l'Empire romain ? La région était-elle une périphérie, voire une colonie ? Un constat s'impose : dès les IXe et Xe siècle, ces territoires étaient partie intégrante du système politique et économique européen. L'agriculture s'y développa à la faveur de conditions climatiques tempérées. La croissance démographique fut avérée dans plusieurs régions et l'espace germanique progressa vers l'Est (Higounet, 1989). L'Ouest exportait des armes, des objets de luxe, des produits d'artisanat ; l'Est, principalement des esclaves, la production agricole souffrant en effet d'un retard technique et l'artisanat individuel prédominant. Le royaume de Pologne exportait néanmoins vers l'Ouest son drap gris, la Silésie et la Prusse leur bière. La Baltique constituait un axe privilégié grâce aux marchands rassemblés depuis le XIIIe siècle dans la Ligue hanséatique et qui contrôlaient l'accès à la Rous. Depuis Gdańsk (Dantzig), la navigation pouvait se poursuivre plus au nord-est, vers Riga, Reval (Tallinn), Novgorod ou bifurquer vers le sud le long de la Vistule et du Bug en direction de Kiev.

Très tôt, l'Est accusa néanmoins un « retard » par rapport aux territoires de l'Ouest qui pouvaient notamment compter sur la proximité des côtes atlantiques. La géographie n'explique pas tout.

Certains historiens ont prolongé l'analyse de Leopold von Ranke (1824) qui explique qu'à partir du VIIe siècle, l'Europe a toujours été divisée entre un « Ouest latin et germain unifié par Charlemagne » et un espace situé à l'Est de la Saale et de l'Elbe, slave byzantin et islamique. « À partir de cette période, cet espace n'exerça aucune influence ; les peuples y étaient soit asservis, soit antagonistes » (Ranke, 1824, p. 5-6). Lorsque l'Europe fut christianisée et que les structures féodales furent établies, la ligne de partage se renforça durablement. Ajoutons que les deux siècles d'occupation mongole que subit la Russie et les cinq siècles de présence ottomane dans les Balkans finirent d'accentuer le clivage structurel qui sépara l'Europe en deux.

Cette coupure entre les deux Europe ne doit toutefois pas être exagérée. Zsigmond Pál Pach (1994) souligne les traits communs à l'Est et à l'Ouest du continent au cours de la période féodale et insiste sur la puissance acquise par la Hongrie et le royaume de Pologne au Moyen Âge. Jerzy Topolski (1994) abonde dans ce sens et ne fait remonter le décalage entre les deux Europes qu'à partir de la fin du XVe siècle. Pour sa part, l'historien hongrois Jenő Szűcs (1985) préfère parler non pas de deux mais de trois Europes.

Il reste qu'au XVIe siècle, un clivage net distingue les deux parties de l'Europe. À l'Est, les institutions féodales ne furent pas abolies, un « deuxième » servage fut instauré, le capitalisme marchand ne se développa guère. Attachés à la terre, les serfs étaient sommés d'acquitter des corvées en grain ou en temps de travail. Après la répression des révoltes paysannes, la Diète hongroise vota la suppression de la liberté de circulation des paysans. La Sejm polonaise introduisit une disposition semblable en 1520 et les paysans qui avaient obtenu la liberté de circuler au XVe siècle subirent ainsi un « deuxième » servage. Au moment précis où l'Europe centrale restaurait les systèmes féodaux, l'Europe de l'Ouest, elle, expérimentait le capitalisme. Face au même défi que représentait le recul démographique, l'Ouest renonçait au servage, l'Est le préservait.

Les guerres et les périodes d'occupation ont également freiné le développement de l'Europe centrale. La défaite de Kosovo Polje (1389) précéda l'occupation ottomane dans les Balkans. Les batailles de Mohács (1526), de Buda (1541) mirent un terme à l'indépendance de la Hongrie et conduisirent au passage sous la tutelle ottomane d'une partie de son territoire. Au cours de la bataille de la Montagne blanche (1620) et de la guerre de Trente Ans qui s'ensuivit, la Bohême perdit 40 % de sa population et l'élite tchèque fut quasiment décapitée. Plus au nord, la rivalité entre la Suède et la Russie trouva son terme dans le traité de Nystad (1721), et la domination russe vint supplanter la présence suédoise. Le royaume polono-lituanien fut placé sous la tutelle russe avant qu'un premier partage de la Pologne (1772) ne soit opéré. Ainsi, à l'heure où des États absolutistes forts émergeaient à l'Ouest, les pays d'Europe centrale perdaient tour à tour leur indépendance, absorbés par des empires qui les tenaient à l'écart de la modernisation à l'européenne. À la fin du XVIIIe siècle, la carte de la région s'est radicalement simplifiée, et tous les territoires sont sous la coupe d'un empire.

Dans les Balkans et en Hongrie, l'historiographie incrimine volontiers la période ottomane qui, en décimant les villes et les villages, aurait empêché les pays victimes d'accompagner l'Ouest dans sa phase modernisatrice. L'invasion fut-elle l'« unique catastrophe de l'histoire hongroise » (Homan et Szekfü, 1935) ? Zsigmond Pál Pach (1994) nuance ce point de vue. Selon lui, le déclin relatif de la Hongrie s'observe dès le XVe siècle, soit avant l'invasion ottomane de 1526, et la bifurcation entamée par le pays vis-à-vis de l'Europe occidentale (les Hongrois usent du mot *elkanyarodas* pour y faire référence) résulte avant tout de l'éloignement du pays par rapport aux régions dynamiques voisines du littoral atlantique. S'agissant des Balkans, Fikret Adanir (1989) avance également que leur déclin débuta bien avant l'établissement de l'Empire ottoman. Henri Stahl (1980) souligne qu'en Roumanie se pratiqua jusqu'à une époque avancée une « agriculture itinérante » et que la propriété privée ne se développa que tardivement. En somme, le « retard » ne date pas de la période ottomane et trouve ses origines dans les périodes antérieures.

En outre, l'Empire ottoman était-il un empire arriéré ? Maria Todorova (1997) a retracé la formation des stéréotypes en vigueur en Europe à l'encontre des Balkans, expression synonyme dès le XVIIIe siècle de retard dans le développement économique, dans les relations sociales et dans les institutions. Elle évoque « un monument de caractéristiques négatives en contrepoint duquel une imagerie positive et flatteuse de l'Europe de l'Ouest a été construite » (Todorova, 1997, p. 7). De fait, à partir de la moitié du XVe et durant tout le XVIe siècle, les régions conquises dans les Balkans bénéficièrent de mesures de repeuplement et d'une politique encourageant la mise en valeur des terres agricoles. Celles-ci furent accordées à l'élite militaire des spahis qui en bénéficiaient pour une période indéfinie en contrepartie d'un impôt à acquitter (système timar). La situation changea néanmoins au cours du XVIe siècle.

Pour faire face à des dépenses militaires croissantes, l'Empire décida de dissoudre ce système et d'alourdir considérablement le poids de l'impôt. Les gouverneurs de province recrutèrent des armées privées et imposèrent leur loi sur les domaines. Famines, épidémies, insécurité se développèrent, forçant certaines populations à quitter les vallées pour se réfugier dans les forêts et les montagnes. Un voyageur autrichien pouvait ainsi témoigner au début du XVIIe siècle qu'il n'avait vu dans la région aucune forme d'agriculture développée sauf dans la plaine de la Thrace autour de Plovdiv et qu'il n'avait traversé entre Belgrade et Nis qu'une contrée désolée et sauvage (Berend, 2003). En somme, l'Empire était devenu un obstacle à la modernisation et au développement économique. En relever revenait à être prisonnier de structures militaires et bureaucratiques rigides, d'un système économique dont la propriété privée était absente.

Aux XVIIIe et XIXe siècles : une autoperception négative

La fiabilité toute relative des anciens appareils statistiques et les changements de frontière, nombreux en Europe centrale, rendent les approches diachroniques aléatoires[2]. Néanmoins, pour David F. Good et Tongshu Ma, rares furent les périodes au cours desquelles l'Europe centrale bénéficia d'un niveau de développement proche de celui des nations occidentales les plus avancées. « À partir de 1870, les économies d'Europe centrale et orientale n'ont eu une croissance en phase avec leur potentiel qu'au cours des années précédant la première guerre mondiale. Durant l'entre-deux-guerres, durant la période socialiste, et au cours de l'ensemble de la période 1870-1919, ce ne fut pas le cas » (Good et Ma, 1999). De fait, la perception d'un « retard » par rapport à l'Europe occidentale, justifiée à la lumière des statistiques disponibles (cf. tableau 1), était largement répandue parmi les élites de l'Europe centrale au XVIIIe et au début du XIXe siècle. Ces dernières exprimaient leur amertume et leur mécontentement à l'égard de ce

---

2. *Si le retard de développement était avéré, notons qu'à l'Ouest, toutes les nations n'avancèrent pas au même rythme. Faute d'avoir pu tirer profit des nouveaux marchés du continent américain, l'Italie, l'Espagne, le Portugal entamèrent un lent déclin. Dès le XVIIe siècle, les exportations de vêtements en laine et en soie de Gènes, Venise et Milan déclinèrent fortement. Peu à peu, les exportations italiennes se limitèrent aux produits agricoles et à la soie brute, tandis qu'affluaient les importations anglaises françaises et hollandaises.*

« retard » et louaient les avancées de l'Ouest, redoutant la perspective d'être refoulé en Asie.

Tableau 1 : Évolution du PNB d'une sélection de pays européens de 1870 à 1989

	1870	1910	1938	1989
Angleterre	*100*	*100*	*100*	*100*
France	62,4	67,8	62,4	116,1
Norvège	48,7	54,2	67,5	152,4
Finlande	43,1	43,1	47,1	159,6
Espagne	43,3	42	–	66
Grèce	34,5	34,9	21,2	36,8
Russie	27,9	30,6	–	60,6
Empire des Habsbourg	45,7	55,9	–	–
Autriche	57,2	83,6	47,3	115,6
Tchécoslovaquie	47,9	58,3	46,6	67,5
Hongrie	39,4	54,8	29,6	60
Autriche	*100*	*100*	*100*	*100*
Tchécoslovaquie	83,9	69,7	98,3	58,4
Hongrie	62,3	65,5	62,5	51,7

Source : Berend (2003).

Dans son journal de voyage en Europe occidentale, le jeune aristocrate hongrois Széchenyi s'interroge en 1822 : « Qu'est-ce qui est grotesque dans notre pays ? » Sa réponse : « que les représentants des paysans sont des nobles ; les loups protègent les agneaux ». Son camarade de voyage Wesselényi, lui, ne cache pas son admiration pour la révolution industrielle en marche en Angleterre : « Une usine de verre, une mine de charbon, une aciérie côte-à-côte. La région dans son ensemble est recouverte de feu, de fumée comme dans la scène du Jugement dernier [...]. Tout, les pierres comme les hommes, est noir [...]. Les machines à vapeur sont utilisées partout. » Le sentiment d'infériorité des deux compagnons de voyage apparaît clairement lorsque Wesselényi écrit en relatant ses impressions à la vue des docks, des nombreux bateaux et de l'activité autour des entrepôts de marchandises : « Je me sens comme un petit représentant de commerce dans son costume du dimanche, ridicule et empesé, redoutant de faire le moindre geste ». Quelques années plus tard, Széchenyi jugera son pays « en triste état [...] qui suit les autres nations avec un siècle de retard » et tirera comme conclusion : « copier les autres ne présente aucun risque, nous pouvons nous inspirer de leur expérience centenaire » (cité par Berend, 2003). Au XIXe siècle, l'historien hongrois Mihaly Horvath déplorait le « talent anti-commercial et anti-capitaliste » caractéristique selon lui de la « race hongroise » (Pach, 1994, p. 151-155).

En 1841, la Hongrie ne comptait que cinq machines à vapeur. En Bulgarie, il fallut attendre 1834 pour voir la première usine mécanisée. L'ensemble de l'Europe centrale et orientale, Russie comprise, ne comptait pas plus de 3 000 kilomètres de voie ferrée en 1860 contre 38 000 kilomètres en Europe occidentale. Entre 75 et 90 % de la population travaillait dans l'agriculture. Si la région ne fut pas pour autant tenue à l'écart de l'expansion du capitalisme, elle ne joua dans ce processus qu'un rôle périphérique (Wallerstein, 1974, p. 91-92). En 1870, l'Autriche bénéficiait du revenu par habitant le plus élevé d'Europe centrale, mais il était nettement inférieur à celui de l'Angleterre. En outre, jusqu'au début du XXe siècle, le retard de certaines provinces, telles que la

Transylvanie, la Croatie-Slavonie, la Dalmatie ou la région des Carpates, non seulement ne se résorba pas, mais il s'aggrava.

Les causes du retard de développement

Alors que la mortalité déclinait à l'Ouest (26-27 morts pour 1 000 habitants en Angleterre en 1800), elle restait stable en Europe centrale. La natalité ne permettant pas de compenser au moins partiellement une forte mortalité, la population de la région n'augmentait que faiblement. Selon Ivan Tibor Berend (2003), elle passa de 16 millions en 1500, à 20 millions en 1600, à 22,8 millions en 1700 et à plus de 30 millions en 1800. Dans les Balkans, la population déclina même au cours de cette période. Vers 1800, la densité de population était d'environ 18-28 habitants par km^2 en Europe centrale, de 10 habitants dans les Balkans, de 60-80 en Europe occidentale.

Ces différences en termes de densité n'étaient pas anodines. Comment expliquer les innovations technologiques et la hausse de la productivité dans les campagnes de l'Ouest autrement que par la forte croissance démographique qui multiplia le nombre de bouches à nourrir du XIVe au XVIe siècle ? Dans l'Europe centrale peu peuplée, la pression démographique était moindre. Au-delà des seuls aspects démographiques, l'immobilisme des institutions et des structures explique que, jusqu'à la fin du XVIIIe siècle, le paysan d'Europe centrale cultivait la terre comme son homologue d'Europe occidentale le faisait au XVe siècle.

Il fallut attendre la seconde moitié du XVIIIe siècle pour que le système de rotation à deux ou trois cultures disparaisse progressivement, pour que la productivité augmente et pour que de nouvelles cultures apparaissent – exception faite de la Bohême-Moravie où une sorte de pré-industrialisation apparut au cours du XVIIIe et au début du XIXe siècle. En 1798, en Bohême,

700 000 personnes travaillaient dans l'industrie textile et 200 000 environ dans les industries du verre, de la métallurgie et du papier. Ailleurs, à la même époque, le féodalisme, loin de s'effacer, se renforçait. Les techniques et l'organisation de la production évoluèrent peu entre le XVe et le début du XIXe siècle. Les premières industries de sous-traitance et les premières usines ne firent leur apparition en Hongrie qu'à la fin du XVIIIe siècle mais l'absence de capital ne permit pas les investissements nécessaires. Dépendre des activités commerciales, vendre des produits agricoles sur le marché de l'Autriche et de la Bohême en échange de biens manufacturés était plus lucratif. Ivan Tibor Berend (2003) ne recense, à la fin du XVIIIe siècle, que 66 entreprises industrielles de type capitaliste en Hongrie. Elek Fényes, le père des statistiques modernes hongroises, pouvait encore constater dans la première moitié du XIXe siècle que « l'aspect le plus sombre de notre pays est le manque d'industrie » (Berend, 2003).

Le maintien en place de structures jugées caduques à l'Ouest, l'insécurité, les faibles densités ne furent pas les seules causes du décalage de développement. Les tenants de la théorie de la dépendance invoquent la logique des relations économiques qui se sont nouées entre les deux parties du continent et qui ont confiné l'Europe centrale dans un rôle de pourvoyeuse de matières premières et de denrées agricoles. D'autres soulignent le « primat du politique » dans cette région jusqu'à une époque récente en raison du caractère multinational des empires (Rudolph et Good, 1992 ; Barkey et Hagen, 1997). D'une part, ces empires, en redoutant qu'une modernisation économique n'appelle une profonde réforme politique, n'ont pas toujours été bien inspirés dans leur politique de développement. D'autre part, la mosaïque ethnique qui les caractérisait a atténué les efforts accomplis pour organiser des marchés à la taille de ces empires. Max-Stephan Schulze et Nikolaus Wolf

(2008) attirent ainsi l'attention sur « la frontière d'avant la frontière », à savoir les limites ethniques internes à l'Empire austro-hongrois qui, bien avant l'implosion de ce dernier, provoquèrent des effets frontières. En étudiant le commerce du grain entre une vingtaine de villes de l'Empire des années 1870 à la première guerre mondiale, ils montrent qu'à partir de la moitié des années 1880, la géographie ethnique, plus que la distance ou les infrastructures disponibles, affecta les échanges. Ils soulignent que les relations conflictuelles entre nationalités étaient ici en cause, plus que les difficultés de communication, et qu'en somme la géographie des liens commerciaux au sein de l'Empire anticipait sur le redécoupage des frontières opéré à la fin de la guerre.

Les élites, quant à elles, ne jouèrent pas toujours la carte de la modernisation. Elles montrèrent peu d'empressement à renier leurs systèmes de valeurs. Le comte Jozesf Telecki, aristocrate hongrois, de retour chez lui après avoir séjourné deux ans en Hollande, en France, en Suisse, rédigea un pamphlet contre les Lumières (1760) et contre Voltaire. En Bohême comme en Pologne, l'éducation contrôlée par l'Église privilégia le latin et la théologie, et les efforts entrepris visèrent avant tout à préserver l'ordre social en vigueur. En Pologne, Stanislaw Konarski mit sur pied une école destinée uniquement aux nobles, le Collegium Nobilium, et Adam Czartoryski ouvrit une école pour chevaliers en 1765. Dans ce pays, le maintien d'une vaste noblesse et la conviction d'être le rempart de la Chrétienté alimentèrent un sentiment de supériorité. La noblesse polonaise cultivait ses origines « sarmates », tandis que son homologue hongroise valorisait sa filiation avec les Huns pour se distinguer d'un environnement essentiellement slave. À l'instar de la mentalité des hidalgos d'Espagne, cette valorisation des traditions aboutit à rejeter les valeurs liées au commerce et à l'industrie.

À l'Ouest de l'Europe, l'apparition de nouveaux marchés accéléra le développement du capitalisme, lequel entraîna une refonte des rapports sociaux. À l'Est, les systèmes traditionnels, avec notamment une forte présence de la noblesse au service de l'État et dans la société, furent préservés. À l'heure où « l'esprit du capitalisme » évoqué par Max Weber, l'éthique protestante ou encore la moralité puritaine se diffusaient à l'Ouest, l'Est exaltait les valeurs de la noblesse. Zsigmond Pál Pach décrit ainsi le noble hongrois, qui, loin de s'ouvrir au monde, « vit grâce à ses serfs, sur son domaine de petite ou moyenne taille, s'engage uniquement dans les affaires ayant trait à son Comté, et qui passe son temps à assister aux mariages, à chasser, en offrant l'hospitalité à des voisins et à d'autres notables » (Pach, 1994, p. 148).

Le système de valeurs traditionnel bénéficia en outre du succès de la Contre-Réforme. La Réforme s'étendit dans un premier temps en Bohême au cours du XVIe siècle. Les deux tiers de la population adhérèrent à l'un des courants protestants. Toutefois, après la bataille de la Montagne blanche, la Contre-Réforme impitoyable conduite par les Habsbourg et mise en œuvre par les Jésuites renversa la tendance. L'émigration de nombreux protestants conduisit à la perte d'un cinquième de la population de la Bohême, tandis que les serfs furent contraints à se convertir au catholicisme, qui devint religion d'État après 1628.

Certes, progressivement, les idées des Lumières se diffusèrent en Europe centrale, notamment grâce à la franc-maçonnerie (les premières loges furent fondées à Prague en 1726, à Varsovie en 1755). La franc-maçonnerie resta toutefois l'apanage des nobles, même si elle parvint à attirer quelques intellectuels. Dans les années 1870, en Hongrie, elle porta l'aspiration d'une partie de la noblesse à voir le régime des Habsbourg être réformé et décentralisé. Si le message des Lumières se diffusa ainsi au sein des sociétés, l'essor de la franc-maçonnerie ne contribua pas à de profonds changements. En Hongrie comme en Pologne, leurs promoteurs souhaitaient avant tout des réformes modérées et le maintien des privilèges de la noblesse.

Plus généralement, les voyages à l'Ouest et la lecture des auteurs ouest-européens étaient le fait d'une petite élite. Tandis qu'à l'Ouest, 60 à 90 % de la population savait lire vers 1800, l'analphabétisme dominait largement en Europe centrale. « La fierté et l'arrogance de la noblesse, le retard, la superstition et l'ignorance d'une grande majorité de la population, telles étaient les caractéristiques principales des sociétés d'Europe centrale et orientale » (Berend, 2003). Au XVIIIe siècle, le PNB de l'Empire des Habsbourg était voisin de celui de l'Ouest. En 1860, l'écart se creusa : le PNB de l'Ouest était de 150 % supérieur à la moyenne européenne, celui de l'Empire des Habsbourg de 7 % inférieur. Dans l'ensemble de l'Europe centrale et orientale, le PNB moyen équivalait au tiers de celui de l'Angleterre (Bairoch, 1976). Certes, l'Europe centrale avait trouvé sa place dans la division européenne du travail mais son rôle se limitait encore en grande partie à exporter des matières premières et des denrées agricoles. À partir de la seconde moitié du XIXe siècle, un rattrapage sélectif s'opéra néanmoins.

Un rattrapage progressif et sélectif

Confronté à une concurrence avec la Prusse, l'Empire austro-hongrois s'engagea à partir de la seconde moitié du XVIIIe siècle dans une transformation économique inspirée de l'expérience ouest-européenne. La perte de la Silésie au profit de la Prusse en 1742 encouragea la mise en place d'une politique mercantiliste et le soutien à l'industrie de Bohême. En 1775, l'impératrice

Marie-Thérèse supprima tous les tarifs douaniers intérieurs et permit ainsi la création d'un marché commun (qui n'incluait toutefois pas la Hongrie). D'autres composantes rejoignirent plus tardivement ce marché : la Bucovine et la Galicie entre 1783 et 1796, le Triol et Vorarlberg en 1875, l'Istrie et la Dalmatie en 1880. Les biens importés étaient lourdement taxés et pour certains soumis à des quotas. Sans faire partie de ce marché intérieur, la Hongrie était protégée de la concurrence étrangère par des droits de douane de 30 %, ramenés à 3 % dans le cas des biens importés de la partie autrichienne de l'Empire.

À partir des années 1770, la liberté d'entreprise fut accordée, et l'implantation d'investisseurs ouest-européens encouragée grâce à des incitations fiscales. Dans une logique colbertienne, l'État créa directement des entreprises. Une grande usine de textile fut ainsi implantée à Linz, qui rappelait les manufactures royales françaises. Le servage fut profondément réformé avant d'être aboli en 1781, et d'autres réformes permirent d'instaurer dans le monde agricole les bases d'un capitalisme. L'État s'impliqua aussi dans la modernisation du secteur éducatif, en trouvant là encore ses références en France. L'École polytechnique de Paris servit de modèle à l'Institut technique de Prague établi en 1807 et à l'Institut de Vienne créé en 1815. Une large partie de l'Europe centrale vit à partir des années 1860 l'introduction de méthodes agricoles modernes et le développement de réseaux ferroviaires. Les investissements étrangers affluèrent dont l'essentiel bénéficia précisément à la modernisation des infrastructures.

La Bohême s'industrialisa rapidement et la Hongrie entama sa révolution agricole. Plus généralement, le XIXe siècle fut pour l'Europe centrale le siècle de la modernisation, même si l'ordre ancien perdura plus longtemps qu'à l'Ouest. À une vision fataliste de l'Histoire, succéda peu à peu une représentation plus optimiste, celle d'une échelle à gravir (Berend, 2003). La liberté et le progrès furent vantés. Le réformateur hongrois, József Eötvös, membre du gouvernement révolutionnaire de 1848 et l'un des architectes de la législation instituant le système d'éducation après le Compromis austro-hongrois de 1867 écrivait en 1902 : « Depuis la révolution française, le développement de la plupart des pays européens conduit à constater que l'inspiration pour la mise en place de nouvelles institutions fut trouvée en Angleterre et que les concepts ont été importés de France » (Eötvös, 1902, p. 39). « La France est devenu notre idéal » proclamait de son côté Ion Bratianu, révolutionnaire roumain du milieu du XIXe siècle, « elle a pour mission de présider au renouveau de l'Europe ». Durant la révolution de 1848, le consul de France à Bucarest constatait : « La France a ici sur les bords du Danube, une clientèle qui, chaque jour, essaie d'assimiler son langage, sa législation, sa littérature et même ses modes les plus futiles » (Seton-Watson, 1934, p. 139-40).

En Prusse, l'humiliation provoquée par la défaite de 1806 face aux troupes napoléoniennes impulsa les réformes (dites « Stein-Hardenberg », 1807) et l'émancipation des serfs, processus de modernisation qui s'acheva par l'unification de l'Allemagne en 1871. La Russie répondit plus tard au défi posé par les économies ouest-européennes. Sa défaite à l'issue de la guerre de Crimée (1853-1856) bouscula un ordre auquel le régime tenait. Le décret abolissant le servage fut signé en 1861 (mais les serfs ne purent disposer en majorité que de surfaces agricoles modestes). En Turquie aussi, les réformateurs enjoignaient leurs compatriotes à s'inspirer de l'Europe. Halil Pasha, le commandant en chef turc et beau-fils du sultan ne voyait pas d'autre voie possible : « Si nous n'adoptons pas la voie européenne, nous n'aurons d'autre choix que de retourner en Asie » (cité par Petrosjan, 1993, p. 63-65).

Les leviers d'un rattrapage amorcé

Si l'idéologie des Lumières a joué un rôle dans l'élan modernisateur, elle n'a jamais concerné qu'une frange de la population. La révolution scientifique, les révolutions de l'Ouest et surtout le romantisme doivent également être mentionnés. Les idées véhiculées par le romantisme se diffusèrent bien plus largement dans les sociétés d'Europe centrale et orientale que l'information qui circulait entre l'Est et l'Ouest dans les décennies antérieures. Les échos du *Nabucco* de Verdi, de la *Symphonie fantastique* de Berlioz ou les strophes exaltées de Victor Hugo ne parvinrent pas seulement à certaines élites mais également à une partie des masses. Ces échos laissaient entrevoir une Europe occidentale débarrassée du servage, des privilèges dus aux nobles, organisée en communautés nationales rassemblant tous les citoyens sans distinction. Plus qu'ailleurs, le romantisme fut en Europe centrale, comme l'explique Isaiah Berlin (1979), l'égal des révolutions britannique et française. Les mots de liberté, de peuple, de changement y raisonnèrent particulièrement.

À la fois mus par le désir de réformes et l'aspiration à faire partie intégrante du mouvement à l'œuvre en Europe occidentale, les romantiques d'Europe centrale associèrent progrès technique, essor du commerce et liberté. Le romantisme allemand eut la plus grande audience. L'exaltation de l'individu fut associée à l'aspiration à la nation. De même que dans l'espace allemand, la fragmentation en États conduisit au concept de *Kulturnation* (Meinecke, 1908), en l'absence d'États pré-existants, la priorité fut donnée en Europe centrale à la création d'une culture nationale dont la société devait prendre conscience avant de créer un État tant, selon Friedrich Meinecke, « une nation est une communauté qui *souhaite* devenir une nation » (Meinecke, 1908, p. 7-8).

Surtout, la région bénéficia d'une forte croissance démographique. En 1789, la densité démographique de la région était de 55 habitants par km². Les faibles ressources procurées par des sols peu fertiles encouragèrent la population à rechercher des emplois dans l'artisanat et dans l'industrie, lesquels étaient valorisés par les Habsbourg. La modernisation de l'Europe centrale fut également soutenue par la croissance démographique spectaculaire de l'Ouest dont la population passa de 45,1 millions d'habitants à 162,4 millions de 1800 à 1913. Les importations des pays de l'Ouest augmentèrent en conséquence. Entre 1830 et 1913, celles de la France furent multipliées par 7 (7 % de ces importations concernaient le blé et la farine).

Le poids des matières premières et notamment des denrées agricoles dans le commerce international ne pouvait que bénéficier à l'Europe centrale (Kuznets, 1967). Dans le domaine agricole, le niveau atteint par l'Europe occidentale au XVIIIe siècle le fut en Europe centrale entre 1850 et 1913. L'extension des réseaux ferroviaires et l'établissement d'un réseau bancaire créèrent des conditions favorables. En Autriche-Hongrie, la fin du servage s'accompagna d'une recomposition du patrimoine foncier : certains nobles conservèrent la propriété de leurs terres et plusieurs grandes familles reçurent en compensation des indemnités généreuses leur permettant de moderniser leurs immenses domaines et de salarier de nombreux paysans sans terre.

À la même période, une série d'innovations technologiques permit d'accroître la productivité des exploitations. Le système de rotation des cultures réduisit la surface laissée en jachère (notamment en Autriche, en Bohême et dans la Grande Plaine hongroise). De nouveaux systèmes de drainage, l'utilisation de fertilisants, une meilleure sélection des plantes et l'introduction de la mécanisation contribuèrent également à la modernisation de l'agriculture, même si d'importantes disparités régionales perdurèrent.

Sur les territoires polonais, le tsar Alexandre II ordonna en mars 1864 une réforme agraire. Plus de 4 millions d'hectares furent attribués à 700 000 serfs affranchis. Toutefois, à l'inverse de ce qui se passa en Hongrie, les grands propriétaires terriens ne furent pas à l'origine de la modernisation agricole. La mécanisation était certes amorcée bien avant 1864 mais, du fait de la résistance opposée à l'Empire russe, les nobles avaient reçu de faibles compensations à la suite de l'abolition du servage. De nombreux paysans continuèrent de pratiquer une agriculture traditionnelle et la superficie des exploitations dépassait rarement 2 hectares. En conséquence, même si elle connut dans certains secteurs une hausse de la production, l'agriculture polonaise produisait peu pour l'exportation. Il lui fallait surtout répondre aux besoins d'une population en forte croissance (celle-ci quadrupla au cours du XIXe siècle et doubla sur la seule période 1850-1900).

En Roumanie, le servage fut aboli en 1864 dans le cadre du traité de Paris. Peu de serfs obtinrent néanmoins des terres et les méthodes modernes mises en œuvre dans d'autres parties de l'Europe centrale ne firent que tardivement leur apparition.

Une industrialisation balbutiante

Si la plupart des aristocrates propriétaires terriens restaient attachés à l'ordre ancien, certains contribuèrent à la modernisation économique en créant des entreprises, notamment dans le secteur textile. À la vérité, ce ne fut que dans le cas où la manufacture pouvait s'appuyer sur la proximité et la disponibilité de matières premières « que la noblesse eut une fonction entrepreneuriale au XIXe siècle » (Klíma, 1991, p. 157). Ces aristocrates bénéficiaient de facilités fiscales, disposaient des matières premières nécessaires sur leurs propres domaines et pouvaient compter sur une main-d'œuvre abondante. De la Pologne aux

Balkans, l'aristocratie posa ainsi les bases d'une industrie du textile, des mines et de l'acier.

Les marchands autrichiens, silésiens et allemands contribuèrent à cette dynamique en instaurant le *Verlag* qui permettait l'intégration des populations rurales dans le système capitaliste sans que celles-ci aient à quitter leurs villages. L'usine textile de Linz employait ainsi 16 000 couturiers chez eux en 1790. De même, le Viennois J. M. Schmidt établit en 1769, dans le sud de la Bohême, une usine de production de laine qui employait sur son site 300 personnes mais qui en faisait travailler 1 400 à domicile. Entre le quart et la moitié des villageois de la Bohême du XVIIIe siècle participaient au *Verlag*, voire 80 % dans certaines régions (Klíma, 1991).

Entre 1880 et 1913, le nombre de filatures de coton (dont 60 % se trouvaient dans les pays tchèques) passa de 1,6 million à 4,9 millions. La consommation de coton dépassa celle de la France et avoisina celle de l'Allemagne. Durant la même période, l'industrie du papier quadrupla sa production. Si les marchés ouest-européens n'étaient pas des débouchés négligeables, cette expansion bénéficia surtout des ventes réalisées à l'est de l'Empire, dans les régions agricoles. Plus de 78 % de la production de coton et près de la moitié de la production de laine de l'industrie tchèque et autrichienne étaient destinées à la Hongrie. La production industrielle put ainsi se développer rapidement. Un quart relevait de l'industrie textile, un quart de la transformation des produits alimentaires et un cinquième de la production de fer, d'acier et de machines (Berend, 2003). Les nouveaux territoires industrialisés adoptèrent progressivement un profil voisin de celui des régions ouest-européennes les plus avancées. Le PNB de l'Autriche et celui des pays tchèques étaient de 80 % et de 44 % supérieurs à celui de la moyenne de l'Empire. À elle seule, la Bohême-Moravie produisait 56 % de la production industrielle totale. Ce n'est que très progressivement que le développement de ces régions se diffusa plus à l'Est, vers les autres composantes de l'Empire.

L'industrialisation supposait une main-d'œuvre non seulement abondante mais également qualifiée. Dans des économies dominées par l'agriculture, cette ressource manquait. Elle afflua sous la forme de migrants originaires d'Allemagne et d'Autriche principalement. Aux populations allemandes installées depuis le Moyen Âge s'agrégèrent des migrants attirés par les salaires proposés par l'industrie russe ou par les entreprises d'Europe centrale. Dans la branche la plus sophistiquée de l'industrie hongroise, l'industrie de la machine-outil, le quart de la main-d'œuvre était germanophone en 1880. Il n'y eut pas toutefois, comme en Europe occidentale, de rapide expansion de la classe ouvrière au détriment des populations paysannes. Rares furent les villes industrielles nouvelles (Plzeň, Brno dans les pays tchèques, Łódż en Pologne, Budapest en Hongrie). Sur le territoire polonais d'avant la première guerre mondiale, 16 % seulement de la population vivait en ville, en Hongrie 18 %. Dans l'ensemble de la région et à l'exception des pays tchèques et de l'Autriche, le taux d'urbanisation ne dépassait pas 13 %. Les principales villes ne soutenaient pas la comparaison avec leurs homologues ouest-européennes : Vienne comptait 2 millions d'habitants, Moscou 1,5 million, Prague 600 000, Bucarest 350 000. La forte croissance de Budapest, fruit de la fusion en 1873 de Buda, de Pest et d'Obuda, était davantage l'exception que la règle. En 1850, les trois composantes avaient 150 000 habitants et lorsqu'elles fusionnèrent, elles en comptaient 300 000. Cette croissance se poursuivit par la suite avec vigueur, de l'ordre de 40 % au cours de la seule décennie 1890-1900. Avant même la première guerre mondiale, Budapest abritait dans ses faubourgs plus de la moitié des ouvriers hongrois, le tiers de la population urbaine de Hongrie y habitait et la ville était la septième d'Europe par sa démographie.

Dans l'Empire austro-hongrois, la modernisation manquait toutefois de capitaux. Les banques préféraient les accorder à l'État et à l'aristocratie dont les richesses étaient liées à la terre plutôt qu'à l'industrie. Le réseau de chemin de fer lacunaire ne permettait pas d'abaisser les coûts de transport entre les mines de charbon, d'une part, les régions productrices d'acier et les ports, d'autre part. L'agriculture domina ainsi durablement dans l'Empire austro-hongrois, notamment du côté hongrois où, en 1910, 68,4 % de la population s'y consacrait (53 % du côté autrichien).

Le retard avec l'Europe de l'Ouest n'était donc pas rattrapé, notamment en matière de mécanisation. Dans les deux principaux pôles qu'étaient l'Autriche et la Bohême, on comptait 20 000 chevaux-vapeur en 1840, soit la moitié de ce qui était disponible en Allemagne et en Belgique, ou encore le quart de ce que la France abritait. L'industrie textile était davantage mécanisée que les autres, mais la couture à la main dominait et l'essentiel de la production relevait de petits ateliers. À Liberec, centre textile majeur de l'époque, sur les 3 000 métiers à tisser en fonctionnement, une quarantaine seulement était mécanisée en 1841. Dans toute la région, le travail manuel resta dominant jusque dans les années 1880.

L'industrie du charbon débuta son expansion après 1830. De cette date à 1850, la production passa de 180 000 tonnes à 880 000 tonnes. Ivan Tibor Berend (2003) doute toutefois qu'une comparaison puisse être établie avec la révolution industrielle ouest-européenne. Compte tenu du faible niveau de mécanisation, il préfère parler de « proto-industrialisation réussie », et Franklin F. Mendels d'une « industrialisation avant la révolution industrielle » (Mendels, 1972, p. 74). Dans les provinces plus rurales de l'Empire, notamment en Hongrie et en Croatie, l'agriculture se développa moins en raison de la consommation intérieure que grâce à la politique de soutien aux exportations mise en place par la Monarchie. Le marché intérieur, le système bancaire, les nouvelles infrastructures de transport mais aussi l'expansion de l'agriculture accélérèrent l'essor de l'industrie entre 1860 et 1880.

En Pologne, l'activité minière avait débuté avant les partitions. Les progrès enregistrés par la suite ont varié selon les régions. La production de fonte et d'acier fut introduite avec succès en Haute-Silésie en 1796, où des Britanniques vinrent transmettre leur savoir-faire. Jusqu'à la moitié du XIXe siècle, la Haute-Silésie soutenait avantageusement la comparaison avec la Ruhr. Sa croissance ralentit ensuite. Sans être plus importantes en volume, les ressources de la Ruhr étaient plus facilement exploitables et la région bénéficiait de l'essor industriel de l'Europe du Nord-Ouest. À l'inverse, la Silésie était éloignée des grands centres de consommation, manquait de voies navigables et était pénalisée par les tarifs douaniers imposés par l'Autriche et la Russie.

Une modernisation grâce aux marchés ouest-européens

La proximité géographique avec l'Europe de l'Ouest permit l'essor des exportations, surtout après 1870 lorsque le commerce international connut une forte croissance. À l'avant-garde de l'industrialisation de la Bohême et de l'Autriche, le secteur textile fut confronté à la concurrence de l'Ouest. Les biens agro-alimentaires eurent quant à eux moins de difficultés à pénétrer les marchés ouest-européens. Le sucre de betterave de l'Empire austro-hongrois connut un grand succès en France durant les guerres napoléoniennes et l'industrie se développa notamment grâce à l'installation d'entrepreneurs ouest-européens. La première usine moderne de raffinage de canne à sucre fut implantée en Moravie, à Židlochovice, par le Belge Florentin Robert avant que des Français et des Allemands vinrent également s'installer dans la région. L'industrie connut son heure de gloire lorsque Julius

Robert, le fils du fondateur de l'usine de Židlochovice, développa une innovation technologique majeure qui révolutionna le secteur. La production moyenne par entreprise passa de 1 000 tonnes en 1871 à 6 500 tonnes en 1913. Plus de 82 % de la production austro-hongroise était localisée en Bohême-Moravie. Dès 1860, la Monarchie était auto-suffisante. Avec 60 % de la production exportée, l'industrie du sucre demeura le premier poste à l'exportation de l'Empire jusqu'à la première guerre mondiale.

La Bulgarie accrut ses exportations de 5,3 % par an entre 1880 et 1910, l'Empire russe de 4 %, la Roumanie, la Serbie et la Hongrie de plus de 3 % (Bairoch 1976). Il est vrai que les secteurs concernés par cette hausse des exportations étaient peu nombreux. Le secteur agricole dominait largement : la Hongrie se spécialisa dans la farine et assuma à elle seule le quart des exportations mondiales, en deuxième position derrière les États-Unis. 30 % de la production était destinée à l'Empire, 70 % à l'Europe occidentale. Au début du XXe siècle, le marché ouest-européen fut néanmoins quasiment perdu au profit des États-Unis, et l'Empire devint le principal débouché. La Roumanie exportait la moitié de sa production de farine (60 % des exportations totales du pays) et 40 % de ses céréales, et se hissa au cinquième rang des exportateurs de grain dans le monde. De même, la Serbie devint une puissance exportatrice à la fin du XIXe siècle grâce au Danube et à la Sava notamment. Au total, les exportations de l'Europe centrale étaient non seulement focalisées sur le secteur agricole mais également sur un nombre réduit de produits. Les cinq premiers produits exportés représentaient le plus souvent plus de 75 % des exportations totales. En somme, malgré l'essor de l'industrialisation, la région n'exportait quasiment pas de produits non agricoles. L'Autriche et la Bohême étaient ici des exceptions, même si le premier poste à l'exportation était le sucre (voir *supra*). Néanmoins, le principal débouché de leurs industries naissantes était la partie agraire de l'Empire.

Le territoire polonais sous occupation russe ne bénéficia pas des investissements consentis par la Prusse en Silésie. Il put néanmoins tirer parti de son intégration dans le marché russe pour attirer d'importants capitaux étrangers. Dans les années 1820, Lubecki et Staszic, ministres du gouvernement russe en Pologne, nourrissaient ainsi des projets industriels notamment dans le secteur de la métallurgie, mais leurs ambitions furent réduites à néant par l'insurrection de 1830 et par le changement de politique qui s'ensuivit. Peu après, l'industrie textile s'implanta à Łódż, principalement grâce à des capitaux et à un savoir-faire allemands avant de s'étirer vers Varsovie et Biaystok le long de l'axe ferré reliant Varsovie à Saint-Pétersbourg.

Dans son roman *Lalka*, Bolesław Prus se fait l'écho, à travers son héros Wokulski, de ces nobles polonais qui après avoir combattu jusqu'à l'exil pour défendre leur polonité face à l'Empire russe déposèrent les armes pour se reconvertir dans les affaires. De fait, les industriels polonais du textile, de l'acier, du charbon exportaient massivement vers la Russie. En 1850, la valeur du commerce extérieur polonais était de 16 millions de roubles, en 1880 de 246 millions, en 1910 de 1 213 millions. En 1864, le quart de la production industrielle polonaise était exportée vers la Russie et cette part augmenta rapidement dans les décennies suivantes. Selon Andrzej Jezierski (1967), près de 80 % des 515 millions de roubles exportés depuis le territoire polonais en 1910 relevaient des secteurs du textile et du fer. L'agriculture ne représentait pas plus de 12 % des exportations polonaises. À l'orée du XXe siècle, la Pologne produisait 40 % du charbon de l'Empire russe, 23 % de son acier, 20 % de son textile et 15 % de son fer, et la production industrielle par habitant était le double de celle de la Russie.

Le rôle précieux des investissements ouest-européens

Au moment où l'Europe centrale augmentait ses exportations vers les marchés ouest-européens, des artisans et des industriels de l'Ouest s'y implantèrent pour valoriser leur savoir-faire. Même dans la région la plus précoce en matière de développement industriel, à savoir la Bohême, les premiers industriels furent des immigrés provenant d'Europe occidentale. La première filature de coton mécanisée d'Europe centrale fut ainsi implantée à Pottendorf en Bohême par l'Anglais John Thornton. Nous l'avons vu, l'industrie sucrière tchèque fut impulsée par le Belge Robert et son fils. L'industrialisation de la Hongrie dut beaucoup aux Suisses Ganz et Haggenmacher, au Norvégien Gregersons, et aux Autrichiens Drehers, Drashes et Fellner. En Pologne, les Allemands Steinkeller, Kronenberg et autres Szlenker furent à l'origine d'empires industriels.

D'autres les suivirent en Bohême et en Moravie au point que Arnošt Klíma (1991) constate que « parmi les grands entrepreneurs de la première moitié du XIXe siècle, on ne trouve pas de noms tchèques. La plupart des entrepreneurs en machines-outils en Bohême et en Moravie au début du XIXe siècle étaient des étrangers, des Allemands et des Anglais principalement ». Le Suisse Haggenmacher et l'Autrichien Dreher lancèrent l'industrie de la bière en Hongrie ; le Bavarois Otto Steinbeis y créa la première scierie (10 000 employés) en 1893. Des dizaines d'artisans et d'entrepreneurs ouest-européens contribuèrent ainsi à l'industrialisation de l'Europe centrale. En 1830, plus du quart de la main-d'œuvre qualifiée de l'industrie de Budapest était constituée de germanophones originaires d'Allemagne, d'Autriche et de Bohême. Le premier hebdomadaire hongrois consacré aux ouvriers avait un titre allemand (*Arbeiter Wochen Kronik*). Dans l'industrie textile serbe, même au début du XXe siècle, près de 20 % de la main-d'œuvre qualifiée était d'origine étrangère. En Bosnie, le tiers des investissements relevait des autorités publiques austro-hongroises qui investissèrent dans la prospection de minerais et qui créèrent une industrie du tabac.

Quel fut l'impact de ces capitaux étrangers sur l'économie de la région ? Dans l'Empire austro-hongrois ou dans l'Empire russe, ils initièrent une dynamique de développement qui se perpétua par la suite. Dans d'autres régions, et notamment dans les Balkans, ils furent à l'origine d'une logique de dépendance et ne permirent pas une diffusion large du développement. Globalement, la modernisation de l'Europe centrale put s'appuyer sur un afflux conséquent de capitaux ouest-européens dont les trois quarts provenaient d'Angleterre, de France et d'Allemagne. L'Angleterre fut toutefois rapidement moins focalisée sur l'Europe centrale que ses deux voisines. Le développement de la Russie résulta également d'investissements ouest-européens, au grand regret du ministre russe des Finances d'alors : « Malheureusement, notre pays est pauvre, écrivait le comte Sergei Witte dans un mémorandum adressé au tsar Nicolas II en 1900, et il n'y a donc pas d'autre moyen pour développer notre industrie tellement archaïque que de compter sur le capital étranger » (Laue, 1969).

Modernisation des réseaux d'infrastructures mais protectionnisme

En 1870, on ne comptait que 31 000 kilomètres de voies ferrées dans l'Est européen. Ce nombre fut multiplié par 5 au cours des décennies suivantes. À la veille de la seconde guerre mondiale, le retard de l'Europe centrale était rattrapé dans de nombreuses régions (Berend et Ranki, 1974, p. 98). Faute de capitaux disponibles en Europe centrale, les investisseurs ouest-européens financèrent ce rattrapage. Si l'Angleterre cessa rapidement d'investir en

Europe (le continent n'absorbait plus que 5 % des investissements britanniques à l'étranger en 1914) (Jenks, 1927), les investisseurs allemands et français continuèrent, eux, d'investir à proximité de leurs terrioires. L'Europe centrale absorbait respectivement 52 % et 28 % de leurs investissements à l'étranger (Berend, 2003).

Dans l'Empire austro-hongrois, la première voie ferrée sur laquelle circulaient des wagons tirés par des chevaux ouvrit entre Linz et Budweis en 1832. Les premiers trains à vapeur relièrent Vienne à la Galicie en 1836. En 1841, un plan de développement fut conçu à l'échelle de l'Empire qui sera, dès 1854, parcouru par plus de 2 000 kilomètres de voies ferrées. En 1873, la densité du réseau n'avait rien à envier à celle prévalant en Europe de l'Ouest, une réussite célébrée par les poètes, les peintres et les musiciens.

Retenant les leçons de la guerre de Crimée, l'Empire russe se lança également dans un vaste programme de construction de voies ferrées. « Sans voies ferrées et sans industrie mécanisée, la Russie ne saurait être en sécurité à l'intérieur de ses frontières » expliquait son ministre des Finances, le comte Sergei Witte (Laue, 1969, p. 7). Entre 1860 et 1913, près de 70 000 kilomètres de voies furent construits pour constituer le deuxième réseau ferroviaire du monde. En territoire polonais, la première ligne relia Wrocław et Myslowice en 1847. En 1862, seuls 635 kilomètres étaient en place mais le retard fut vite rattrapé. Au tournant du XXe siècle, les centres industriels de Łódż et du bassin de Dabrawa étaient bien desservis et plusieurs lignes reliaient le royaume à la Prusse et à l'Autriche.

Au fond, c'est dans les Balkans que la construction du réseau ferroviaire fut la plus tardive. Les grandes puissances européennes s'employèrent à combler en partie ce retard au nom de leurs intérêts. Après la conférence de Vienne de 1883 et le traité de Berlin de 1885, l'Allemagne aspirait à étendre sa sphère d'influence et à disposer de colonies. Dans ce contexte, la ligne Berlin-Bagdad engagée par les *Orientalische Eisenbahnen* supposait un réseau dans les Balkans.

En Roumanie, les premiers 70 kilomètres de voies ferrées, financés par des investisseurs britanniques, relièrent Bucarest à Giurgiu en 1869. Les produits agricoles de la plaine centrale pouvaient ainsi être transportés jusqu'aux ports du Danube et donc jusqu'à la mer Noire. Dans les années 1870, un consortium austro-britannique réalisa la ligne Lemberg-Cernauti-Suceava. En 1872, le groupe allemand Bleichröder inaugura la ligne Roman-Galati-Bucarest-Pitesti, et en 1880, l'ouverture de la ligne Ploiesti-Predeal permit une connexion au réseau hongrois. En 1874, c'est avec l'Empire russe que le réseau national fut relié. En 1914, le pays comptait plus de 2 000 kilomètres de voies ferrées et disposait du réseau le plus complet du sud-est de l'Europe. La densité ferroviaire de cette partie du continent ne représentait malgré tout qu'un quart de celle de l'Europe de l'Ouest.

Malgré l'industrialisation et l'intégration croissance de l'Europe centrale aux réseaux ouest-européens, la conversion au libre-échange et au libéralisme n'alla pas de soi. Le réformateur hongrois Lajos Kossuth plaidait pour une politique protectionniste en Hongrie, influencé par les théories de Friedrich List. Dans *Das nationale System der politischen Ökonomie* paru en 1841, ce dernier expliqua que le libre-échange, s'il servait les intérêts des nations les plus développées, compromettait en revanche les chances des économies naissantes. L'Autriche-Hongrie renforça également ses tarifs douaniers en 1874 puis en 1887 et en 1906. Plus à l'Est, la Russie l'avait précédée en 1868 avant de décider de nouvelles hausses de tarifs douaniers en 1891, 1893 et 1900. La Bulgarie multiplia les siens par trois en 1894. La Roumanie introduisit en 1886 des droits de douane oscillant entre 10 et 15 % puis décida de nouvelles hausses en 1904 pour les porter à 25 % en 1906. Les pays d'Europe centrale étaient-ils alors plus nationalistes que les autres pays ? Non. L'Allemagne (en 1879 puis en 1902), les États-Unis (en 1890 puis en 1897), l'Espagne, l'Italie, la France adoptèrent des politiques similaires. À la veille de la première guerre mondiale, seuls l'Angleterre, la Hollande et le Danemark demeuraient fidèles au libre-échange en Europe.

Dans la plupart des cas, le protectionnisme alla de pair avec une forte intervention de l'État dans le processus de modernisation des économies. En Hongrie, de 1881 à 1907, plusieurs lois consacrées à la défense de l'industrie nationale accordèrent des exonérations fiscales et des subventions qui permirent la création de près d'un millier d'usines entre 1882 et 1913. En 1887, le Parlement roumain autorisa l'intervention directe de l'État pour soutenir l'industrie. Dans plusieurs autres pays de la région, l'État multiplia les mesures visant à préserver ou à développer le tissu industriel. Ainsi, c'est à la fois en bénéficiant des exportations vers l'Ouest, en protégeant ses entreprises et en exploitant l'apport de capital et de savoir-faire de l'Ouest que l'Europe centrale s'engagea sur la voie de la modernisation économique.

Si à l'époque le système bancaire des pays de la région était encore lacunaire, il se développa sans tarder sous l'impulsion des banques ouest-européennes. La partie occidentale de l'Empire austro-hongrois fut une nouvelle fois pionnière. La Banque nationale autrichienne ouvrit ses portes en 1816 avant d'installer en 1851 une antenne à Buda-Pest. De même, 60 % du capital des quatre plus importantes banques russes était d'origine ouest-européenne (principalement allemande et française). Dans la Pologne intégrée à l'Empire russe, deux investisseurs locaux (Kronenberg et Epstein) ouvrirent la Bank Handlowy (1870) et la Bank Dyskontowy (1871) grâce au soutien procuré respectivement par le Crédit lyonnais et par la Deutsche Bank. De même, le réseau bancaire roumain bénéficia de l'investissement des institutions bancaires françaises (Crédit mobilier) et allemandes (Disconto Gesellschaft, Länder Bank, Deutsche Bank), et les banques françaises furent à l'origine en Bulgarie de la Banque générale de Bulgarie, du Crédit foncier franco-bulgare et de la Banque des Balkans (Berend et Ranki, 1974, p. 604 et 607).

Dans les Balkans, l'absence de classe moyenne et de culture entrepreneuriale, l'omniprésence de sociétés paysannes et l'existence d'une bureaucratie militaire corrompue freinèrent la modernisation. La concurrence ouest-européenne eut en outre des effets ravageurs. Le Traité anglo-ottoman de 1838 ayant abaisser les droits de douane et supprimer les monopoles, les pays de l'Ouest ayant bénéficié de la révolution industrielle purent exporter massivement leurs productions dans les Balkans et dans l'Empire ottoman, au détriment des tissus économiques locaux (Keyder et Tabak, 1991, p. 166-168). Enfin, la région fut en proie à une succession de guerres commerciales. Au début du XXe siècle, celle dite « du cochon » ferma les portes du marché austo-hongrois à la production serbe ; l'Empire taxa par la suite fortement les importations de blé.

La situation économique de l'Europe centrale du début du XXe siècle apparaissait au final très contrastée. L'Empire austro-hongrois avait sa base industrielle dans les pays tchèques et l'espace germanique en Saxe, grâce au rôle commercial joué par Leipzig et les industries développées autour de Chemnitz et dans certains pôles de Prusse. Les autres espaces, notamment la Hongrie, restaient moins avancés, même si après le Compromis de 1867, celle-ci put se départir de sa fonction agricole et développer son industrialisation.

L'entre-deux-guerres, une phase de rattrapage abrégée

Les combats de la première guerre mondiale et la fragmentation politique qui s'ensuivit dévastèrent l'Europe centrale. En 1919, l'Europe comptait trente-huit entités économiques contre vingt-six en 1914. Dans le même laps de temps, le nombre de monnaies passa de douze à vingt-sept. L'Europe centrale fut le principal théâtre de cette recomposition politique du continent européen.

L'Europe centrale fragmentée

Sur le plan économique, les dommages furent sévères. La Hongrie qui pouvait naguère compter sur le marché autrichien pour écouler sa production agricole n'était même plus en mesure de produire pour elle-même. Son agriculture manquait de bras, du fait des nombreuses pertes humaines sur le front, comme de chevaux. La production industrielle de la région ne dépassait pas le tiers de son niveau d'avant-guerre. En 1919, la Pologne n'atteignait que le quart de son niveau de 1914. Les rivages de la Baltique furent particulièrement touchés par la guerre. L'intervention alliée après la révolution bolchévique ainsi que le blocus de 1919 eurent également de lourdes conséquences pour les ports, notamment celui de Riga. Les trois cinquièmes de la population de la Courlande et le tiers des Lettons fuyèrent les combats et partirent en exode. Le contexte de l'après-guerre ne fut guère favorable à une reconstruction rapide. Les autres économies européennes ne se relevèrent que lentement et, à l'échelle mondiale, la part relative de l'Europe dans le commerce international déclina. Sur le plan industriel, l'Europe centrale souffrit du déclin entamé dans les secteurs industriels les plus traditionnels (textile, acier, charbon), au moment même où l'Ouest profitait de l'essor de l'électrification, des débuts d'une production automobile de masse et des autres attributs de ce que certains historiens qualifièrent de « quatrième révolution industrielle ».

La nécessité d'une assistance internationale s'imposa pour relever l'Europe centrale et lui éviter le sort révolutionnaire de la Russie. John Maynard Keynes, dans *Les Conséquences économiques de la paix*, en souligna l'urgence. De fait, le début des années 1920 fut caractérisé par l'octroi de prêts à l'Europe centrale. Ce fut d'abord l'Autriche qui en bénéficia puis vint le tour de la Hongrie, de la Tchécoslovaquie et de la Pologne qui purent compter sur les conseils d'experts américains et européens (dont un certain Jean Monnet) pour stabiliser sa monnaie. La doxa en vigueur accordait le primat au libre-échange. Le protectionnisme était vigoureusement stigmatisé. Du moins dans les discours car dans la réalité, le nationalisme économique réapparut peu à peu comme le complément naturel de l'affirmation des jeunes nations issues de la dislocation des empires.

En juillet 1919, la Roumanie promulga ses premières lois protectionnistes, pour une période provisoire, jusqu'en 1924, date à laquelle les tarifs douaniers furent augmentés et généralisés. On procéda à la nationalisation d'actifs étrangers, notamment allemands et hongrois. L'unique marché austro-hongrois se décomposa en sept entités qui ne virent d'autre urgence que d'entraver autant que possible l'immixtion des acteurs économiques étrangers.

L'Europe centrale vit ainsi fleurir des législations douanières plus détaillées et surtout plus exigeantes, à la fois en Bulgarie (1922), en Roumanie (1924), en Autriche, en Hongrie, en Yougoslavie (1925) et en Tchécoslovaquie (1926). Si le tarif douanier de l'Autriche-Hongrie était en moyenne de 20 %, il passa dans le cas de la Hongrie à 30 %, voire à 100 % et à 500 % pour certains produits. Dans le secteur agricole, l'Europe centrale connut en outre une multiplication des exigences sanitaires et vétérinaires aux frontières. Dans le même temps, nous l'avons vu, le protectionnisme était dénoncé avec force. À la conférence de Genève de la Société des Nations (SDN) en 1927, un texte vantant les mérites du libre-échange fut ainsi adopté. Réunis de nouveau en 1931 pour établir un état des lieux des avancées accomplies, ses signataires ne purent que constater qu'aucun d'entre eux n'avait honoré ses engagements. Nul ne s'illusionnait sur les bénéfices à long terme d'un protectionnisme généralisé, mais ce dernier était perçu en Europe centrale comme la moins mauvaise des solutions, en tout cas la seule permettant de combler le retard.

Une phase de développement mais des retards persistants

Cette politique participait d'une volonté des élites de la région de modifier le rôle de l'Europe centrale dans la division européenne du travail. Pour ne plus être cantonnées à la fonction d'exportateurs de matières premières et de denrées agricoles, les économies devaient poursuivre leur industrialisation en protégeant leurs marchés intérieurs. Autant au XIXe siècle, l'objectif était d'esquisser une modernisation sur la base des recettes d'exportation obtenues grâce au potentiel agricole, autant la priorité était désormais d'édifier des industries indigènes se substituant aux importations (Szlajfer, 1990). Il est vrai que le retard en matière d'industrialisation était patent. Même dans un pays aussi avancé que la Hongrie, 70 % de la demande en textile était avant-guerre satisfaite par la Bohême et l'Autriche, 80 % de ses exportations portaient sur des produits agricoles, et 60 % de ses importations sur des biens manufacturés.

La politique ainsi suivie par les pays d'Europe centrale ne fut pas vaine. Les résultats en matière d'industrialisation furent probants. La production industrielle de la Yougoslavie s'accrut de 40 % entre 1913 et 1929. Durant la même période, la Bulgarie multiplia le nombre de ses entreprises industrielles par cinq. Le secteur textile bénéficia de cet essor. En Roumanie, la part des ouvriers employés dans ce secteur passa de 7 à 25 % et la part de ce secteur dans la production industrielle totale passa de 10 à 22 % entre 1913 et 1929. L'industrie textile était le principal employeur de l'industrie estonienne dans les années 1920. L'agriculture n'étant plus la priorité, la Hongrie recycla ses anciens moulins à farine désertés pour y abriter des machines textiles démodées acquises en Angleterre et y affecter une main-d'œuvre principalement féminine. La production doubla dans les années 1920 et fut finalement en 1938 quatre fois plus importante qu'à l'aube de la première guerre mondiale. Plus généralement, la production industrielle augmenta de 28 % par rapport à 1914.

La Pologne ne connut pas un tel progrès. Son industrie textile avait connu son heure de gloire avant la première guerre mondiale grâce principalement à ses débouchés garantis sur le marché russe. Celui-ci disparut avec le retour sur les cartes d'une Pologne indépendante, retour effectif après une guerre contre la Russie. Quand les deux tiers du territoire polonais de l'entre-deux-guerres appartenaient à l'Empire russe en 1914, 80 % des exportations du royaume de Pologne étaient destinées à ce dernier. Dans les années 1920, la part de la Russie dans les exportations polonaises n'était plus que de 1,5 %. Les autres anciennes composantes de l'Empire russe connurent la même destinée. La perte du marché russe frappa sévèrement les régions industrielles polonaises, même si la Russie avait, dès avant 1914, affirmé sa volonté de privilégier ses propres produits. L'impact fut d'autant plus douloureux qu'une réorientation à l'Ouest du commerce extérieur était impossible. Provoquée en 1925 par une Allemagne hostile aux nouveaux tracés frontaliers, une guerre commerciale limita les échanges polono-allemands jusqu'au règlement du litige qui n'intervint qu'en 1934. Avec la Tchécoslovaquie, l'établissement de bonnes relations se heurta au contentieux sur la région minière et sidérurgique de Těšín qui fut finalement « coupée » de la Silésie pour revenir à la Tchécoslovaquie.

La Pologne de 1918 hérita ainsi d'un territoire très inégalement développé. Élaborer une stratégie cohérente de développement pour les fragments rassemblés s'avéra un défi difficile, d'autant que la Haute-Silésie demeurait divisée. Le destin de cette région n'apparaissait pas non plus assuré compte tenu des revendications récurrentes de la part des minorités allemandes en faveur d'un nouveau tracé des frontières. En conséquence, le gouvernement polonais préféra investir ailleurs, dans la construction du port de Gdynia et surtout dans l'industrialisation du District industriel central (*Centralne Okręg Przemysłowy*) à la confluence de la Vistule et du San. L'accent fut mis sur la métallurgie, la mécanique et la fabrication de munitions. Mais ce plan, initié en 1936 et interrompu trois ans plus tard par l'invasion allemande, ne suffit pas à recomposer la géographie industrielle du pays.

L'Estonie réorienta son commerce extérieur de sorte que la part de l'URSS dans ses exportations qui était encore de 22 % en 1922 tomba à 3 % en 1932. Elle chuta à 2 % dès 1927 dans les exportations de la Lettonie : l'Allemagne et la Grande-Bretagne étaient devenues les principaux partenaires commerciaux du pays.

Comme au XIXe siècle (et comme après 1989 !), la phase modernisatrice s'appuya largement sur les investissements ouest-européens. Dans les années 1930, la France tenta de profiter de la défaite de l'Allemagne pour renforcer son influence économique en Europe centrale. Les autorités politiques encouragèrent l'initiative privée sans pour autant la contrôler. Lorsque Schneider prit le contrôle de Škoda-Berg und Hütten en Tchécoslovaquie, les modalités de l'opération contredirent les vœux des pouvoirs publics français. De même, Paribas investit dans le secteur pétrolier roumain au détriment des plans préparés par le gouvernement français et prit position dans les mêmes conditions dans le secteur de l'industrie lourde slovaque. Selon Philippe Marguerat (2004), « il n'y a pas de divorce, ainsi qu'on le croit trop souvent, entre l'ampleur des plans et des objectifs gouvernementaux et l'impuissance ou la passivité des intérêts privés ; ce qui frappe, c'est le dynamisme de ces intérêts, débordant les initiatives et les moyens officiels, et précipitant à l'occasion, par leurs heurts réciproques ou par leur collision avec les projets gouvernementaux, l'échec ». Les moyens en effet abondaient, du fait des alliances entre banques d'affaires et firmes industrielles. Cette présence française ne sera toutefois que peu valorisée à la fin des années 1930, les positions acquises n'étant pas mises à profit pour perturber l'approvisionnement en pétrole de l'Allemagne depuis la Roumanie ou pour empêcher Škoda de produire les chars d'assaut qui constitueront le fer de lance de l'offensive de mai-juin 1940. Il est vrai que dans ce dernier cas, l'État tchèque avait pris peu à peu le contrôle de l'entreprise en raison des difficultés croissantes imputables aux faiblesses de la composition de son capital (Marguerat, 2004).

Dans les années 1920, les efforts entrepris pour moderniser les économies centre-européennes se heurtèrent à plusieurs obstacles. La fragmentation de l'espace économique ne fut pas compensée par une entente à l'échelle régionale, même si s'amorça la formation d'une union économique danubienne. Les accords négociés à la conférence de Portorose de novembre 1921 laissaient envisager la fin des restrictions commerciales mais aucun des États signataires ne les ratifia. Une résurgence de la domination économique et financière des États successeurs de l'Empire austro-hongrois était redoutée par beaucoup, et les puissances victorieuses de la « Petite Entente » (Tchécoslovaquie, Roumanie, Yougoslavie) refusaient toute concession à la Hongrie qui puisse encourager celle-ci à revendiquer une révision de l'ordre territorial nouveau. En outre, chaque pays souhaitant développer ses industries naissantes, l'élévation des tarifs douaniers pour protéger les marchés nationaux rendit impossible toute intégration régionale. Plus avancée dans son processus d'industrialisation, la Tchécoslovaquie dépendait beaucoup de ses exportations industrielles et ne voyait donc pas son intérêt dans une politique protectionniste. L'influence politique des paysans tchèques empêcha toutefois l'ouverture du marché national aux surplus agricoles des voisins.

Les progrès accomplis dans l'entre-deux-guerres, bien qu'insuffisants pour combler le retard avec l'Europe occidentale, prirent de vitesse le corps social. La rapidité des changements technologiques et économiques souligna le caractère archaïque du comportement des élites tentées d'imposer par le haut les changements nécessaires tout en préservant les hiérarchies et les structures sociales en l'état. « L'adoption des institutions et des règles juridiques occidentales, l'intégration des valeurs des Lumières, l'héritage de la Révolution française et le libéralisme britannique tombaient dans les mains des aristocrates tchèques et autrichiens, de la *Szlachta* polonaise, des boyards russes et roumains, des monarques peu éclairés, et des bureaucrates militaires » (Berend, 2003, p. 24). Appréhendant à la fois la concurrence étrangère, les révoltes paysannes, les soulèvements, ces élites visaient avant tout à ne rien céder de leurs privilèges.

Certes, le servage avait été aboli mais la redistribution des terres restait limitée. En Poméranie, la moitié des exploitations agricoles avaient une superficie supérieure à 200 hectares. Dans le Mecklembourg et en Silésie, les taux étaient respectivement de 56 et de 40 %. Dans les pays tchèques, 0,5 % des propriétaires terriens possédaient 33 % des terres. Dans la Pologne du début du XXe siècle, plus du tiers des terres restaient la propriété de la *Szlachta*. En Roumanie, 0,6 % des propriétaires terriens possédaient près de la moitié des terres. Même lorsqu'elles se trouvaient désargentées, les familles nobles et aristocrates conservaient leur prestige, leurs réseaux sociaux et par conséquent l'accès aux postes de responsabilité dans la fonction publique. Une « société duale » (Bibó, 1986), où se côtoyaient aristocrates au prestige intact et entrepreneurs fortunés (parmi lesquels Karl Wittgenstein, Ernst Škoda), apparut.

Les obstacles à un rattrapage rapide avec l'Ouest étaient aussi politiques. La question des nationalités, non résolue par les traités signés dans la région parisienne après la première guerre mondiale, était prégnante dans la plupart des États. Elle alimentait les tensions en Yougoslavie entre Serbes et Croates, elle dressait les Biélorusses et les Ukrainiens inclus dans la Pologne reconstituée contre celle-ci, elle entretenait des contentieux inter-étatiques, par exemple entre la Pologne et la Tchécoslovaquie autour de Těšín, et annonçait de nouveaux découpages réclamés notamment par les minorités allemandes.

La rareté des matières premières fut un autre obstacle. La Roumanie pouvait compter sur des ressources en pétrole abondantes, et la Pologne satisfaire à ses besoins grâce à ses gisements en Galicie. Ailleurs, les ressources ne couvraient pas les besoins nés de l'industrialisation naissante. Le minerai de fer, crucial à cette époque pour le développement de l'industrie métallurgique, devait presque partout être importé. Les capacités industrielles étaient concentrées dans quelques régions. Seule la Tchécoslovaquie pouvait s'appuyer sur une structure industrielle intégrant aussi bien l'acier que la mécanique, le textile, la céramique et la chimie. Les États issus des empires décomposés ne pouvaient en outre exploiter pleinement des réseaux ferrés conçus dans un cadre territorial radicalement différent. La Pologne hérita ainsi d'un réseau certes développé dans sa partie occidentale mais centré sur Berlin et sous-développé à l'est car l'Empire russe n'avait pas jugé utile d'investir dans les régions concernées. Dans l'ancien Empire austro-hongrois, les principales villes étaient certes bien reliées entre elles mais les communications Est-Ouest restaient lacunaires, au détriment de certains États nouveaux, telle la Tchécoslovaquie.

La crise de 1929 interrompt la dynamique de rattrapage

L'industrialisation des économies d'Europe centrale se poursuivit dans l'entre-deux-guerres, y compris dans les Balkans. Dès la fin des années 1920, la production agricole avait retrouvé ses niveaux d'avant-guerre. En Autriche et en Pologne, le bilan fut certes moins flatteur qu'en Bulgarie ou en Tchécoslovaquie, mais, partout, l'industrie s'était diffusée. L'objectif de l'industrialisation fut donc atteint mais était-il pertinent ? À l'heure où les industries telles que le textile se développaient en Europe centrale grâce à des politiques volontaristes et protectionnistes, elles entamaient leur déclin en Europe occidentale. L'industrie de la machine-outil et les industries électriques, plus riches en valeur ajoutée et en innovation, se substituaient à elles. Le protectionnisme avait protégé les économies d'Europe centrale d'une concurrence pour laquelle elles n'étaient pas préparées mais l'idée qu'il suffise à les placer au niveau de l'Ouest relevait du mirage. Un mirage que la crise de 1929 dissipa.

La crise frappa toutes les économies, y compris les plus avancées. En Autriche, les exportations chutèrent de 50 % et la production industrielle de 40 %. En 1936, la production industrielle était encore inférieure de 20 % à celle de 1929. En 1933, la Tchécoslovaquie avait une production industrielle de 40 % inférieure à celle de 1929. Les pays moins avancés de la région souffrirent davantage, affectés par une chute des prix agricoles que les paysans aggravèrent en la compensant par une hausse de la production. Jusqu'à la veille de la seconde guerre mondiale, les prix restèrent ainsi à un niveau équivalant à la moitié, voire au tiers, de leur niveau de 1929.

L'ensemble des économies furent également touchées par la crise financière. En 1931, la Creditanstalt, principale banque autrichienne, très présente en Europe centrale, fit faillite, suivie quelques mois plus tard par la chute de la troisième banque allemande, la Darmstädter und National Bank. Fortement endettés, les pays d'Europe centrale avaient peu de marge de manœuvre et les banques centrales sacrifièrent leurs faibles réserves d'or et de change à tenter de sauver leurs systèmes bancaires. L'endettement fut tel que seuls de nouveaux emprunts permettaient d'acquitter les dettes contractées. En Hongrie, entre 1924 et 1931, près de la moitié des prêts obtenus étaient destinés à financer la dette. Le pays imposa le contrôle des changes en 1931, imité six mois plus tard par la Yougoslavie, la Bulgarie, la Roumanie. La Hongrie apparut comme le pays le plus vulnérable de la région et, à la suite d'une mission de la SDN, un moratoire lui fut accordé à partir du 1er janvier 1932. Par la suite, la Bulgarie, la Yougoslavie, la Roumanie bénéficièrent de mesures similaires.

Au-delà de la crise économique et financière, l'Europe centrale fut pénalisée par sa transformation structurelle inachevée. La position financière de la Hongrie, de la Roumanie, de la Yougoslavie, de la Bulgarie fut ainsi très affectée en raison de leur forte dépendance à l'égard des exportations agricoles qui, conséquence économique notable de la crise des années 1930, connurent une baisse importante. La demande chuta, les prix avec. La Pologne et la Tchécoslovaquie furent particulièrement pénalisées par la baisse de la demande en produits industriels.

La crise fut aggravée par un repli sur soi généralisé. En Allemagne, la situation financière du pays ajoutée aux pressions des grands propriétaires terriens de l'Est aboutit à une politique protectionniste dont l'objectif était notamment l'autosuffisance en farine. L'Autriche, la France, l'Italie et certains pays d'Europe centrale conduisirent une politique similaire. Sous la pression du parti agrarien, la Tchécoslovaquie initia une politique agricole protectionniste qui fut encore plus prononcée après l'expiration du traité commercial avec la Hongrie à la fin des années 1930.

En Europe centrale, la modernisation restait entravée par un système d'éducation lacunaire. Les capitaux étrangers qui avaient largement irrigué les économies d'Europe centrale avant la guerre, notamment pour le développement du chemin de fer, n'avaient afflué que modestement dans les années 1920. Certes, chaque pays de la région avait enregistré des succès dans son industrialisation ou dans la valorisation de ses matières premières. La Roumanie doubla sa production pétrolière dans les années 1930 et l'industrie agro-alimentaire hongroise se développa rapidement. Mais le commerce extérieur de la région ne se diversifia que lentement et la structure des économies ne se transforma pas radicalement. En Pologne, la part des produits agricoles et des matières premières dans les exportations ne varia pas entre 1928-1929 et 1937-1938, et resta autour de 80 %. La Tchécoslovaquie fit ici figure d'exception. Les industries traditionnelles (textile, verre, sucre) représentaient 60 % des exportations en 1929 mais seulement 43 % en 1937. Dans le même laps de temps, la part du seul secteur textile passa de 35 à 22 %. Comme à l'Ouest, la part des industries plus avancées progressa.

Le développement territorial dans la stratégie des pays communistes

La seconde guerre mondiale, les changements de frontière, les déplacements de populations remodelèrent profondément les cadres politiques. Par la suite, certains préceptes des régimes communistes, tels que l'abolition de la propriété privée, la spécialisation industrielle convenue entre les pays dans le cadre du Conseil d'assistance économique mutuelle (CAEM), la priorité accordée à l'industrie lourde ou encore l'allocation centralisée des ressources, affectèrent également la géographie économique de l'Europe centrale.

Reconstruction et industrialisation dans le cadre du CAEM

Dans le cadre du CAEM, la géographie économique de la région évolua au gré des rôles attribués aux différents pays dits frères :

chantiers navals en Pologne, bus en Hongrie, ascenseurs en Bulgarie, poids lourds en Russie. Néanmoins, l'intégration progressa peu. Staline était réticent à déléguer au CAEM des compétences, et lorsque Khrouchtchev songea à une autorité supranationale, il était trop tard : la Roumanie s'était retirée de l'organisation ; les autres pays s'étaient spécialisés et/ou habitués à interpréter à leur guise les règles convenues dans le cadre de l'organisation, sans pour autant disposer de l'autonomie nécessaire à l'émergence d'un modèle industriel propre.

À l'échelle nationale, le premier défi en 1945 fut la reconstruction. En Pologne, les destructions furent particulièrement sévères à Varsovie et dans le nord et l'est du pays. Dans les territoires dits recouvrés[3], très peu de villes sortirent indemnes de la guerre et notamment des affrontements des années 1944-1945. Les villes de Gdańsk, Szczecin et Wrocław furent en grande partie détruites. Les centres-villes endommagés par la guerre furent partiellement reconstruits (Szczecin) ou bien virtuellement abandonnés au profit de grands ensembles construits en périphérie (Elblag, Gorzow) (French et Hamilton, 1979). À Varsovie, quasiment détruite, l'urgence fut dans un premier temps de relancer les usines susceptibles de fonctionner à nouveau quitte à héberger la main-d'œuvre dans des logements provisoires. La politique mise en œuvre par la suite visa à soutenir les centres urbains voisins (l'immigration dans la capitale fut ralentie après 1954) en y investissant dans les infrastructures ou les installations industrielles (pétrochimie à Płock).

Cette décentralisation industrielle connut toutefois un succès limité. En revanche, les quartiers périphériques de la ville furent

---

3. Ils désignaient, dans la Pologne d'après-guerre, les territoires perdus à son profit par l'Allemagne mais sur une partie desquels s'étendait le royaume de Pologne au Moyen Âge.

reconstruits, équipés et dotés d'industries (Powiśle, Sielce). Sur la rive droite de la Vistule, le quartier Praga, relativement épargné par les destructions, abritait en 1945 plusieurs usines qui furent remises en marche. Łódż connut une trajectoire différente. Bourgade agricole au XVIIIe siècle, elle devint dans les années 1850 la deuxième ville du royaume du Congrès (25 000 habitants), avant de compter 253 000 habitants en 1897, puis 672 000 en 1939. Nous l'avons vu, Łódż dut son essor à sa situation frontalière lors de la partition de la Pologne. Intégrée au marché russe et donc protégée des tarifs douaniers que ce dernier imposait tout en étant proche de l'Allemagne, la ville, animée par les élites juives et allemandes, avait su attirer les capitaux et le savoir-faire allemands. Son tissu urbain était en grande partie modelé par ce passé industriel. Après 1945, sa vocation industrielle fut confortée mais l'industrie textile fut partiellement déplacée vers d'autres villes de la région en raison des problèmes d'approvisionnement en eau.

La trame administrative de plusieurs pays fut revue (en Bulgarie en 1959, en Tchécoslovaquie en 1960 avant que la Slovaquie ne dispose d'une autonomie renforcée en 1968, en Pologne en 1954 et en 1975, en Roumanie en 1968, en Yougoslavie en 1954-1955 puis en 1968). Centralisation et planification ne rimaient pas toujours avec cohérence. En Pologne, les édiles locaux étaient confrontés à des plans quinquennaux édictés par la Commission de planification du Conseil des ministres. Celle-ci coordonnait les orientations des ministères sectoriels d'une part, les plans édictés pour vingt-cinq ans par les villes, les *powiats* (équivalent des départements français), les *voïvodies* (équivalent des régions françaises) approuvés et coordonnés par le Comité de planification urbaine et d'architecture puis (à partir de 1964) par le ministère de la Construction d'autre part. En outre, le pays ne disposa pas de plan national d'aménagement du territoire avant 1972, seuls les grands projets faisant l'objet d'une stratégie concernant leur localisation.

À l'échelle des États, les disparités de développement furent atténuées (le cas le plus manifeste étant celui de la partie slovaque de la Tchécoslovaquie grâce aux implantations industrielles dans les secteurs de la sidérurgie et de l'armement) mais ne disparurent pas. Le choix des implantations industrielles relevait des autorités nationales au terme de tractations au cours desquelles les régions d'origine des responsables politiques apparaissaient privilégiées (la Roumanie en fournit l'illustration la plus évidente). Les dynamiques de concentration étaient entretenues par la reprise de sites existants (au terme de procédures d'expropriation) et la fermeture de nombreuses activités productives en milieu rural (au profit d'unités de production urbaines). Néanmoins, le discours favorable à un développement plus homogène des territoires se concrétisa par quelques opérations de développement dans des régions jusque-là peu industrialisées. La prise en compte partielle des coûts du foncier et des coûts de transport permit également une organisation plus diffuse de l'industrie, d'autant que celle-ci permettait de résoudre les problèmes de congestion (Haute-Silésie) et d'atteindre dans certains pays les gisements de main-d'œuvre en milieu rural. L'afflux de populations dans les villes, susceptible d'ajouter aux problèmes de logement, pouvait ainsi être évité, même si à partir des années 1960, la croissance démographique des villes finit par s'imposer et justifier des programmes de construction en périphérie de quelques grands centres urbains. Cette forte croissance urbaine cessa toutefois à partir des années 1980.

Au fond, ce sont les choix sectoriels qui eurent l'impact territorial le plus significatif. Le primat accordé à l'industrie lourde aboutit à la décision de nouvelles implantations où la rationalité économique pouvait s'effacer devant le discours idéologique. En

Pologne, de nouvelles aciéries furent construites dans les années 1950 notamment à Nowa Huta et à Chełm, dans le but à la fois d'investir en zone rurale et de demeurer à proximité des centres de l'industrie sidérurgique. À Nowa Huta, cité construite en même temps que le complexe sidérurgique de Huta Imiena Lenina (HIL), afflua une population pour l'essentiel masculine et d'origine paysanne. Limitrophe de Cracovie « la bourgeoise » vers laquelle les vents dominants transportaient les effluves de l'aciérie, Nova Huta connut une croissance démographique supérieure aux prévisions (sa population passa d'environ 20 000 habitants à 225 000 de 1950 à 1985). Après avoir employé plus de 50 000 personnes, le complexe en employait 32 000 au début des années 1990. Il était alimenté en minerai de fer par l'Ukraine, tout comme Eko-Stahl à Eisenhüttenstadt (littéralement « la ville de la sidérurgie ») en RDA (20 000 salariés en 1989, 3 000 en 2010). Dans ce cas, la ville fut construite, sur la base d'un village, sous le nom de Stalinstadt (littéralement « la ville de Staline ») dans les années 1950. Un plan rigoureux, de larges avenues, des ensembles de logements uniformes, un complexe industriel très étendu : rien ne devait manquer à ce qu'une fresque restée en place après 1989 sur l'un des bâtiments publics qualifia de « première ville socialiste d'Allemagne ». Eisenhüttenstadt comme les autres villes d'Europe centrale créées autour de l'industrie (Dunaújvaros, Nova Huta, Dimitrovgrad) a été à partir de 1989 confrontée à une crise d'adaptation qui s'est traduite par des licenciements et un vieillissement de la population provoqué par de nombreux départs (Eisenhüttenstadt comptait 50 000 habitants en 1990, 35 000 en 2005).

Secteur proche de la sidérurgie, l'exploitation du charbon connut également une forte croissance. En Pologne, les ressources furent augmentées de deux tiers avec l'intégration des gisements de Silésie dans le territoire polonais. Surtout, l'intégration de la Haute-Silésie permit une meilleure cohérence de son développement et de sa mise en valeur. L'Oder n'était plus la frontière naturelle de cette région industrielle. La région était liée par un canal à l'Oder depuis les débuts du XIXe siècle mais les conditions de navigation étaient difficiles. Soucieux de protéger leurs marchés, les industriels de l'Ouest de l'Allemagne avaient toujours milité avec succès contre une modernisation du trafic fluvial sur l'Oder. Avec les modifications de frontières intervenues en 1945, l'Oder et le canal Gliwicki passèrent sous contrôle polonais. Au nord, Szczecin (Stettin) fut également attribué à la Pologne, de sorte que les capacités d'exportation du charbon silésien purent être développées rapidement. Port de Berlin depuis plusieurs siècles, la ville connut durant toute la période communiste des tensions récurrentes avec la RDA suspecte de vouloir récupérer tout ou partie de la baie de Szczecin. Dans le sud de la Hongrie, la ville de Pécs devint une ville minière lorsque le gisement de Mecsek fut exploité pour approvisionner l'industrie sidérurgique du pays. De 1,4 million de tonnes en 1950, la production passa à 3 millions en 1980, avant que la mauvaise qualité du charbon puis la crise des années 1990 ne provoquent la fermeture des sites de production.

En Bohême du Nord, la multiplication des mines de lignite à ciel ouvert conduisit à détourner des cours d'eau, à déplacer des villages, et endommagea les sols sur des superficies importantes. La priorité accordée à l'industrie chimique aboutit également à de nouvelles implantations, par exemple à Usti-nad-Labem où le complexe industriel initialement conçu en périphérie finit par être absorbé par le tissu urbain.

Le socialisme dans les paysages urbains

À l'échelle des villes, l'empreinte laissée par les régimes communistes diffère d'un pays à l'autre. À Sofia, le centre-ville fut remodelé sur le modèle de la place Rouge à Moscou et desservi par de larges boulevards. Prague fut épargnée par les réalisations architecturales en vogue après 1945, mais son centre historique fut délaissé malgré les opérations de revitalisation nécessitées par son bâti. Y affluèrent néanmoins des populations de niveau social différent en raison des loyers maintenus bas grâce à d'importantes subventions (dans les années 1960, les ménages consacraient en moyenne 5 % de leur revenu au paiement du loyer) (Carter, 1979). Néanmoins, dans les quartiers périphériques comme à Sofia et dans la plupart des villes d'Europe centrale, des barres d'immeubles furent construites sur la base d'éléments préfabriqués selon des méthodes (voire par des chantiers) importées d'Union soviétique. Des quartiers résidentiels émergèrent ainsi, sans fantaisie architecturale excessive mais dont l'uniformité et la grisaille étaient compensées par des services de proximité satisfaisants.

L'identité de plusieurs villes d'Europe centrale sortit de la guerre défigurée par la quasi-disparition des communautés juives. Situés parfois en centre-ville (Łódż) ou en périphérie (Cracovie), les ghettos ou les quartiers juifs vidés ou presque de leur population furent le plus souvent délaissés, les rares synagogues encore debout désertées et peu entretenues. Ironie de l'histoire, les communautés allemandes avaient également quasiment disparu, y compris là où elles avaient contribué au développement économique depuis plusieurs siècles (en Bohême du Nord). D'importants foyers demeuraient encore dans les territoires de l'ancienne Prusse en 1945.

Dans la plupart des pays, la population urbaine connut une forte croissance du fait de l'industrialisation (et parfois d'une extension des limites administratives des villes). Méfiantes à l'égard des populations rurales et soucieuses d'accroître la production industrielle, les autorités communistes soutinrent la construction ou le déplacement dans les villes d'unités industrielles (Malisz, 1962). Au fond, la politique des autorités prolongea une tendance à l'urbanisation qui prévalait avant-guerre mais qui avait principalement résulté de décisions individuelles. Dans certaines villes (Varsovie, Lublin, Kalisz), l'industrie était développée mais ne déterminait pas l'évolution de la ville. Dans d'autres (Łódż, Sosnowiec), l'industrie avait tenu dès les origines un rôle clé. Dans d'autres enfin (Bedzin), l'industrialisation conduisit à une refonte du tissu urbain au détriment du bâti hérité. Partout, les villes de l'espace socialiste inaugurèrent un nouveau paysage urbain caractérisé par les statues des personnages glorifiés par le régime, des immeubles collectifs, l'absence de banques et de panneaux publicitaires, sans oublier les files d'attente nées de la pénurie de biens de consommation courante. Depuis 1989, un paysage urbain post-socialiste s'est diffusé, composé de gargotes, de magasins de luxe en centre-ville, d'implantations de grandes chaînes internationales, de publicités tapageuses, de *gated communities*[4] avant – peut-être – qu'une nouvelle régulation ne modifie un rapport de force devenu très favorable aux promoteurs privés.

À Varsovie, la ville a conservé certains traits du début du XXe siècle à l'époque où les préceptes du concours pour le Grand Berlin (1910) furent en partie appliqués. Le territoire de la ville fut ainsi multiplié par 4 lorsque le centre et les communes périphériques fusionnèrent en 1916, après plusieurs décennies d'une croissance privée d'espace. La réorganisation de la ville fut conduite par une association professionnelle (le « Cercle des techniciens ») dirigé par Tadeusz Tolwinski. Né à Odessa, formé à Karlsruhe, ce dernier imposa un zonage de la ville à l'allemande avec un centre-ville dense et mixte, des quartiers résidentiels (Zoliborz, Marymont, Bulany), des espaces industriels (Praga, Wola), des coulées vertes

4. *Ensemble résidentiel clos.*

radiales dont une terrasse panoramique dominant la Vistule (Jaquand, 2009). Ces caractéristiques demeurent encore partiellement visibles.

Les destructions inouïes infligées à la ville durant la guerre en ont toutefois fait un champ d'application privilégié de la doctrine socialiste en matière d'urbanisme. La répression du soulèvement du ghetto en avril 1943 avait provoqué la ruine du quartier de Muranow. En juillet 1944, l'installation à Lublin du Comité de libération nationale par l'armée soviétique et le premier corps de l'armée polonaise formé en URSS précipita la décision du commandement polonais exilé à Londres d'encourager l'insurrection de Varsovie. Celle-ci échoua et se termina par la destruction méthodique de la ville en août-septembre 1944 par l'occupant allemand sous le regard des troupes soviétiques stationnées sur la rive droite de la Vistule. En janvier 1945, la ville ne comptait qu'à peine plus de 100 000 habitants et était détruite à 80 %. L'idée de déplacer la capitale du pays à Cracovie ou à Łódż circula. Staline s'y opposa : « Rien de tout cela n'est grave, nous vous aiderons à reconstruire Varsovie. D'une manière ou d'une autre, on en reconstruira bien une, de ville. Stalingrad a été détruite bien davantage, et elle est déjà en train de renaître » avança-t-il (cité par Ewa Bérard, dans Bérard et Jaquand, 2009, p. 86).

De fait, les projets de reconstruction ne tardèrent pas, à commencer par la vieille ville médiévale reconstituée rapidement d'après d'anciens plans et des photos. À une première phase inspirée par les réflexions d'avant-guerre sur la « Varsovie fonctionnelle » et mise en œuvre par le Bureau de la reconstruction de la capitale (*Biuro Odbudowy Stolicy*, BOS) succéda néanmoins l'application stricte du réalisme socialiste à partir de 1947. Autant le BOS souhaitait renforcer la fonction métropolitaine de Varsovie, autant les nouveaux préceptes visèrent à traduire les priorités du nouveau régime dans l'urbanisme et l'architecture de la ville. L'idée de construire quatre aéroports et six lignes de métro fut condamnée (la construction de l'unique ligne de métro acceptée fut finalement suspendue en 1957 puis relancée et achevée en... 1995). Le centre-ville que le BOS souhaitait dense fut « aéré » par de grandes artères. L'industrie que le BOS souhaitait confiner à quelques zones fut renforcée grâce à l'implantation de complexes industriels, notamment automobiles (FSO) et métallurgiques. Les moyens financiers manquant (d'autant que la Pologne fut contrainte de rejeter le plan Marshall), les nouveaux immeubles de logements construits furent insuffisamment nombreux et de qualité médiocre.

Comme dans la plupart des autres villes du bloc socialiste, passé le déboulonnage des statues érigées par le régime précédent, le débat après 1989 a porté sur la reconstruction de certains bâtiments perçus comme des marqueurs identitaires et sur le traitement à réserver aux réalisations héritées des décennies passées. Le projet de reconstruire le palais Saxon (siège de l'État-Major avant la guerre) a été abandonné. Fruit d'une collaboration (difficile) entre architectes polonais et soviétiques, le palais de la Culture a obtenu le statut de monument historique en 2007, après plusieurs années de controverse entre partisans de sa destruction et opposants. En revanche, d'autres parties de l'héritage, comme les réalisations modernistes des années 1960 (cinéma Moskva, grand magasin Super-Sam), ont été rasées.

En définitive, la période communiste n'a bouleversé que ponctuellement la géographie économique et urbaine de l'Europe centrale. Industrie lourde en Silésie, automobile et engins agricoles à Varsovie, chantiers navals à Gdańsk et à Szczecin, chimie au sud et au sud-ouest du pays, industrie textile à Łódż et dans ses environs : la configuration du territoire polonais en 1989 était voisine de celle de 1945. Au cours de la période communiste, des investissements eurent lieu dans l'industrie textile comme dans d'autres secteurs, mais en règle générale, les autorités hésitèrent à créer de toutes pièces de nouvelles implantations industrielles. En revanche, les régimes communistes ont laissé leur empreinte dans l'organisation des territoires : valorisation du territoire slovaque, construction d'ensembles de logements en proche périphérie des grandes villes, collectivisation de la plupart des campagnes, implantation de quelques pôles industriels (parfois en milieu rural). Sans parler d'une dégradation de l'environnement qui s'est manifestée par la déforestation de certains massifs (Bohême du Nord), la pollution des cours d'eau et une qualité médiocre de l'air. Paradoxalement, la biodiversité a pu bénéficier d'une pratique peu répandue de la chasse et de l'abandon à la nature de certaines zones frontalières (aux frontières polono-allemande et polono-soviétique par exemple).

Vers un nouveau cycle de développement

1989 constitue la quatrième césure vécue par l'Europe centrale en un siècle. La première intervint sous l'Empire austro-hongrois lorsque l'industrialisation des régions les plus avancées (avant que le développement ne se diffuse ensuite vers les autres provinces) a modifié le profil jusque-là agricole de la région. La première guerre mondiale puis la dislocation des empires marquèrent une deuxième rupture. La troisième a été provoquée par la seconde guerre mondiale et l'expérience communiste.

Un regard rétrospectif porté sur les phases antérieures à la période communiste suggère des rapprochements. Les nations d'Europe centrale, privées pour la plupart de façade maritime et de marchés intérieurs conséquents, ont traditionnellement dû compter sur des marchés plus vastes. Il s'est agi tour à tour du marché des empires les englobant, de marchés régionaux, du marché ouest-européen, lorsque la croissance démographique et l'industrialisation de l'Ouest nécessitèrent des importations de denrées agricoles, puis du marché soviétique et enfin du marché de l'Union européenne. Si les facteurs d'explosion du système soviétique furent nombreux, il n'est pas exclu que la décision prise par l'URSS dans les années 1980 de moins dépendre des importations d'Europe centrale contribuât à déstabiliser le bloc de l'Est (Turnock, 2006). Que peuvent en effet les économies centre-européennes sans marché dépassant la taille de leurs territoires respectifs ?

Le rôle joué par les investisseurs ouest-européens dans les phases successives de modernisation, comme la fascination exercée par l'Europe de l'Ouest auprès de certains réformateurs d'Europe centrale, invitent également à ne voir dans la séquence ouverte en 1989 que la répétition d'épisodes déjà vus. De même, l'apparition de tensions nationalistes en Europe centrale autour de certaines régions frontalières et de minorités lors du reflux russe/soviétique a pu faire craindre que cet espace, qui fut le cadre initial des deux guerres mondiales, renoue avec son passé conflictuel. À l'exception des Balkans, c'est toutefois l'argument européen qui s'est imposé et non la rhétorique nationaliste. Au protectionnisme qui prévalut au début du XXe siècle et dans l'entre-deux-guerres, s'est substitué en 1989 le libre-échange dans un cadre européen.

L'Histoire ne s'est pas répétée car entre-temps l'Europe a su rompre avec son histoire. À sa sortie du communisme, l'Europe centrale a disposé *via* l'UE d'un cadre aussi attractif que le mythe européen et dont l'organisation politique convenait à des États en quête de sécurité, de reconnaissance et de développement. Ici se situe sans doute la principale différence entre 1918 et 1989. Dans les deux cas, l'Europe centrale a vu s'ouvrir une fenêtre permettant aux nations de se recomposer en États sur les ruines d'empires défaits. À partir de 1918, le processus a été interrompu, à cause à la fois de l'instrumentalisation des minorités présentes dans les États nouveaux, des conséquences sociales, économiques et politiques de la crise de 1929 et du revanchisme d'États défaits à l'issue de la guerre, à commencer par l'Allemagne. En 1989, c'est le délitement de l'Empire soviétique qui a ouvert une nouvelle période d'émancipation.

Quelles furent les différences par rapport à 1918 ? Tout d'abord, le recul russe fut d'envergure puisque les États qui avaient dû réintégrer le cadre soviétique dès les années 1920 (Ukraine, Biélorussie, pays composant le Caucase du Sud) ont vu cette fois-ci leur indépendance préservée et reconnue. Ensuite, pour les minorités ayant été en partie expulsées ou ayant émigré (du moins dans la moitié nord de l'Europe centrale), la question de leur statut s'est posée en des termes nouveaux. De même, la Russie affaiblie n'a pas eu les moyens d'une politique de reconquête, même si les traits d'une telle politique ont pu être esquissés depuis l'ère Poutine et les bénéfices procurés par les exportations d'hydrocarbures. Surtout, les développements consécutifs à la rupture de 1989 ont été gérés dans le cadre de l'Union européenne. Plus précisément, c'est la rencontre entre une demande d'Europe et une offre adaptée qui a permis qu'un marché soit conclu : partage de la souveraineté avec les États membres en contrepartie d'une assistance pour le développement et d'une garantie tacite de sécurité (la garantie explicite étant fournie par l'OTAN). Dans le cas de l'ex-Yougoslavie, l'offre fut présentée mais déclinée.

Disposant enfin de garanties de sécurité, les États d'Europe centrale ont pu amorcer un nouveau cycle de développement avec pour cadre juridique celui de l'acquis communautaire. La mise en œuvre de ce dernier, parfois à marche forcée, a créé les conditions nécessaires à un afflux d'investissements étrangers et à une intégration commerciale avec l'Ouest européen. L'Europe centrale a eu depuis 1989 – et sans doute pour la première fois – l'opportunité de se départir des trois handicaps qui ont miné son histoire : une position géostratégique d'entre-deux, un statut de zone périphérique et un développement retardé par rapport à l'Europe occidentale. L'intégration à l'UE et à l'OTAN lui a permis de conjurer les risques de sa position géostratégique, même si les relations entre la Russie, d'une part, et certains de ses partenaires ouest-européens, d'autre part, raniment régulièrement l'angoisse des pays de la région d'être davantage des enjeux que des acteurs. Les relations entre voisins se sont apaisées avec toutefois des rapports roumano-moldaves, hungaro-roumaines, balto-russes qui demeurent sujets à des tensions récurrentes.

Le choix européen a permis que la lancinante question des minorités soit, non pas définitivement réglée, mais débattue en termes juridiques et abordée à travers le principe de conditionnalité. Un retour du politique, après deux décennies de modernisation strictement encadrée par les institutions européennes, n'est pas à exclure tant ce principe fonctionne mieux lors de l'adhésion que dans les années suivantes. La progression de l'extrême droite en Slovaquie et surtout en Hongrie, sur fond d'un sentiment d'injustice historique[5] et de crise économique, en témoigne. Néanmoins, le cadre européen (Union européenne et Conseil de l'Europe) a permis que les différends entre voisins qui concernent presque tous les pays d'Europe centrale ne dégénèrent pas et soient souvent évacués de l'agenda diplomatique pour être confiés aux historiens.

---

5. Sentiment nourri par le traité de Trianon (juin 1920) qui amputa la Hongrie d'une partie substantielle de son territoire et laissa hors de ses frontières plusieurs millions de Hongrois.

En politique intérieure aussi, le bilan dressé vingt ans après les débuts de la transition ne peut être que provisoire. Un retour du politique n'est pas exclu en raison notamment de la crise économique de 2008, des mesures d'austérité imposées et de la lassitude des opinions face aux exigences perçues à tort comme imposées par « Bruxelles ». Mais la montée du populisme depuis 2008 ainsi que les manifestations de mécontentement social marquent peut-être la fin de l'adaptation silencieuse à la contrainte européenne. Que le président de la Commission invoque le risque d'un retour aux années 1930 en Europe occidentale ne permet naturellement pas de négliger ce risque dans le cas de l'Europe centrale[6]. En ce sens, la crise mondiale survenue en 2008 sera le test le plus sérieux de l'irréversibilité des changements intervenus en Europe centrale au cours des vingt années précédentes.

---

6. *« Union Chief, Barroso Fear Europe "Returning to 1930s" »,* Eurobserver, *14 juin 2010.*

Chapitre 2 / 1989-2009 : UN NOUVEAU CYCLE DE RATTRAPAGE INTERROMPU ?

La crise survenue en 2008 a initié, pour l'ensemble de l'Europe, une période d'incertitude parfaitement résumée par le ministre britannique David Miliband : « La notion même de solidarité en Europe, entre l'Est et l'Ouest, entre les riches et les pauvres, entre les anciens et les nouveaux États membres, est posée. Les réussites des trente dernières années, du marché intérieur à l'euro en passant par l'élargissement, vont être mises à l'épreuve comme elles ne l'ont jamais été[1]. »

Cette crise résonne de façon particulière en Europe centrale. Dans l'entre-deux-guerres, vingt ans après avoir entamé un développement prometteur à l'intérieur de nouvelles frontières et sans la tutelle d'Empires éteints, les nouveaux États d'Europe centrale furent pour la plupart victimes de l'expansionnisme allemand puis soviétique. Confrontés à l'onde de choc de la crise de 1929, ils eurent recours au protectionnisme, au nationalisme avant d'être victimes de ce dernier porté par l'Allemagne jusqu'à son paroxysme. Au lendemain de la seconde guerre mondiale s'amorça à nouveau un processus de développement et de modernisation qui, une vingtaine d'années plus tard, se grippa sous l'emprise de la dette, du retard technologique et d'un système politique discrédité. 1989-2009 : vingt ans après la dislocation du système soviétique et l'élan populaire suscité par la liberté retrouvée, une phase de modernisation se trouve à nouveau interrompue.

---

1. *David Miliband, ministre britannique des Affaires étrangères,* An EU « Fit for Purpos' in the Global Age », *conférence à la London School of Economics and Political Science, 9 mars 2009.*

Comme dans les années 1930 et comme dans les années 1970, le coup d'arrêt a son origine hors de la région mais frappe en raison de la forte dépendance de celle-ci à l'égard des capitaux extérieurs. Comme dans les années 1930, l'Autriche constitue un vecteur de diffusion de la crise financière en Europe centrale. Exposée à hauteur de 70 % de son PNB en Europe centrale du fait de la stratégie suivie par ses banques au cours des deux décennies passées, sa situation fait écho à la faillite de la banque Creditanstalt en 1931, laquelle marqua alors un tournant de la récession. Comme dans les années 1930, à peine le chômage commence-t-il à augmenter que l'extrême droite émerge dans les rues et dans les urnes d'Europe centrale. Les similitudes sont frappantes. Le parallèle n'est pas pour autant pertinent.

La gouvernance mondiale a changé. Instruits par l'expérience, les responsables politiques et financiers internationaux n'ont pas renouvelé les erreurs des années 1930. Surtout, le système européen n'est plus le produit des rapports de force entre États concurrents mais un ensemble de règles qui n'évite certes pas les désaccords mais qui impose une solidarité de fait. La crise a toutefois révélé et approfondi une nette différenciation entre les nouveaux États d'Europe centrale. Elle a souligné le niveau d'intégration et donc d'interdépendance entre anciens et nouveaux États membres, et a illustré la vulnérabilité du modèle de développement adopté par certains d'entre eux. Elle clôt en définitive un cycle de vingt années durant lesquelles une phase de rattrapage a pu avoir lieu et invite à s'interroger sur les conditions à réunir pour le succès d'une « deuxième transition ».

La crise de 2008 au voisinage oriental de l'UE

La crise a confirmé la différenciation établie entre l'UE élargie et son voisinage oriental. En 2008, la Russie a vu son taux de croissance passer de 8,1 % à 5,6 %, l'Ukraine de 7,9 % à 2,1 % mais pour l'année 2009, ces deux pays ont connu une récession, respectivement de 7,9 et 14 %. En Russie, les réserves prudemment constituées les années passées grâce au cours élevé du baril de pétrole ont permis d'engager un des plans de relance les plus ambitieux au monde (équivalant à 11 % du PIB). L'endettement significatif des acteurs économiques, en particulier en devises étrangères, ajouté à la chute temporaire des prix du pétrole et au maintien du taux de change jusqu'en janvier 2009 a toutefois provoqué une forte réduction des réserves et plongé l'économie russe dans la crise.

Un clivage confirmé entre l'Europe centrale et ses voisins orientaux

Fortement dépendantes des transferts adressés par les expatriés (ils représentaient 17 % du PNB en Arménie en 2008, et plus de 35 % en Moldavie), les économies de l'Est européen ont été frappées par leur forte réduction. Si le flux des remises de migrants est en règle générale moins sensible aux crises que les autres flux de capitaux, une part importante de ces transferts provenant de Russie (sauf dans les cas de la Moldavie et de l'Ukraine occidentale), la courbe des montants expédiés tend à épouser celle du PNB russe.

Les économies du voisinage ont en outre été pénalisées par leur spécialisation excessive. Le Bélarus a vu les profits de son industrie de raffinage plonger alors qu'ils avaient déjà subi les conséquences d'une renégociation des prix du pétrole conduite avec la Russie. En Azerbaïdjan, le secteur du pétrole représente environ 60 % du PNB et a permis au pays de connaître des taux de croissance parmi les plus élevés au monde, mais l'emploi a peu profité de cette manne (sur 4 millions d'actifs, 76 000 seulement travaillent dans le secteur). Même si le prix mondial du pétrole se maintient à un niveau élevé, le pays est confronté à la perspective d'un déclin de ses réserves, le pic de la production devant être atteint peu après 2010. En Arménie, la forte croissance des années passées a été alimentée par l'essor du secteur de la construction (entretenu notamment par les fonds expédiés par la diaspora et par les grands projets énergétiques), par l'exploitation de divers métaux (en particulier le cuivre dont le cours a connu une hausse phénoménale dans les années 1990) et par la production de diamants. Avec un taux de croissance annuel voisin de 10 % depuis 2000, le pays a retrouvé en 2009 un PIB comparable à celui de 1989, mais la modernisation de l'agriculture, qui occupe près de la moitié de la population active et qui a bénéficié de plusieurs réformes depuis 2003, demeure inachevée. Les liens privilégiés avec la Russie compensent partiellement l'enclavement du pays dû à l'absence de façade maritime et à la fermeture des frontières avec la Turquie et l'Azerbaïdjan.

En Géorgie, la forte croissance des dernières années s'est appuyée sur le secteur de la construction (avec notamment la construction de projets énergétiques) et les exportations de cuivre (40 % des exportations de la Géorgie vers l'UE ont trait au secteur du cuivre). L'économie géorgienne demeure toutefois largement dépendante du secteur agricole (30 % du PIB et 60 à 70 % de la main-d'œuvre). La stratégie de développement retenue, qui vise à faire du pays une plaque tournante logistique, a suscité plusieurs projets (axe ferroviaire reliant Kars en Turquie à la région d'Akhalkalaki, nouvel aéroport, rénovation des routes, modernisation du parc hôtelier) dont la réalisation doit désormais surmonter l'impact de la crise internationale et de l'intervention russe de l'été 2008. Certes, des accords de libre-échange ont été signés avec l'Arménie et avec l'Azerbaïdjan mais les complémentarités entre les économies de l'isthme mer Caspienne-mer Noire sont trop limitées pour qu'ils aient un effet significatif sur les échanges. Un accord similaire a été conclu avec la Turquie en 2007 et, de manière générale, le pays a opté pour une politique libérale dans sa définition des droits de douane et dans la fiscalité imposée aux investisseurs étrangers. Le flux d'IDE a toutefois été en 2009 voisin de celui de 2005 (100 millions de dollars américains) alors qu'il avait atteint 700 millions en 2007.

Tableau 2 : Stock d'investissements directs étrangers en pourcentage de PNB

	1990	2000	2008
Bulgarie	0,5	21,5	92,2
République tchèque	–	38,2	52,7
Grèce	6,2	11,2	10,3
Hongrie	1,5	47,7	41,4
Irlande	79,4	131,9	63,7
Pologne	0,2	20	30,7
Portugal	14	28,4	41
Roumanie	–	18,8	36,7
Slovaquie	–	23,3	48,4
Espagne	12,7	26,9	39,6
Bélarus	–	12,5	11,1
Russie	–	12,4	12,7
Ukraine	–	12,4	26,1

Source : Cnuced, *Rapport sur l'investissement dans le monde*, New York (N. Y.), United Nations Publications, 2009.

Loin de s'être effacée, la ligne de partage entre l'Europe centrale et ses voisins orientaux s'est renforcée depuis 1989. Concernant le PIB par habitant, cette ligne de partage passe entre l'UE et son voisinage (Israël excepté), tandis que les écarts entre voisins de l'Est et voisins du Sud ne sont pas flagrants. L'évaluation du climat des affaires par la Banque mondiale invite au même constat. S'agissant de l'attractivité auprès des investisseurs étrangers (cf. tableau 2), la Hongrie et la Pologne se distinguent par rapport à l'Europe de l'Est, alors qu'au sein de celle-ci, l'Ukraine fait pâle figure (même si l'investissement de 4 milliards de dollars américains de Mittal en 2004 enjolive le bilan global).

Le modèle ukrainien de développement sanctionné par la crise

En 2009, l'Ukraine n'avait toujours pas retrouvé son PNB de 1989, même si, depuis la fin des années 1990, le pays a connu une longue phase de croissance. Entre 2000 et 2007, la croissance réelle du PIB s'est élevée à 7 % en moyenne chaque année, malgré les vicissitudes de la vie politique ukrainienne et les hausses de tarifs de gaz décidées par la Russie. La crise a en revanche provoqué une forte récession, mettant en lumière les lacunes du modèle de développement adopté depuis la fin de l'ère soviétique.

Ce modèle s'est fondé en premier lieu sur une forte spécialisation dans le secteur de l'acier qui contribue aujourd'hui pour 27 % à l'ensemble de la production industrielle et à plus de 40 % des exportations. La dislocation du bloc soviétique avait provoqué une baisse de la production ukrainienne (qui était passée de 57 millions de tonnes en 1986 à 25 millions en 1995). Un renouveau s'est opéré vers la fin des années 1990, puis s'est poursuivi au cours des années 2000 en raison, notamment, de la forte hausse de la demande dans les pays émergents, à commencer par la Chine. Grâce à une intégration verticale des entreprises (du moins de certaines d'entre elles), permettant aux usines de disposer de leurs propres mines de charbon et de leurs gisements de minerai de fer, à des coûts salariaux peu élevés, à un coût de l'énergie compétitif et à l'ouverture sur la mer Noire, le secteur a pu valoriser ses avantages comparatifs pour bénéficier de cette demande mondiale en expansion. La forte hausse des cours de l'acier a assuré au secteur sidérurgique et, par voie de conséquence, à l'ensemble de l'économie ukrainienne une croissance spectaculaire. En 2007, l'Ukraine a ainsi dépassé la Russie comme troisième exportateur mondial d'acier, derrière la Chine et le Japon, et a conservé cette position en 2008. Dans le contexte de la crise économique mondiale, cette spécialisation est toutefois devenue une vulnérabilité, le cours mondial de l'acier chutant de 80 % entre août et novembre 2008. Quel scénario pourrait donc l'emporter au terme de la crise économique ?

Le secteur demeure pénalisé par l'archaïsme des structures de production, malgré la multiplication des projets de modernisation. Aucun autre pays, à part la Chine, n'utilise autant que l'Ukraine la technologie dépassée des fours Martin, et la Chine même se désengage de cette technologie beaucoup plus rapidement que l'Ukraine. Sans montée en gamme, le secteur sidérurgique ukrainien risque de voir sa compétitivité s'éroder, par rapport à la Russie en raison des hausses du coût de l'énergie que cette dernière impose, comme par rapport à la Chine. Celle-ci a cessé d'être importatrice net en 2005 et ambitionne d'assurer 40 % de la production mondiale d'ici à 2015. Elle ne cessera pas d'importer pour autant mais ses besoins concerneront des produits à haute valeur ajoutée sur lesquels l'Ukraine ne s'est pas encore spécialisée.

Huitième producteur mondial d'acier, l'Ukraine est ainsi dépendante de la conjoncture internationale et de certaines industries de transformation fortement affectées par la crise mondiale comme l'automobile. Le secteur sidérurgique représente 12 % du revenu national et plus du tiers des exportations. Dans la mesure où plusieurs autres secteurs sont directement liés à ce dernier, les courbes du prix mondial de l'acier et du PNB ukrainien ont tendance à être parallèles. Ainsi, entre 2001 et 2007, le taux de croissance annuel moyen de l'Ukraine a été de 7,5 % sur fond d'envolée des prix mondiaux de l'acier. Les revenus tirés de l'exportation et les flux de capitaux ont nourri la croissance du crédit, et des bulles se sont formées sur le marché boursier ainsi que sur le marché immobilier. La fragilité de l'économie ukrainienne est devenue flagrante lorsque qu'entre août et novembre 2008, le prix mondial de l'acier a chuté de 80 %. Entre septembre et décembre 2008, la production sidérurgique nationale a ainsi diminué de moitié, la production industrielle globale de 25 %. Dans le contexte d'un assèchement du crédit et de la chute des exportations, le taux de change rigide maintenu par les autorités a encore davantage fragilisé l'économie ukrainienne. En apportant son soutien, le Fonds monétaire international (FMI) a notamment exigé une dépréciation de la monnaie.

Le modèle de développement retenu par les autorités ukrainiennes a par ailleurs privilégié l'agriculture. La production agricole comptait pour 7 % dans le PNB ukrainien en 2007 et l'agro-alimentaire pour 8 %. Si l'on ajoute les industries liées à l'agriculture (machines, intrants), l'ensemble du secteur représente 20 % du PNB. En 2008, 10 % de la population active travaillait dans l'agriculture et l'agro-alimentaire, et 32 % de la population vivait en zone rurale. Le secteur agricole invite au même constat que l'industrie sidérurgique : l'Ukraine bénéficie à la fois d'un contexte mondial porteur et du potentiel pour en bénéficier. S'agissant du contexte mondial, la demande ne peut que s'accroître sensiblement en raison des changements d'habitudes alimentaires liés à l'émergence d'une classe moyenne urbanisée dans plusieurs pays d'Asie, et, dans une moindre mesure, à l'essor des biocarburants. Or l'Ukraine est un des rares pays au monde où l'offre en productions agricoles peut en théorie sensiblement augmenter, le pays bénéficiant d'un contexte climatique favorable et de sols riches.

Néanmoins, en l'absence de réformes d'envergure, la Banque mondiale prévoit que d'ici à 2015, même si les prix mondiaux demeurent à un niveau élevé, la part de l'Ukraine dans les exportations mondiales aura diminué pour presque toutes les productions (Banque mondiale, 2008). Le rôle des conditions naturelles dans l'agriculture moderne tend en effet à décliner au profit des chaînes de transformation et de distribution qui déterminent désormais en grande partie la compétitivité des agricultures. L'Ukraine a jusqu'à ce jour pu compenser ses lacunes en la matière grâce à des récoltes favorables (du moins certaines années) et à une forte hausse du prix mondial des denrées agricoles. Sa compétitivité s'érode néanmoins en raison de l'absence de réformes structurelles, d'un véritable marché foncier et d'une action des pouvoirs publics qui vise moins la transformation du secteur à long terme que la paix sociale à court terme.

L'un des principaux handicaps du secteur et qui est commun à toutes les agricultures post-soviétiques est l'absence de capital, à la fois en matériel et en compétences techniques (Anderson, 1993). Cet héritage est d'autant plus contraignant que l'Ukraine ne s'est pas dotée d'un cadre juridique stable et d'un système efficace en matière de normes sanitaires et de contrôle de ces normes. Résultat : la production de céréales peut en partie être exportée vers l'Union européenne (l'UE-25 est le premier importateur pour le tournesol, le colza, le blé, les pois), alors que la production de produits laitiers et de produits carnés reste pour l'essentiel destinée au marché intérieur et aux autres Républiques post-soviétiques ou encore aux pays du Maghreb et du Moyen-Orient.

Vingt années de rattrapage remises en cause ?

Depuis les débuts de la transformation, le rattrapage de l'Europe centrale à l'échelle des États est probant, notamment pour les cinq économies les plus avancées[2] (Richter, 2009). La Slovénie a quasiment atteint la moyenne européenne (92 %), et la République tchèque 81 %. Rappelons qu'au début de 1991, les deux pays les plus développés (République tchèque et Slovénie) se situaient en dessous des deux tiers du niveau moyen de développement de l'UE-27. La plupart des pays de la région ont retrouvé leur PNB par habitant de 1989 entre 1995 et 2000. En 2000, le revenu par habitant en parité de pouvoir d'achat (PPA) de la Pologne était de l'ordre de 47 % de celui de l'UE-15. Il est désormais de 59 %. Certains pays comme la République tchèque ou la Slovénie ont un niveau de développement équivalent à celui du Portugal ou de la Grèce (cf. tableau 3).

Une géographie différenciée de la crise

La crise a frappé avec retard l'Europe centrale, au point que le discours ambiant y a longtemps sous-entendu que cette affaire ne concernait pas la région, ou du moins pas tous les pays. Au premier trimestre 2008, la croissance était en effet positive dans tous les pays de l'UE-10[3]. Elle est devenue négative en Lettonie, en Estonie, en Hongrie, en Lituanie et en Slovénie au cours du dernier trimestre 2008. Si la crise s'est manifestée avec un temps de retard par rapport à l'Europe de l'Ouest (grâce notamment à la faible exposition des systèmes bancaires aux produits financiers sophistiqués), elle a fini par concerner tous les États d'Europe centrale au point

---

2. *République tchèque, Hongrie, Pologne, Slovaquie et Slovénie.*
3. *Par UE-10, nous entendons l'ensemble des États ayant adhéré à l'UE en 2004 et 2007, à l'exception de Malte et de Chypre.*

que pour certains, « c'est tout simple, les pays de l'Est sont la version européenne du marché des *subprime*[4] ».

Tableau 3 : Comparaison des niveaux de développement entre pays d'Europe centrale et pays de l'UE, 1991-2009 (PIB/hab, en PPA, 2009)

	1991	1995	2000	2005	2009 (proj.)
Rép. tchèque	64	69	68	76	81
Hongrie	50	50	58	63	60
Pologne	33	42	48	51	56
Slovaquie	42	45	51	60	70
Slovénie	62	68	80	87	92
France	120	116	116	111	108
RFA	132	129	119	117	113
Grèce	90	84	84	93	97
Portugal	77	75	78	77	75
Espagne	93	92	97	102	102
Moyenne UE-27	100	100	100	100	100
Russie	55	36	35	44	54
Chine	5	9	11	15	21
États-Unis	157	160	159	156	150

Source : Richter (2009).

4. *Cité par Nelson D. Schwartz, « As it Falters, Eastern Europe Risks »,* New York Times, *24 février 2009.*

Dans les nouveaux États membres, la production industrielle a chuté de 20 % pour l'année 2008 puis s'est à nouveau contractée au premier semestre 2009 de 20 à 30 % en Estonie, en Lettonie, en Hongrie, en Slovaquie, en République tchèque. La crise s'est ainsi apparentée au choc subi au début des années 1990 lorsque les marchés soviétiques furent perdus et l'économie de marché introduite. Entre l'été 2008 et le début 2009, les devises d'Europe centrale ont chuté par rapport à l'euro (le zloty de 48 %, le forint de 30 %, la couronne tchèque de 21 %). À l'échelle mondiale, les flux de capitaux se sont réduits de manière brutale, à un rythme qualifié de « sidérant » par l'économiste en chef du FMI[5]. Dans le cas de l'Europe centrale, les capitaux entrants sont passés de 56,6 milliards d'euros au second trimestre 2008 à 3,9 milliards au premier trimestre 2009[6]. Un examen attentif de la géographie de la crise révèle toutefois des situations très différenciées selon les territoires.

Deux facteurs expliquent en grande partie les différences de résistance à la crise des pays d'Europe centrale : l'état de leurs finances publiques à l'orée de la crise et les spécificités de leur commerce extérieur. À la différence d'autres pays émergents, l'Europe centrale a abordé cette crise, comme celle de 1929, dans une situation de vulnérabilité due à sa forte dépendance à l'égard des capitaux étrangers. La Hongrie connaissait ainsi depuis plusieurs années des déficits jumeaux (déficit budgétaire et déficit de sa balance courante). Lorsque la crise financière a atteint son paroxysme, les pays d'Europe centrale ont été parmi les premières victimes des rapatriements de capitaux. La crise financière globale a asséché l'offre de crédit et a ainsi fragilisé les économies

---

5. *Entretien avec Olivier Blanchard,* Les Échos, *23 juin 2009.*
6. *Institute of International Finance.*

d'Europe centrale dont la croissance des années passées se caractérisait notamment par un taux d'épargne faible, une forte consommation et une croissance du crédit. En 2008, tous les pays de la zone connaissaient un déficit de leurs comptes courants mais celui-ci allait de 3 % en République tchèque à 25 % en Bulgarie. Les pays les moins touchés par la crise (Pologne, Slovaquie, République tchèque, Slovénie) avaient les finances publiques les plus équilibrées. Les autres, notamment les États baltes, devront faire face aux contraintes durables imposées par la remise en ordre de leurs finances publiques. Le graphique 1 illustre cette corrélation entre le déficit des comptes courants et l'évolution de la production.

Graphique 1. Évolution de la production de 2008 à 2010 et balance courante en 2008

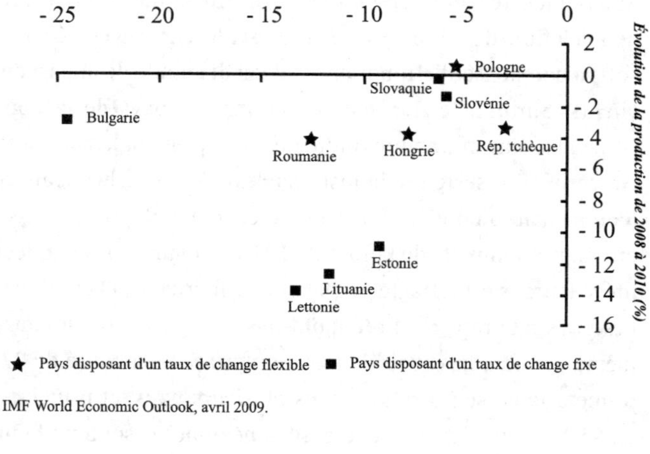

Source : IMF World Economic Outlook, avril 2009.

Les pays affectés ont en outre été victimes d'un taux important de ménages endettés en devises étrangères (le plus souvent en euros et en francs suisses) et d'un taux de change fixe (dans la perspective de l'adhésion à l'euro). La Lettonie est ici principalement concernée. Fallait-il se résoudre à dévaluer sa monnaie au risque de créer un précédent fâcheux pour la région et d'appauvrir une part importante de la population ou assumer toutes les conséquences d'un taux de change préservé ? Officiellement, la question a été tranchée par le pays et avec le soutien des institutions européennes en faveur d'un *statu quo*.

Les pays d'Europe centrale n'ont pas seulement dépendu des flux de capitaux au cours des deux décennies passées. Ils ont également connu une croissance fondée en partie sur une grande ouverture de leurs économies. Si celle-ci a contribué à la modernisation lors de la transition, elle est devenue une vulnérabilité à l'heure de la crise. En 2008, les exportations dépassaient 70 % du PIB en République tchèque, en Hongrie, en Slovaquie et en Estonie. La dépréciation des monnaies qui a oscillé entre 5 et 30 % n'a pas suffi à compenser l'effondrement de la demande de la part des pays clients. Surtout, le flux d'exportations des pays de la région est concentré sur un nombre limité de pays (principalement la RFA) et concerne les secteurs industriels les plus touchés par la crise (comme l'automobile). Or le commerce mondial qui connaissait une croissance annuelle de l'ordre de 10 % au cours des deux décennies précédentes s'est rétracté de 29 % entre février 2008 et février 2009. Les pays d'Europe centrale n'ont pas été épargnés. Au cours de la même période, la valeur de leurs exportations a chuté de 27 %. La prime à la casse introduite dans plusieurs pays, et principalement en RFA où elle fut très généreuse, a néanmoins soutenu la production industrielle en Europe centrale. En Roumanie, les ventes d'automobiles sur le marché intérieur ont ainsi chuté de 51 % au cours du premier semestre 2009 mais, dans le même laps de temps, les exportations ont connu une hausse de 62 %.

Moins dépendante à l'égard des exportations que ses voisins, la Pologne a mieux résisté à la crise. La demande intérieure a permis une contraction modérée, le taux de croissance passant de 6,6 % en 2007 à 4,8 % en 2008 et le pays étant le seul État membre à ne pas avoir subi de récession en 2009. La croissance de la consommation (5,3 %) et de l'investissement (7,9 %) a compensé la baisse des exportations. La résistance de la Pologne à la crise s'explique aussi par la forte réduction des importations (liée à la dépréciation du zloty), par une dépendance relativement faible aux exportations, par la proportion modeste de ménages endettés en devises étrangères et par la modération des banques (fait peu courant dans la région, le montant des prêts est en moyenne équivalent au niveau de leurs dépôts). Enfin, le pays a pu compter depuis les années 2000 sur une forte hausse des transferts expédiés par les émigrés, notamment depuis l'Irlande et la Grande-Bretagne. En volume, le pays fait partie, selon un état des lieux dressé par la Banque mondiale en juillet 2009, des dix pays percevant le montant le plus élevé de transferts d'émigrés, soit environ 10,7 milliards de dollars américains en 2008.

Ce montant devrait toutefois diminuer au cours des années suivantes pour plusieurs raisons. Les principaux pays d'accueil des émigrés polonais depuis le début des années 2000 ont été parmi les plus affectés par la crise, et plusieurs d'entre eux ont durci leur législation à l'égard des immigrés ou ont vu les réticences politiques s'accroître face à d'importants flux d'immigration. En conséquence, un mouvement de retours vers l'Europe centrale, et notamment vers la Pologne, s'est amorcé : ainsi, selon l'Association des Polonais du Royaume-Uni, 200 000 Polonais ont quitté ce pays entre l'été 2008 et l'été 2009. Au cours du premier trimestre 2009, les flux de transferts vers la Pologne ont diminué de 17 %. En Roumanie, une diminution de plus de 30 % a été observée au cours de la même période et au cours des cinq premiers mois de 2009. Le montant des transferts a diminué de 16 % dans le cas de la Bulgarie. Le phénomène est toutefois difficile à quantifier dans la mesure où le nombre réel de Polonais installés en Irlande et au Royaume-Uni est inconnu[7] (ils seraient 1 million dans ce dernier pays). Quelles conséquences aurait un mouvement de retour massif ? Celui-ci n'aggraverait pas nécessairement la balance courante dans la mesure où les transferts contribuent à acquérir en partie des biens importés. Il contribuerait davantage à atténuer la hausse des salaires qu'a entraîné la pénurie croissante de main-d'œuvre dans certains secteurs. Dans la mesure où de nombreux émigrés exercent à l'étranger une activité professionnelle moins prestigieuse que ce que leur compétence leur permet en théorie, leur retour devrait profiter à l'économie.

Membre de la zone euro, la Slovaquie a subi les conséquences de son ouverture internationale. Exportations et importations de marchandises représentaient, en 2008, 150 % de son PNB, et le pays réalisait 90 % de son commerce extérieur au sein de l'UE. Sa spécialisation industrielle l'a desservi : au cours du seul premier trimestre 2009, les exportations ont chuté de 28,9 % et le PNB s'est contracté de 11,4 % par rapport au trimestre précédent. En outre, la dépréciation des monnaies voisines risque d'éroder sa compétitivité. Parmi les pays d'Europe centrale, on ne saurait toutefois distinguer les deux membres de la zone euro des autres. La Slovaquie et la Slovénie ont certes bénéficié de la protection de la

7. *Selon les statistiques officielles nationales, 460 000 Polonais vivaient au Royaume-Uni en 2008, 730 000 Roumains en Espagne, 620 000 Roumains en Italie. Dans la mesure où la population active est de 17 millions de personnes en Pologne et de 10 millions en Roumanie, ces chiffres témoignent d'un mouvement significatif.*

monnaie unique mais ont subi les conséquences de leur spécialisation industrielle ou de l'éclatement de la bulle immobilière. Les pays disposant d'un taux de change flottant ont vu leur monnaie se déprécier, au bénéfice de leur compétitivité en Europe. Les pays qui sont apparus les plus fragiles sont ceux qui étaient dans un statut intermédiaire, avec un taux de change arrimé à l'euro mais sans bénéficier de la protection de ce dernier (la Lettonie par exemple).

Une crise révélatrice de l'interdépendance entre anciens et nouveaux États membres

Les accords européens qui ont permis une libéralisation progressive des échanges puis l'élargissement ont créé une interdépendance de fait entre l'Ouest et la partie centrale de l'Europe. En 2009 13 % des importations de l'UE-15 provenaient des nouveaux États membres et 15 % de ses exportations se dirigeaient vers eux. La crise a surtout révélé une forte interdépendance bancaire. En mai 2009, les banques de l'UE-15 avaient environ 950 milliards d'euros de créances dans les pays de l'UE-10[8], soit les quatre cinquièmes de leurs créances étrangères. Les banques autrichiennes possédaient à elles seules des créances dont le montant total s'élevait à 70 % du PNB autrichien (la Belgique et la Suède à 25 % de leur PNB respectif). Certains pays (France, RFA, Royaume-Uni) étaient moins exposés à l'Europe centrale que d'autres (Autriche, Suède, Belgique).

Membres de l'UE et désormais fortement intégrés aux réseaux économiques européens, les nouveaux États membres peuvent toutefois compter sur un soutien européen et international. Le 4 novembre 2008, l'UE a accordé à la Hongrie un prêt de

8. *Commission européenne,* European Commission Economic Forecast, *printemps 2009.*

6,5 milliards d'euros sur un total prévu de 20 milliards. Le FMI a ajouté 1,5 milliard, et la Banque mondiale 1 milliard. Le 20 janvier 2009, l'Union s'est engagée à prêter 3,1 milliards à la Lettonie, le FMI et la Banque mondiale ont contribué à cette aide en accordant des prêts d'un montant de 1,7 milliard et de 400 millions. La Suède, le Danemark, la Norvège, la Finlande et l'Estonie ont ajouté 1,9 milliard. La Banque européenne pour la reconstruction et le développement (BERD), la Pologne et la République tchèque ont accordé 400 millions. En mai 2009, c'est à la Roumanie que l'UE a prêté 5 milliards, le FMI lui octroyant pour sa part 13 milliards, la Banque mondiale et la BERD 1 milliard chacune. Ces soutiens ont certes été accordés en contrepartie de sérieuses mesures d'austérité, mais ils illustrent cette solidarité intéressée à laquelle sont contraints les États membres d'une Union européenne qui fait système. L'assistance fournie par l'UE n'a d'ailleurs concerné que des États membres ou disposant de perspectives d'adhésion.

L'impact social et politique de la crise

Dans les nouveaux États membres, la traduction sociale de la crise est apparue au cours du second semestre 2008. Après plusieurs années de baisse régulière, la progression du chômage a parfois été spectaculaire (le taux a doublé en Lettonie entre septembre 2008 et septembre 2009), parfois retardée en raison de l'importance relative des contrats à durée indéterminée (République tchèque) et souvent sous-estimée dans les statistiques officielles.

Les conséquences politiques de la crise ont pu être appréciées à la faveur des élections européennes du 6 juin 2009. En Pologne, dans un scrutin qui ne mobilisa que 24,5 % des électeurs, le parti au pouvoir, Plateforme civique, a recueilli 44 % des voix et a pu s'assurer la moitié des sièges alloués au pays. Droit et Justice, le principal parti d'opposition, n'a obtenu que 27 % des suffrages. Son assise territoriale s'est limitée au sud-est du pays, une région certes affectée par la crise mais surtout traditionnellement favorable à ce parti. L'audience de cette formation au Parlement européen risque d'être limitée en raison de son intégration au nouveau groupe fondé avec les conservateurs britanniques et l'ODS tchèque (Parti démocratique civique). L'équipe au pouvoir a également remporté les élections en Slovaquie (Smer) avec 32 % des voix, même si le taux de participation (le plus faible de l'UE-27) interdit de parler de plébiscite. Le parti Union chrétienne et démocrate a obtenu un score de moitié inférieur (17 %), et le parti des Hongrois un score de 11 %. Le parti populiste SNS n'a en revanche pas profité de la crise et s'est contenté d'un score à peine supérieur à 5 %.

Dans d'autres pays, deux cas de figure – parfois associés – se sont présentés : soit les équipes au pouvoir ont enregistré d'importants revers, soit des formations protestataires et des partis ethniques ont vu leur audience se développer. En République tchèque, le parti au pouvoir a été sanctionné sans que des formations populistes en profitent.

En Bulgarie, l'opposition de centre droit a également remporté les élections avec 24,5 % des voix, une victoire annonçant le succès rencontré lors des législatives de juillet 2009. En Lettonie, pays où les élections européennes furent couplées aux élections locales, l'Union civique membre de la coalition gouvernementale en place et le Parti de la Concorde, parti d'opposition proche de la minorité russe, ont pu se féliciter des résultats. Ces deux formations ont obtenu chacune 2 sièges sur les 8 alloués au pays. En revanche, deux des formations de la majorité en place ont subi une large défaite, le Parti populaire et l'Union des Verts et des paysans, ces deux partis n'obtenant aucun siège, que ce soit au Parlement européen ou à la municipalité de Riga. Si la géographie électorale a peu évolué depuis les précédentes consultations électorales, le parti russophone a renforcé sa présence dans ses deux bastions (le sud-est du pays où le taux de chômage dépasse 20 % et la capitale) au point d'obtenir le poste de maire de Riga lors des élections locales organisées de manière concomitante.

Autre pays fortement touché par la crise, la Hongrie a vu à la fois une défaite de l'équipe au pouvoir et le succès de formations protestataires. Le parti d'opposition (Fidesz) a remporté 56,4 % des voix, tandis que le parti d'extrême droite (Jobbik) obtenait 15 % avec un discours stigmatisant la communauté rom, soit à peine moins que les socialistes au pouvoir (17,4 %). La géographie électorale du Fidesz et du Jobbik révèle un pays clairement divisé. À l'est de Budapest, le Jobbik obtient ses meilleurs scores, son audience augmentant à mesure qu'on se rapproche des frontières slovaque et ukrainienne et que le taux de chômage progresse. En revanche, le parti libéral, à l'instar de son homologue polonais, connaît ses meilleurs scores dans la partie occidentale du pays. Ces résultats ont été confirmés lors des élections législatives de 2010, le Fidesz s'assurant les deux tiers des sièges au Parlement et le Jobbik atteignant pour la première fois un niveau lui permettant d'obtenir une représentation parlementaire.

En somme, dans plusieurs États d'Europe centrale (Hongrie et Roumanie notamment), les partis d'extrême droite ont connu des scores meilleurs qu'aux élections précédentes. Un repli identitaire s'est manifesté dans certains pays comptant des minorités (Lettonie et Slovaquie). Le rôle de la crise est toutefois difficile à évaluer, d'autres facteurs ayant pu jouer un rôle (rejet d'élites perçues comme corrompues, attitudes protestataires de la part de couches sociales ou de territoires se percevant comme exclus des bénéfices de l'adhésion, etc.). En outre, la progression de l'extrême droite lors des élections européennes n'a pas été l'apanage de l'Europe centrale. Elle a recueilli 13,6 % des voix en Autriche et a également connu une forte audience aux Pays-Bas et au Royaume-Uni. Une dégradation du climat politique qui accompagnerait la montée du chômage n'est pas à exclure comme le suggèrent les manifestations de rue de l'extrême droite hongroise ou le regain de tension autour des minorités hongroises en Slovaquie en 2009 et 2010.

Connu notamment pour ses prévisions alarmistes – et en partie confirmées par les faits – concernant la crise financière mondiale, l'économiste Nouriel Roubini envisage un sombre avenir. Qualifiant l'Europe centrale « d'homme malade des marchés émergents[9] », il perçoit dans les caractéristiques des marchés de la région (forte dépendance vis-à-vis des flux de capitaux étrangers, finances publiques dégradées) les vulnérabilités qui ont conduit à la crise asiatique dans les années 1995-1997. Selon lui, un scénario similaire serait d'autant plus à l'œuvre que plusieurs pays d'Europe centrale ont un déficit de leurs comptes courants à deux chiffres, tandis qu'aucun des pays asiatiques victimes de la crise n'avait un déficit supérieur à 8,5 % du PNB. Nouriel Roubini admet que l'Europe centrale n'est pas uniforme, mais le fait que certains pays comme la Pologne ou la République tchèque aient un système bancaire sain n'apporte aucune garantie. En cas de crise durable, un effet de contagion affecterait l'ensemble de la zone, puis l'ensemble de l'Europe, voire au-delà puisque, comme l'écrit Kenneth S. Rogoff, « les marchés internationaux de crédit sont liés les uns aux autres, par un effet de boule de neige ; une crise du crédit dans les pays de l'Est ou dans les pays baltes peut provoquer la chute des obligations de la municipalité de New York[10] ».

---

9. Nouriel Roubini, « Will the Economic Crisis Split East And West in Europe ? », New York (N. Y.), Forbes.com, 26 février 2009 (www.forbes.com/).
10. Cité par Nelson D. Schwartz, « As it Falters, Eastern Europe Risks », art. cité.

Toute sortie de crise nécessitant de douloureuses mesures d'austérité, Nouriel Roubini voit dans l'agitation intervenue en Bulgarie, en Lituanie et en Lettonie en janvier 2009 les prémices d'une crise sociale. Selon lui, la crise économique associée à l'exaspération de la population face à la corruption constituerait selon lui dans plusieurs pays un cocktail explosif. En conséquence, le soutien aux réformes et à l'économie de marché pourrait s'évaporer et l'insatisfaction sociale prendre une tournure politique. En définitive, les réticences de l'UE à soutenir les économies centre-européennes en crise et les mesures protectionnistes prises dans le cadre des plans de relance risqueraient de rétablir une ligne de partage entre l'Est et l'Ouest de l'Europe.

Un scénario années 1930 rendu impossible par la construction européenne

Compte tenu de la récession subie par la zone euro, la crise de 2008 a donné pour la première fois un coup d'arrêt à la convergence de certains pays avec les anciens États membres. D'autres, comme la Pologne, ont continué à rattraper leur retard.

Les scénarios pessimistes négligent un facteur absent des crises asiatique et sud-américaines et inconnu dans les années 1930 : le facteur européen. L'aspiration des pays d'Europe centrale à rejoindre la zone euro ne s'est pas démentie, et la crise a « simplement » conduit à modifier le calendrier prévisionnel. Ne serait-ce que pour assurer la stabilité de leurs propres systèmes bancaires, les États membres ont en outre laissé entendre qu'abandonner un État membre à son sort n'était pas envisageable. Le soutien que la Banque centrale européenne (BCE) a apporté à la Suède (dont les principales banques sont très exposées à la zone balte) et l'acceptation par le gouvernement allemand d'une solidarité tacite au sein de la zone euro (que la RFA avait refusée de voir inscrite dans le traité de Maastricht) ont témoigné de cette solidarité intéressée qui lie les États de l'UE, et en particulier ceux de la zone euro. Enfin, peu d'éléments accréditent la thèse selon laquelle les opinions publiques centre-européennes seraient moins immunes que celles de l'Ouest européen aux thèses extrémistes, d'autant que les taux de chômage dans la région demeurent encore nettement inférieurs à ceux qui prévalaient dans les années 1990. Au fond, une grille d'analyse inspirée de l'entre-deux-guerres paraît peu pertinente tant l'UE, grâce à l'élargissement, a profondément restructuré non seulement les économies mais également les pratiques sociales et politiques en Europe centrale (Foucher, 2009).

Trois enseignements, confirmés par la crise, peuvent néanmoins être tirés des vingt années écoulées depuis 1989. Tout d'abord, l'Europe centrale apparaît plus hétérogène que jamais et, contrairement à ce qui a pu être parfois envisagé, ce ne sont ni les pays les plus petits (États baltes) ni les pays s'étant affranchis le plus tôt du dogme communiste (Hongrie) qui se distinguent le plus favorablement. Ensuite, une forte interdépendance s'est nouée entre l'Ouest et le centre du continent sur la base de l'élargissement et des flux économiques. Institutionnalisée, celle-ci est devenue un facteur de stabilité, tandis que dans les années 1930, la baisse de la demande à l'Ouest avait précipité la chute des économies centre-européennes et initié des réactions protectionnistes et nationalistes. Enfin, des effets d'inertie apparaissent lorsque l'on compare la géographie économique de la région de 2009 à celle du début du XXe siècle, concernant notamment la trajectoire des composantes de l'Empire austro-hongrois. Des exceptions invitent toutefois à ne pas exagérer les permanences, la Slovaquie rurale et réputée moins avancée ayant finalement adhéré à la zone euro avant les pays naguère jugés plus modernes.

Deuxième partie

Trajectoires d'intégration dans l'espace est-européen

Chapitre 3 / L'INTÉGRATION PANEUROPÉENNE PAR LES RÉSEAUX

Les processus d'intégration de l'espace européen peuvent s'opérer par la recomposition des réseaux d'infrastructures qui structurent le territoire paneuropéen, par l'intensification des échanges dans le cadre d'une nouvelle division du travail et par les investissements étrangers qui sous-tendent en partie ces derniers. Dans le cas d'une adhésion, l'européanisation des politiques publiques et des normes constitue la forme la plus achevée de l'intégration. Ces phases peuvent se succéder, la connexion des réseaux précédant une intégration par des accords économiques qui eux-mêmes préparent et annoncent une adhésion aux institutions et à l'ensemble des normes produites par l'Union européenne.

C'est ce parcours que les pays d'Europe centrale ont connu depuis leur connexion à l'Union pour la coordination du transport de l'électricité (UCTE) de l'Europe occidentale dans les années 1990 jusqu'à leur adhésion aux institutions en passant par la signature des accords d'association. Dans le cas de l'Europe orientale, ce processus n'est qu'à peine entamé. À la fragmentation politique de l'ancien espace soviétique s'est certes ajoutée une désintégration lente des liens commerciaux entre anciens pays dits frères. Néanmoins, une européanisation aussi radicale que celle constatée en Europe centrale n'a pas eu lieu. Une intégration a été esquissée par le biais de la politique européenne de voisinage (PEV). Elle s'apparente à une reprise progressive de l'acquis communautaire sans garantie d'adhésion et n'a pas encore donné de résultats probants.

L'intégration par les réseaux d'infrastructures a été plus manifeste. Si elle n'implique pas obligatoirement une reprise des exigences démocratiques et des normes économiques de l'Union européenne, la recomposition des réseaux est de nature à modifier durablement la géographie économique et à valoriser ou à marginaliser les territoires concernés. Pour appréhender les mutations de l'espace centre-européen, il convient donc d'alterner les focales. À l'échelle du continent, le fait que les voisins orientaux de cette région deviennent à la fois des partenaires importants dans le commerce extérieur de l'Union et des lieux de transit de plus en plus précieux entre la Chine et l'Europe occidentale n'est en effet pas anodin. Une nouvelle cartographie des axes, des fenêtres maritimes, des flux emerge, dont les implications sont sérieuses pour cet espace d'entre-deux qu'est l'Europe centrale.

Le secteur de l'énergie est ici emblématique : en 1989, un seul gazoduc approvisionnait les pays européens depuis les gisements soviétiques. Vingt ans plus tard, de nombreux gazoducs relient la Russie à ses clients ouest et centre-européens ou sont à l'étude. Les nouvelles infrastructures qui connectent l'Est et l'Ouest du continent et l'intensification des flux annoncent-elles nécessairement une intégration économique plus approfondie à terme ? Certes les échanges de l'Ukraine, du Bélarus ou de la Moldavie ne sont plus en 2009 aussi centrés sur Moscou mais le système économique de ces pays n'a pas connu l'évolution constatée dans le cas de l'Europe centrale. Pour cause : leur environnement juridique dégradé a dissuadé les investisseurs étrangers, leur instabilité politique a nui aux réformes, et l'écart de développement avec les nouveaux États membres n'a cessé de s'accroître.

Comme nous l'avons souligné dans l'introduction, le cas de l'Ukraine est ici riche d'enseignements. Associer le voisinage oriental de l'Union élargie à notre réflexion sur l'Europe centrale paraît en effet une étape préliminaire essentielle qui permet non seulement de penser à différentes échelles la nouvelle géographie de celle-ci mais aussi de préciser les conditions dans lesquelles l'européanisation échoue dans certains cas et réussit dans d'autres.

L'UE élargie et son voisinage oriental : une intégration par les infrastructures énergétiques

Au cours des vingt années qui ont suivi la dislocation du bloc communiste, deux dynamiques sont apparues : une densification des réseaux énergétiques entre, d'une part, les États successeurs de l'Union soviétique et, d'autre part, l'UE, ainsi que la réactualisation progressive de l'axe terrestre reliant l'Europe à la Chine.

Un espace européen de l'énergie dilaté

La construction européenne est depuis ses débuts étroitement liée aux enjeux énergétiques, comme en témoigne le rôle joué par la Communauté européenne du charbon et de l'acier (CECA) ou par Euratom dans l'établissement des premières solidarités concrètes entre les États fondateurs. De même, la libéralisation du secteur de l'énergie a conduit, entre autres, à renforcer les interdépendances entre les réseaux des États membres pour que le marché européen de l'énergie ne soit pas entravé par des goulets d'étranglement. En somme, même si les États membres hésitent à transférer au niveau européen leurs prérogatives dans un domaine aussi stratégique (il a fallu attendre le traité de Lisbonne pour que l'énergie fasse l'objet d'un chapitre spécifique), le secteur énergétique est au cœur du processus d'intégration européenne.

Le développement et l'interconnexion des réseaux énergétiques accompagnent traditionnellement, voire précèdent, les processus d'élargissement de l'Union européenne. Quelques années avant leur intégration à l'Union, les pays d'Europe centrale ont ainsi été reliés au réseau électrique ouest-européen (Union pour la coordination du transport de l'électricité, UCTE), et la partie occidentale de l'Ukraine depuis 2002. Fait symptomatique de ses difficultés à traduire dans les faits le choix européen qu'il avait énoncé, ce pays n'est pas parvenu à assurer la connexion de l'ensemble du territoire à ce réseau à la date initialement convenue (2008). Dans le secteur des hydrocarbures, les interdépendances entre l'Union et l'ensemble de ses voisins orientaux sont plus prononcées.

À l'échelle mondiale, les marchés du gaz et dans une moindre mesure ceux du pétrole sont pour l'essentiel des marchés régionaux. Certes, le Moyen-Orient constitue une source d'approvisionnement majeure pour tous les pays consommateurs, mais ces derniers privilégient autant que possible leurs voisins immédiats. Ainsi, dans le cas de l'UE, les pays voisins à l'Est et au Sud comptaient au début des années 2000 pour 33 % dans les importations de pétrole de l'Union et pour 75 % dans ses importations de gaz. La plupart des pays non producteurs sont par ailleurs des pays de transit. L'énergie joue en outre un rôle essentiel dans l'économie des pays producteurs, notamment dans les deux plus importants que sont l'Algérie et la Russie. Dans le cas de l'Algérie, l'industrie de l'énergie contribuait en 2007 à hauteur de 41 % au PNB, et les recettes obtenues grâce à l'exploitation du pétrole et du gaz constituaient 77 % du budget national. Dans le cas de la Russie, ces chiffres étaient respectivement de 25 % et de 54 %. Pour Gazprom, le marché européen signifie davantage que 25 % de ses exportations totales. Il représente surtout 75 % de ses revenus en raison des prix maintenus à un niveau artificiellement bas sur le marché intérieur russe.

Du côté de l'UE, l'essor des énergies renouvelables et la priorité accordée à l'efficacité énergétique ne suffisent pas à déconnecter la courbe de la consommation d'énergie de celle de la croissance économique. Conséquence : la demande énergétique de l'Union devrait croître de 20 % d'ici à 2020. Les importations de gaz et de pétrole sont d'autant plus nécessaires que les gisements de la mer du Nord sont en voie d'épuisement. La production du Royaume-Uni et des Pays-Bas est sur le déclin et celle de la Norvège (qui fournit encore 20 % environ des importations d'hydrocarbures de l'Union) est promise au même sort à court terme. Quant à la houille, sa part dans la consommation énergétique ne cesse de décliner et les mines européennes ferment les unes après les autres.

Si l'UE importe, en 2010, 50 % de ses approvisionnements énergétiques, cette part devrait passer à 70 % (pour le gaz) et à 90 % (pour le pétrole) d'ici à 2020. Dans cette perspective, quatre pôles producteurs apparaissent stratégiques : les pays du golfe Persique, la Russie, le pourtour de la mer Caspienne, le Maghreb. La région du Golfe demeurerait la principale source d'approvisionnements en raison des réserves qu'elle détient et du prix modeste de l'exploitation pétrolière dans les pays concernés. Une diversification s'impose néanmoins en raison des risques d'instabilité dans cette région et de la part croissante de l'Organisation des pays exportateurs de pétrole (OPEP) dans la production mondiale (23 % en 2004 et 43 % d'ici à 2030). La Russie, qui détient environ le tiers des réserves mondiales de gaz est appelée à jouer un rôle clé.

Pour la première fois en 2000, la part du gaz naturel a en effet dépassé celle du charbon dans le bilan énergétique mondial. Alors que cette source d'énergie a longtemps été négligeable, elle joue aujourd'hui un rôle croissant en raison de sa réputation d'« énergie propre », de l'abondance des réserves et des progrès techniques permettant son utilisation à des conditions financières intéressantes dans la production d'électricité. Autre avantage du gaz naturel pour l'UE : 80 % des réserves mondiales se situent dans un rayon de moins de 5 000 kilomètres autour de l'UE.

Au premier rang en matière de réserves de gaz, la Russie occupe le deuxième rang pour les réserves de charbon et le septième pour le pétrole. Dans le secteur pétrolier, la production russe a considérablement augmenté depuis la dislocation du bloc communiste mais elle devrait rester étale à partir de 2010. En revanche, l'OCDE

(2004) considère que le pays demeurera le premier exportateur mondial de gaz d'ici à 2030, même si des investissements colossaux (estimés à 750 milliards de dollars entre 2003 et 2030) sont exigés pour exploiter les gisements les plus difficiles. Dans ce contexte, une interdépendance de fait lie l'UE et la Russie – les importations russes jouant toutefois un rôle moindre en Europe de l'Ouest et du Sud qu'en Europe centrale (RFA incluse). 53 % des exportations russes de pétrole sont ainsi destinées à l'UE ainsi que 36 % des exportations de gaz. En contrepartie, 25 % des importations de pétrole et 50 % des importations de gaz de l'UE proviennent de Russie. En une décennie (1994-2004), les exportations de gaz de la Russie vers l'Europe ont augmenté de 40 % pour atteindre 140 milliards de m^3. Cette interdépendance concerne particulièrement l'Allemagne qui absorbe à elle seule 30 % des exportations de Gazprom vers l'Europe et dont plus du tiers des importations de gaz provient de Russie.

Depuis 1989, la géographie de la production a peu évolué en Russie. Les gisements clés demeurent en 2010 les mêmes qu'en 1989. En revanche, la géographie des interconnexions avec l'UE a été profondément remaniée dans un contexte caractérisé par des logiques de complémentarité (avec les clients européens), de concurrence (avec les pays producteurs et de transit d'Asie centrale et du Caucase du Sud) et de méfiance (avec les nouveaux États membres). Jusqu'en 1990, l'isthme mer Baltique-mer Noire était quasiment l'unique point de passage des hydrocarbures soviétiques. En 2010, c'est l'espace s'étirant du golfe de Finlande au détroit du Bosphore qui est traversé par plusieurs axes énergétiques.

L'axe énergétique mer Caspienne-mer Noire

L'axe mer Caspienne-mer Noire est devenu un espace de transit pour les pays producteurs situés au sud de la Russie. Les

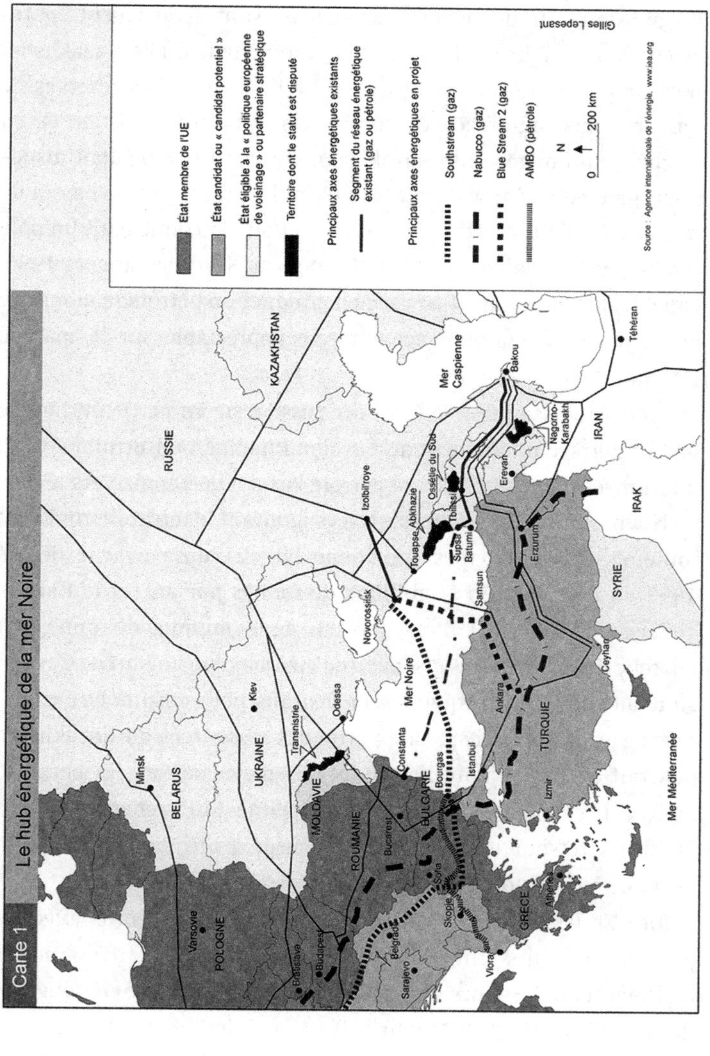

Carte 1 Le hub énergétique de la mer Noire

potentialités du bassin de la mer Caspienne (Azerbaïdjan, Kazakhstan, Turkménistan, Ouzbékistan) sont diversement appréciées. Pour le pétrole, l'État le plus prometteur est le Kazakhstan notamment en raison du gisement de Kachagan. Les réserves de gaz les plus significatives sont, elles, au Turkménistan et en Ouzbékistan, même si le Kazakhstan comme l'Azerbaïdjan disposent également d'un potentiel appréciable. En somme, le bassin de la mer Caspienne n'est pas un nouveau golfe Persique mais un pôle producteur similaire à celui de la mer du Nord des années 1990, capable de représenter 4 à 5 % de la production pétrolière mondiale et de jouer en conséquence un rôle appréciable sur le marché international.

Pour ces ressources, le territoire russe reste en partie un lieu de passage (grâce notamment au Caspian Pipeline Consortium – CPC) qui transporte depuis 2003 le pétrole kazakh de Tengiz vers le port de Novorossiisk. De nouveaux tracés ignorant le territoire russe ont toutefois été développés. L'oléoduc Bakou-Supsa évacue depuis 1999 du pétrole azéri (7 millions de tonnes par an), et le Bakou-Tbilissi-Ceyhan (BTC), d'une capacité de 50 millions de tonnes par an, relie depuis 2005 les gisements d'Azerbaïdjan au port de Ceyhan situé au sud de la Turquie *via* la Géorgie, pour ensuite être transbordé sur des pétroliers. Une partie des ressources du Kazakhstan pourrait à terme emprunter cette voie d'évacuation. En parallèle au BTC, le gazoduc South Caucasus Pipeline (SCP) achemine depuis 2006 des ressources d'Azerbaïdjan, jusqu'à un point de jonction avec le réseau turc situé à Erzurum.

Depuis les années 1990, la Russie signe des accords avec les pays producteurs situés sur son flanc sud. L'objectif est moins d'alimenter les réseaux sud-nord hérités de l'Union soviétique que de réduire les risques de voir l'UE et la Chine mettre la main sur des gisements moins anciens que les grands gisements russes actuels. En outre, en Asie centrale, les contraintes climatiques sont moindres que dans les régions de Sibérie orientale où se trouvent les gisements appelés à prendre le relais des sites exploités actuellement. En mer Noire, la Russie tisse avec l'Europe du Sud-Est un réseau de gazoducs et d'oléoducs qui s'articule avec la stratégie énergétique turque. En effet, chaque année, des milliers de supertankers franchissent le détroit du Bosphore rendant tout accident périlleux pour la ville d'Istanbul dont la croissance s'effectue en grande partie le long du littoral. Si la circulation dans le détroit régie par la convention de Montreux (1936) doit demeurer libre, la Turquie a régulièrement durci les règles de navigation.

La Russie a protesté. Ces contraintes ne risquaient-elles pas d'asphyxier le port de Novorossiisk dont provient une partie importante de ces supertankers ? Les considérations environnementales avancées par Ankara ne s'inscrivaient-elles pas dans une stratégie visant à conforter le rôle de plaque tournante du territoire turc pour les oléoducs et les gazoducs de la région ? Une alliance objective est apparue entre les deux principales puissances de la mer Noire autour de la densification du réseau de gazoducs et d'oléoducs. Dans le secteur du gaz, Blue Stream relie les côtes turques et russes depuis 2003. La Russie a lancé la construction d'un autre gazoduc vers la Bulgarie, South Stream, destiné à alimenter le Sud-Est de l'Europe et l'Italie (Gazprom et ENI sont les protagonistes du projet). Pour associer Ankara, le gazoduc pourrait traverser les eaux territoriales turques. Pour impliquer la Roumanie qui s'est toujours déclarée partisane du projet concurrent Nabucco, une connexion pourrait être envisagée vers les côtes roumaines. Pour s'assurer d'autres relais au sein de l'Union, Gazprom a convié des entreprises ouest-européennes (dont EDF en 2009) à prendre une participation dans le projet, renforçant ainsi son influence depuis l'exploitation des gisements jusqu'au client final afin de ne pas perdre le contrôle des prix.

Le projet européen Nabucco, qui doit approvisionner l'UE, *via* la Turquie et le Sud-Est européen, en gaz importé depuis l'Asie centrale et le Moyen-Orient, apparaît fragilisé. Les réserves et la capacité de production des pays d'Asie centrale risquent en effet d'être insuffisantes pour alimenter à la fois les réseaux russes, le SCP, le gazoduc inauguré entre le Turkménistan et la Chine en 2009 et ce projet européen. L'Iran et l'Irak pourraient bien être les seuls fournisseurs possibles. Il est vrai que l'Union est apparue divisée, plusieurs pays soutenant les projets concurrents à Nabucco. Gazprom a ainsi conçu South Stream en collaboration avec, entre autres, la Bulgarie et l'entreprise italienne ENI. Cette dernière a certes tenté d'organiser un tronçon commun à ce projet et à Nabucco mais Gazprom a rejeté en 2010 cette possibilité[1]. La Roumanie qui appuyait le projet Nabucco a annoncé en avril 2010 la signature d'un mémorandum relatif à l'AGRI (Azerbaidjan-Georgia-Romania Interconnector) permettant d'importer depuis le port géorgien de Kulevi du gaz azéri liquéfié dans son port de Constanta. Le projet vise d'ici à 2025 environ à se substituer aux ressources gazières roumaines (qui assuraient encore 70 % de la consommation intérieure en 2009) appelées à décliner rapidement d'ici cette date.

En revanche, et malgré cette dernière initiative, la Turquie n'a cessé de renforcer son influence dans la recomposition des réseaux énergétiques rendue nécessaire par la dislocation de l'Union soviétique. Son territoire est en passe de devenir au fil du temps un *hub* crucial, à la fois pour les ressources du pourtour de la mer Caspienne et pour celles du Moyen-Orient, deux régions qui

---

1. Les Échos, *12 avril 2010.*

détiennent près de la moitié des réserves mondiales de gaz. Cette nouvelle donne peut-elle accélérer une intégration de la Turquie à l'Union européenne ? En 2009, le Premier ministre turc menaçait de reconsidérer son soutien au projet européen Nabucco si les négociations d'adhésion concernant le chapitre énergie n'avançaient pas.

L'isthme mer Baltique-mer Noire

L'isthme mer Baltique-mer Noire est un autre point de passage important, en raison, d'une part, du rôle des ports de la Baltique et, d'autre part, des oléoducs qui traversent le Bélarus et des gazoducs qui traversent l'Ukraine. S'agissant du gaz, dont les exportations depuis la Russie connaissent une hausse régulière, 75 % environ des flux transitaient par l'Ukraine au début des années 2000 (avant de desservir 18 de pays destinataires). Les flux pétroliers destinés à l'Europe passent quant à eux par le Bélarus grâce à l'oléoduc Amitié qui se subdivise ensuite en deux segments. Le principal d'entre eux se prolonge vers l'Ouest où il approvisionne notamment les raffineries de Płock en Pologne et de Schwedt en RFA. Le second plonge vers le sud et traverse l'Ukraine (raffinerie de Brody), puis la Slovaquie, d'un côté, et la Hongrie, de l'autre. Depuis les années 1990, le mot d'ordre repris par tous les protagonistes est « diversification ». L'Ukraine a ainsi conçu un axe Odessa-Brody susceptible d'importer du pétrole de la mer Caspienne *via* les ports géorgiens (dans lesquels l'Azerbaïdjan et le Kazakhstan ont investi), un axe dont la rentabilité ne paraît assurée que s'il est prolongé vers les raffineries polonaises et allemandes. La Russie s'emploie de son côté à développer des routes alternatives afin d'atteindre son objectif stratégique de réduire sa dépendance vis-à-vis de tout État de transit à moins de 40 % de ses exportations totales.

Cet objectif explique les projets développés en mer Noire (voir *infra*) ainsi qu'en mer Baltique. En 2010 a ainsi débuté la construction du gazoduc nord-européen, long de 1 200 kilomètres, reliant Vyborg (à la frontière finno-russe) à la RFA (puis éventuellement la Grande-Bretagne). Risquant d'être privés de la manne que leur vaut leur statut de pays de transit, plusieurs pays traversés par les réseaux actuels ont protesté. Certes, le projet s'inscrit dans la stratégie des réseaux transeuropéens soutenus par l'UE mais, en les contournant, ont-ils avancé, la Russie se met en position de pouvoir bloquer leur approvisionnement sans affecter les marchés ouest-européens. La Suède, la Finlande, l'Estonie ont par ailleurs souligné les risques environnementaux, les fonds sous-marins étant parsemés de munitions de la seconde guerre mondiale. Tous les pays riverains dont l'accord était nécessaire ont fini par accepter le projet en 2009. Comme dans le cas de South Stream, une entreprise française (GDF-Suez) y a été associée.

En somme, l'espace énergétique intégré de Lisbonne à Vladivostok s'organise, non pas entre la Russie et une Union parlant d'une voix, mais entre l'État russe actionnaire majoritaire de Gazprom, d'une part, et des entreprises et des États européens avant tout préoccupés par leur seul intérêt, d'autre part. À l'heure où le dialogue énergétique UE-Russie semble paralysé (après avoir refusé de ratifier la charte de l'Énergie durant plusieurs années, la Russie a fini par la dénoncer en 2008), les participations croisées d'acteurs russes et européens du secteur de l'énergie ainsi que les projets communs se multiplient. La Russie peut de la sorte jouer certains États européens contre d'autres et marginaliser la Commission européenne dont certaines initiatives (en faveur, par exemple, de la séparation des activités de gestionnaire et d'exploitant de réseaux) lui déplaisent, comme elles déplaisent à certaines grandes entreprises énergétiques européennes.

En revanche, ces évolutions marquent un tournant pour plusieurs anciennes Républiques soviétiques qui ont subi de fortes hausses du prix du gaz et/ou qui ont dû consentir des cessions d'actifs. L'Ukraine, qui payait le gaz russe 40 dollars les 1 000 m^3 en 2000, devait le payer environ 200 dollars en 2008 avec pour perspective un alignement sur les prix européens. Le pays ayant l'une des plus fortes intensités énergétiques au monde, la solution ne peut venir que d'une rapide restructuration du secteur industriel et d'une nouvelle politique énergétique. En raison des réseaux d'exportation alternatifs développés par la Russie, 54 % « seulement » du gaz russe destiné à l'UE transitera par elle en 2016 (contre 73 % en 2008). Au Bélarus, le régime pouvait jusqu'aux années 2007-2008 bénéficier de conditions favorables pour l'acquisition de pétrole et l'exportation de produits raffinés. Peu à peu, la Russie a imposé une révision des relations commerciales. Gazprom s'employait depuis 1991 à acquérir une partie de la société nationale de gaz (Beltransgaz) et est parvenu à ses fins en 2007. Pour le gaz comme pour le pétrole, avec le Bélarus comme avec l'Ukraine, interruptions de livraison, pressions politiques et arrangements en partie opaques ont rythmé la recomposition de la géographie économique entre la Russie et ses voisins.

Avec quelles conséquences politiques ? Ces voisins communs à la Russie et à l'Union vont-ils rechercher d'autres partenaires ou au contraire accepter la doctrine russe selon laquelle ils font partie de la « sphère d'intérêts privilégiés » définie par le président russe ? Certes, en 2010, le président ukrainien a approuvé l'idée que la base militaire russe en Crimée demeure sur place au-delà de la date initialement convenue (2042 au lieu de 2017) contre une baisse du prix d'achat du gaz. Il n'est toutefois pas dit que le risque stratégique ainsi encouru soit supérieur au risque économique et social qu'impliquerait un alignement soudain des prix pratiqués par la Russie sur les prix européens.

Surtout à la dynamique d'intégration par des prises de participation russe dans les secteurs énergétiques de ses voisins, répond une dynamique de fragmentation quand la fin de relations énergétiques privilégiées pousse les voisins de la Russie à rechercher des solutions alternatives. À titre d'exemple, le Bélarus a en 2007 lancé un programme d'économies d'énergie, a engagé une réflexion sur la construction d'une centrale nucléaire et a décidé d'accroître ses capacités de stockage de gaz. Au cours de la crise de 2008, le pays a décliné une proposition d'assistance de la Russie pour négocier avec le FMI un prêt de 3,5 milliards de dollars en contrepartie, notamment, d'un programme de privatisations. Naguère partisan d'une réunification entre la Russie et le Bélarus, Alexandre Loukachenko n'a par ailleurs pas hésité à faire part de ses doutes en 2009 quant à l'avenir de la Communauté des États indépendants (CEI). Une observation qui n'est à vrai dire pas sans fondement.

Si la Russie demeure un partenaire important pour ses voisins limitrophes, les liens entre eux se distendent. Le niveau d'intégration au sein de cette zone commerciale s'apparente davantage à celui de l'Association des nations de l'Asie du Sud-Est (Asean)[2] qu'à celui de l'Union européenne, et les embargos imposés au cours des années 2000 ainsi que les hausses de tarifs énergétiques ont ajouté au manque de complémentarités entre les économies de la zone. La Moldavie réalisait plus de 50 % de ses exportations avec la Russie en 1998 ; le chiffre est tombé à 17 % dès 2006. Pour la Géorgie, les chiffres sont passés de 29 % à 8 %, et pour le Bélarus, de 65 % à 35 %. Dans le cas de l'Ukraine, la part de la Russie est en revanche restée stable.

---

2. *Encore la comparaison est-elle flatteuse pour la CEI dans la mesure où la dynamique d'intégration au sein de l'Asean se renforce et où une union monétaire est envisagée.*

Les projets d'union économique entre la Russie, l'Ukraine, le Kazakhstan et le Bélarus, régulièrement relancés, tardent à créer des synergies comparables à celles qui structurent le projet européen. Pour autant, le choix européen – qui impliquerait une profonde révision des pratiques politiques et économiques – ne se manifeste pas de manière tangible en Ukraine et au Bélarus. Dans cet espace de confins, entre Russie et Union européenne, où cohabitent traditionnellement plusieurs langues et religions et où les frontières n'ont jamais connu la stabilité nécessaire pour fixer les identités, le non-choix demeure l'option la moins périlleuse aux yeux des élites.

S'agissant de la Russie, l'interdépendance nouée avec l'UE ne saurait garantir un rapprochement politique durable et institutionnalisé. Si le pays a su limiter l'impact inflationniste des recettes issues des exportations d'hydrocarbures en les canalisant dans un fonds de réserve, celui-ci a été largement sollicité lors de la crise de 2008. Surtout, la démocratisation du pays n'a pas avancé et les logiques rentières ont prospéré, au détriment de la diversification du tissu économique. Vingt ans après la fin de l'URSS, il est encore difficile de dire si l'interdépendance énergétique va paradoxalement maintenir à distance la Russie et l'UE ou si, entre ces deux voisins, l'énergie peut jouer le rôle qu'elle joua aux origines de la construction européenne, celui de dissoudre les antagonismes et les suspicions par l'institutionnalisation d'intérêts concrets communs.

L'UE élargie et son voisinage oriental : une intégration par les infrastructures de transport

La volonté russe de repenser ses connexions avec l'Europe ne s'observe pas uniquement dans le secteur énergétique. Elle est également manifeste pour le transport d'autres denrées dans la mesure où la Russie a dû recomposer la géographie de ses fenêtres maritimes à la suite de la perte de ses satellites.

Le réaménagement des fenêtres maritimes de la Russie

En 1990, la Russie semble être revenue à l'époque de Pierre le Grand lorsque Saint-Pétersbourg était la principale fenêtre maritime de l'empire. Fondée en 1794, Odessa ne devint un port important qu'au XIXe siècle après l'établissement de relations ferroviaires satisfaisantes avec son *hinterland,* et lorsque la culture céréalière de la région devint compétitive avec les productions américaines. L'expansion dans les pays baltes aux XVIIIe et XIXe siècles changea la donne. Après la construction d'un axe ferroviaire adéquat, Riga devint l'un des principaux ports exportateur de céréales. Mourmansk, jamais bloqué par les glaces, n'a pu être utilisé qu'à partir de 1916 lorsqu'il fut relié à son *hinterland* par une voie de chemin de fer. Sa position périphérique l'a toutefois cantonné en grande partie dans sa vocation militaire. En 1918, l'indépendance des États baltes n'eut pas d'impact économique sérieux, l'Union soviétique étant isolée. En revanche, la reconquête de ces pays en 1944 permit à l'URSS d'exporter massivement matières premières et denrées agricoles et de financer ainsi les investissements nécessaires à la reconstruction et à la politique de développement adoptée (Erdösi, 2008). Dans les années 1980, 80 % des exportations maritimes soviétiques transitaient encore par les ports baltes. La valorisation des gisements de pétrole de Sibérie occidentale était rendue possible grâce aux oléoducs reliant ces derniers aux ports letton et lituanien de Riga et de Klaipeda.

La dislocation de l'Union soviétique a entraîné en quelques années une perte de souveraineté sur la plupart des fenêtres maritimes libres de glaces et utiles pour les échanges avec le monde développé. Au nord, il n'est resté à la Russie que Saint-Pétersbourg, dont l'exploitation exige durant plusieurs mois de l'année l'utilisation coûteuse de brise-glaces, et Kaliningrad, certes libre de glaces mais dont l'accès impose le transit par la Lituanie. En 2004, la Russie et l'Union ont négocié un accord dans le contexte de l'élargissement de l'UE, qui prévoit des formalités allégées pour les convois russes sans qu'ils soient pour autant exonérés du contrôle des passeports. En mer Noire, il reste à la Russie les grands ports de Novorossiisk et de Touapsé. Néanmoins, les ports les plus modernes disposant des plus grandes capacités (Odessa, Illitchivsk, Kherson) sont passés sous souveraineté ukrainienne. Les ports russes situés à proximité, en mer d'Azov (Taganrog et Rostov-sur-le-Don), bénéficient de la proximité de centres urbains et industriels russes et ukrainiens importants, mais n'offrent pas les mêmes possibilités et exigent le franchissement du détroit de Kertch.

Or, ce dernier impose un passage dans les eaux territoriales ukrainiennes à proximité de l'îlot de Tuzla, sur lequel une garnison a été installée par Kiev après un contentieux avec la Russie à son sujet en 2003... La Russie tenta en vain cette année-là de récupérer l'îlot, rattaché administrativement à la Crimée en 1941 et donc cédé à l'Ukraine en 1954 avec celle-ci mais qui était, jusqu'à un violent orage de 1925, relié au district russe de Krasnodar. La Russie s'est par la suite résolue à percer un canal sur la péninsule de Taman. Plus à l'Ouest, à l'embouchure du Danube, les ports de Reni et d'Izmaïl étant passés sous tutelle ukrainienne, la Russie n'a plus d'accès direct au Danube et les convois russes sur ce fleuve se sont raréfiés au fil des ans.

Ainsi, du golfe de Finlande à la mer Noire, les opérateurs russes ont été confrontés à de nouvelles règles en matière de transit, d'autant plus strictement appliquées qu'elles sont pour les nouveaux États le symbole de leur souveraineté recouvrée. Dès 1993, la Russie a initié un plan de développement de ses ports visant à valoriser ses infrastructures et à réduire sa dépendance à l'égard des ports devenus étrangers. Toutefois, le volume global des exportations russes étant multiplié par 3 entre 1990 et 2000, les ports devenus étrangers sont restés utiles, d'autant que certains acteurs économiques russes implantés dans les États baltes ont tenu à conserver leurs avantages, notamment pour le transit de pétrole (Erdösi, 2008). En 2007, 23 % des exportations de produits pétroliers russes étaient toujours réalisées dans ces ports de la Baltique ou, dans une moindre mesure, dans ceux de la mer Noire.

Pour renforcer les ports russes, priorité a été donnée à l'aménagement d'infrastructures sur les côtes de la Baltique. Si les autres façades du littoral russe n'ont donné lieu qu'à des rénovations, le golfe de Finlande a vu la construction de nouveaux ports avec pour point d'appui le *hub* de Rotterdam. Un terminal pétrolier a ainsi été aménagé à Primorsk dans le cadre du système d'oléoducs de la Baltique (BTS) permettant à des navires de taille modeste d'effectuer des navettes jusqu'aux supertankers en attente à Rotterdam[3]. En 2006, 25 % du total des exportations russes de pétrole transitait par Primorsk. Plus au nord, se trouvent Visock, un autre terminal pétrolier, puis Viborg d'où part le gazoduc nord-européen en construction depuis 2010. Saint-Pétersbourg a été modernisée et dotée de nouvelles installations pour le traitement de containers ; les connexions de la ville avec Moscou ont été améliorées.

Cette modernisation (par l'introduction notamment de services Ro-Ro[4]) permet au port d'être connecté à ses homologues ouest-européens, et notamment à Kiel, au détriment des ports baltes et polonais. Mais Saint-Pétersbourg manque de place. Au sud-ouest,

3. DVZ Deutsche Logistik-Zeitung, *30 octobre 2004.*

4. *La technique de manutention « Ro-Ro », de l'anglais* roll-on, roll-off *(« roule dedans, roule dehors ») permet de charger ou de décharger les colis en les faisant rouler plutôt qu'en utilisant des grues. Des gains de temps sont ainsi possibles.*

des centres urbains littoraux ont donc été délestés de leur fonction militaire pour devenir des ports commerciaux. Un port diversifié imposant a été aménagé à Oust-Louga, à proximité immédiate de la frontière estonienne et qui permet notamment des liaisons avec le port de Kaliningrad. Ce dernier bénéficie d'un site avantageux, proche des marchés européens et capable de desservir à la fois une partie de la Russie et le Bélarus. Y accéder exige toutefois de franchir le canal de Baltiisk long de 30 kilomètres. En outre, sur le plan politique, les velléités d'autonomie de la région ont pu inquiéter Moscou dans les années 2000. Néanmoins, le port a été modernisé (en partie avec le soutien financier de l'UE dans le cadre du programme TACIS), le canal reliant le port à la mer a été approfondi, et pour les navires au tirant d'eau trop important pour le franchir, des aménagements ont été décidés sur la péninsule de Vostochny[5].

En mer Noire, le port russe de Novorossiisk est le plus dynamique. Moins éloigné que les ports de la mer d'Azov du détroit du Bosphore, il bénéficie de l'exportation des ressources agricoles produites dans son arrière-pays (un terminal consacré aux céréales a été construit en 2007) et des infrastructures énergétiques le reliant aux gisements du pourtour de la mer Caspienne. Équipé de nouvelles installations pour le trafic cargo, il se diversifie, tout comme Touapsé qui souffre par contre du relief montagneux qui le sépare de son *hinterland*.

Si cette nouvelle géographie des ports russes a été imposée par l'indépendance des États composant l'isthme mer Baltique-mer Noire, elle a aussi pu affecter ces derniers, surtout sur la façade baltique. Dans les années 1980, la valeur des biens transitant par les Républiques baltes contribuait en moyenne pour 60 % de leurs revenus, et 8 à 10 % de la population exerçait une activité en lien

5. DVZ Deutsche Logistik-Zeitung, *26 juillet 2007.*

avec l'activité de transit. Des investissements conséquents avaient été consentis pour moderniser oléoducs et infrastructures portuaires. La région jouait pour l'Union soviétique un rôle similaire à celui de Rotterdam pour l'Europe du Nord-Ouest.

La crise n'intervint pas dans les premières années suivant la fin de l'URSS. Le déclin brutal du trafic débuta en 2003, notamment dans le port letton de Ventspils, date à laquelle l'entreprise pétrolière russe Rosneft cessa ses approvisionnements. Certes, les exportations de pétrole russe avaient commencé à diminuer dès 2000. De 7 millions de tonnes en 1991, le pétrole brut chargé localement sur les navires passa à 15 millions de tonnes en 2001 avant de chuter à 1 million de tonnes en 2008[6]. En revanche, les produits pétroliers fournis par train ont doublé entre 1991 et 2008. Au début des années 2000, les entreprises russes Lukoil et Transneft s'étaient employées à acquérir les infrastructures pétrolières en Lettonie (Ventspils) et en Lituanie (Mazeikiai), en recourant notamment à des interruptions d'approvisionnement. Sans succès. La Lituanie céda ses installations à l'entreprise polonaise PKN Orlen (mais refusa de céder le terminal de Butingé), tandis que la Lettonie recherchait encore en 2009 des actionnaires prêts à investir dans le port de Ventspils.

Face à la montée en puissance des ports russes, les ports baltes ne sont pas restés inactifs. Ils ont modernisé leurs installations et amélioré la qualité des services fournis. Mais ces développements ont été engagés dans une logique de concurrence plus que de complémentarité. Les capacités désormais disponibles sur la façade méridionale de la Baltique peuvent paraître excessives au regard du trafic envisageable. Certains centres portuaires affichent il est vrai un dynamisme qui laisse à penser que la dislocation de l'URSS

6. *Données disponibles sur le site de l'Office de statistiques letton (www.csb.gov.lv).*

fut moins une épreuve qu'une opportunité. Le port de Klaipeda a ainsi développé ses liaisons passagers avec plusieurs villes de la région. Il bénéficie d'une connexion ferroviaire avec les ports ukrainiens d'Odessa et d'Illitchivsk et de liens avec l'Europe centrale grâce aux projets conduits dans le cadre de la Via Baltica, et a noué une collaboration avec le port voisin de Kaliningrad pour le transport eurasiatique. Les ports estoniens ont également joué la carte de la coopération avec les ports finlandais. Ventspils exporte certes moins de pétrole russe, mais importe en contrepartie des jus de fruit brésiliens pour la Russie (Erdösi, 2008), exporte pour le compte de celle-ci des engrais, attire les investisseurs à l'aide de zones économiques spéciales et a mis sur pied des instituts de recherche et de formation.

La Russie comme espace de transit

À l'échelle de l'espace eurasiatique, la dislocation de l'URSS a par ailleurs permis de réactualiser la fonction de transit de la Russie. Le transsibérien joua un rôle important au cours de la seconde guerre mondiale en approvisionnant la Russie en biens importés ou déchargés depuis la Sibérie. En 1945, les flux s'inversèrent pour transporter troupes et matériels vers le front japonais. À l'époque soviétique, du matériel et des automobiles étaient transportés vers la Chine et la Corée du Nord ainsi que de l'aide technique. Le trafic déclina néanmoins avec la dégradation des relations soviéto-chinoises.

Un nouvel axe fut alors construit plus au nord (ligne Baïkal-Amour) dans les années 1970. Le trafic chuta dans les années 1990, à la fois en raison de la fragmentation politique de l'URSS, de la crise économique et de la dégradation des conditions de sécurité. Des travaux réguliers ont cependant abouti à l'électrification complète de la ligne en 2003, et en 2012, les voies devraient être équipées aux normes internationales pour permettre une vitesse maximale de 160 km/h pour les trains passagers et de 120 km/h pour les trains de marchandises. Des gardes armés ont été chargés d'escorter les trains de containers, les procédures administratives ont été simplifiées, les tarifs rendus plus attractifs. Résultat : en 2006, le trafic dépassait pour la première fois celui de 1988.

Le contexte international est, il est vrai, devenu favorable à la modernisation de cet axe eurasiatique. Les risques d'accident, de piraterie, d'actes terroristes dans les détroits situés sur la route maritime qui relie l'Europe et la Chine encouragent en effet cette dernière à envisager l'option terrestre comme une alternative. Celle-ci est d'autant plus crédible que les installations portuaires européennes sont proches de la saturation, que les contraintes environnementales et les oppositions de l'opinion publique rendent en Europe aléatoire tout projet d'agrandissement d'un port et que Pékin souhaite le développement de la Chine intérieure. Plusieurs opérateurs européens ont en conséquence initié des liaisons ferroviaires. Les précurseurs furent deux opérateurs, l'un autrichien (EFT-Eurofreights), l'autre chypriote (Far East Land Bridge, FELB), qui ont ouvert en avril 2009 deux lignes régulières reliant la Chine à l'Europe centrale *via* le Transsibérien en quinze ou dix-huit jours (c'est-à-dire deux fois plus rapidement que par la voie maritime). La Deutsche Bahn a également annoncé des projets et la SNCF prévoit de mettre en 2012 la Chine à dix jours de la France.

Le principal avantage pour le chargeur de l'option terrestre est le gain de temps. Par voie maritime, un trajet de porte à porte peut durer jusqu'à cinq semaines. Un container voyageant par train peut en outre être davantage chargé (27,5 tonnes de marchandises contre seulement 21 tonnes par voie maritime) pour un prix similaire. Certes, un train a une capacité d'une centaine de containers alors qu'un cargo de taille moyenne en charge près de 3 000.

Néanmoins, l'évolution qualitative des échanges entre la Chine et l'UE annonce une compétitivité croissante de l'option ferroviaire. Alors que les cargos repartent le plus souvent à vide, la hausse du niveau de vie en Chine devrait en effet renforcer les importations en biens à forte valeur ajoutée en provenance d'Europe.

Dans le même registre, le Japon renforce sa présence dans le secteur de la logistique russe pour approvisionner ses usines automobiles en composants provenant d'Asie. En décembre 2007, le groupe japonais Mitsui et le russe Russkaya Troïka (une *joint-venture* associant notamment les chemins de fer russes) ont signé un accord pour des projets de transport multimodal (fleuve/train). Peu avant, Mitsui et Toyota avaient convenu d'une coopération pour le transport de pièces détachées automobiles. Toutefois, en 2007, c'est le secteur automobile de la Corée du Sud qui, parmi les pays étrangers, exploitait le plus le Transsibérien. Ironie du sort : si, à l'époque soviétique, Moscou expédiait vers l'Asie et notamment la Corée du Nord – entre autres biens – une partie de sa production de voitures, en 2007, ce sont les entreprises sud-coréennes qui approvisionnent par le même axe leurs nouvelles usines automobiles implantées dans la Russie européenne...

Les anciennes « routes de la Soie » constituent néanmoins une concurrence pour l'axe russe depuis l'indépendance des Républiques d'Asie centrale. Dès 1991, les chemins de fer kazakhs étaient directement reliés aux chemins de fer chinois. Soutenue par les Nations unies et par l'Union européenne (programme Traceca – Transport Corridor Europe-Caucasus-Central Asia), cette « nouvelle route de la Soie » a été conceptualisée dans la Déclaration de Bakou en 1998. Les pays situés aux deux extrémités du continent européen peuvent ainsi atténuer leur dépendance par rapport au réseau russe. En revanche, les pays traversés hésitent encore entre la modernisation de leurs réseaux ferroviaires et celle de leurs réseaux routiers. Le Kazakhstan a lancé en 2008 la construction d'une autoroute de 2 900 kilomètres reliant la Chine à la Caspienne, et l'Ouzbékistan a envisagé un projet similaire. Pour cette route du sud, qu'elle soit ferroviaire ou routière, la traversée de plusieurs frontières et de deux mers (Caspienne et mer Noire) demeure toutefois un obstacle de taille.

L'hypothèse d'un espace paneuropéen de libre-échange

Initié en 1993, le programme Traceca cofinance avec des institutions financières internationales des projets permettant d'intégrer la région du Caucase au réseau européen. De même, le Black Sea Regional Energy Centre (BSREC) a été mis sur pied conjointement en 1994 par l'Union européenne et treize pays de la région avec pour objectif de développer l'information sur les enjeux énergétiques autour de la mer Noire et de diffuser les normes et les pratiques de l'Union européenne. Le programme de coopération internationale Inogate (Interstate Oil and Gas Transport to Europe) vise à développer l'intégration des réseaux énergétiques, la modernisation des oléoducs et des gazoducs au sein de la CEI et entre celle-ci et l'UE. En juin 1996 puis en 2003, l'Union a par ailleurs adopté une série de mesures et une liste de projets prioritaires dans le cadre de la modernisation des réseaux transeuropéens (RTE) en matière énergétique. Les projets prioritaires doivent renforcer les capacités d'interconnexion au sein de l'Union, notamment entre les anciens et les nouveaux États membres, mais aussi faciliter les transferts d'énergie entre les États membres et les États voisins.

En somme, les enjeux énergétiques et l'intérêt croissant des acteurs privés européens et chinois pour une relation ferroviaire structurée dilatent le territoire des intérêts européens. Le contexte général permettrait aux voisins orientaux de l'Union élargie de jouer un rôle dans la géographie économique du continent. Depuis le début des années 2000, une revalorisation des logiques régionales est en effet à l'œuvre à l'échelle mondiale après plusieurs années de délocalisations vers l'Asie et notamment la Chine. De nouvelles configurations spatiales émergent – illustrées notamment par le rôle nouveau d'Hawaii vis-à-vis des États-Unis – qui voit les pays à bas salaires proches des nations développées gagner en attractivité.

La hausse des prix du baril de pétrole, passé de 28 à plus de 100 dollars américains entre 2003 et 2008, joue un rôle clé puisqu'elle a *de facto* provoqué un triplement des tarifs du fret maritime depuis 2000. La hausse du salaire moyen en Chine (1 740 dollars américains par an en 2003, 4 140 en 2008) ainsi que les atteintes à la propriété intellectuelle expliquent sans doute en partie aujourd'hui la moindre attractivité de ce pays (le montant des investissements étrangers y est passé de 6 milliards d'euros en 2006 à 1,8 milliard en 2008 ; au cours de la même période, les investissements étrangers en Russie sont passés de 10,6 milliards à 17,1 milliards d'euros). La nécessité pour certains industriels d'être à proximité de leurs marchés explique par ailleurs la division du travail qui s'est instaurée entre l'UE et certains pays du Maghreb dans le secteur du textile ou encore l'afflux d'investisseurs du secteur de l'électronique, notamment dans le domaine des écrans, en Europe centrale (voir *infra*). À l'heure où les coûts de transport connaissent une hausse forte et apparemment durable, la qualité de la main-d'œuvre, la volonté de répondre rapidement aux évolutions du marché convoité, la stabilité politique, économique et fiscale et la sécurité juridique deviennent des critères d'implantation cruciaux et pas nécessairement favorables à la délocalisation en Asie.

Dans un tel contexte, les États voisins de l'UE, notamment l'Ukraine, le Bélarus et la Russie, ont une carte à jouer. Pour l'heure, comme nous l'avons vu plus haut, les pays de l'Est européen se sont peu rapprochés des normes et des pratiques européennes. Peu de réformes ont été engagées, les investissements étrangers sont rares, et il a fallu attendre 2010 pour qu'une élection dans l'ex-URSS (pays baltes exceptés), en l'occurrence en Ukraine, soit jugée équitable par le Conseil de l'Europe et donne lieu à une alternance pacifiée. La reconversion des élites et des représentations géopolitiques dans l'ex-URSS tarde. Au sommet de l'État russe, les aspirations à un rapprochement euro-russe que suggère la géographie économique et que la présence chinoise croissante en Asie centrale justifierait se heurtent encore aux relents d'impérialisme et à la vision d'un continent européen engagé dans un jeu à somme nulle.

Il est donc trop tôt pour considérer que l'intégration par les réseaux précède et prépare de nouvelles adhésions. Pour l'heure, l'UE a peu à proposer à ses voisins orientaux. À travers la PEV (à laquelle participent notamment l'Ukraine et la Moldavie) et les quatre espaces communs définis avec la Russie, elle encourage une reprise des normes par ses voisins susceptible d'aboutir à un vaste marché paneuropéen. Bien que ne s'inscrivant pas dans la logique de l'élargissement, la PEV se propose dans les faits d'étendre les normes européennes aux pays partenaires du Sud et de l'Est afin qu'une intégration par les marchés puisse s'opérer. Le premier document stratégique que lui consacra la Commission était à cet égard ambitieux[7]. Il envisageait, à terme, l'octroi des quatre libertés aux pays partenaires et leur participation à certains programmes de l'UE, dispositif ainsi résumé par le président de la Commission européenne Romano Prodi : « Tout, sauf les institutions ».

---

7. *« [L'Union] devrait leur offrir une perspective de participation au marché intérieur ainsi que la poursuite de l'intégration et de la libéralisation afin de promouvoir la libre circulation des personnes, des biens, des services, des capitaux (les quatre libertés) » (Commission européenne, 2003, p. 10).*

Jugée excessive, l'option fut écartée par les États membres. La création d'un espace de libre-échange et de libre circulation paneuropéen s'étirant de Vladivostok à Lisbonne et de la Scandinavie au Maghreb demeure néanmoins plausible. L'Union prévoit en effet pour les pays du voisinage « une intégration partielle dans le marché intérieur », notamment sur la base d'une « communauté économique de voisinage », et des négociations sur une « zone de libre-échange complète et approfondie » UE-Ukraine ont été ouvertes en 2009. L'idée ainsi esquissée est celle d'un espace paneuropéen de libre-échange qui s'accompagnerait par ailleurs d'une extension des normes communautaires aux pays voisins.

Comparée aux instruments juridiques employés précédemment par l'Union européenne dans ses relations de voisinage, la PEV innove principalement sur le plan méthodologique : les plans d'action constituent un cadre commun, inversent la charge de la preuve et mettent en concurrence des États partenaires, notamment les pays du Maghreb et, à l'Est, la Russie et l'Ukraine. Les rapports destinés à évaluer les progrès accomplis sont des outils efficaces dont les accords précédents étaient dépourvus. Par rapport aux accords classiques de libre-échange, qui sont au fondement d'une grande partie des organisations régionales dans le monde, la PEV incarne également une intégration par les normes dans la mesure où l'accord de libre-échange en vue doit comprendre une convergence réglementaire et pas uniquement une intégration par les marchés. Une intégration par les normes est d'autant plus indispensable que, comme le montrent les autres organisations régionales ou le cas des pays de la rive sud de la Méditerranée, la seule diminution des tarifs douaniers induit des bénéfices mitigés.

Les moyens financiers consacrés à cette ambition sont toutefois peu importants (pour la période 2007-2013, les pays limitrophes de l'Est et du Sud se sont vus accorder la même somme que la

Turquie au titre de l'instrument de pré-adhésion). Parmi les États partenaires, les progrès sont en outre lents.

Une politique européenne de voisinage vouée à l'échec ?

Vers son voisinage oriental (comme vers son voisinage méridional), l'Union s'emploie à organiser des réseaux permettant l'émergence d'un espace paneuropéen de l'énergie, voire un marché intégré. La PEV a toutefois créé une ambiguïté sur la finalité du processus à l'œuvre. Dès lors que les plans d'action qui incarnent la PEV reprennent une grande part de l'acquis communautaire, la finalité est-elle l'adhésion ? Dans ce cas, l'inclusion dans le dialogue d'une grande variété de sujets se justifie mais l'assistance financière accordée apparaît dérisoire. En outre, les critères à l'aune desquels les pays partenaires sont évalués restent à préciser. Si l'objectif de l'adhésion n'est recherché ni par les pays partenaires ni par l'Union, faut-il inclure dans le dialogue noué par les parties des thèmes qui n'ont d'intérêt que dans la perspective d'une intégration institutionnelle ?

Le succès de l'élargissement a reposé sur une volonté politique forte de la part des États membres, un consensus au sein des États partenaires, une assistance financière conséquente, un calendrier contraignant, un objectif clair (l'adhésion) et un corpus de normes (l'acquis communautaire) repris par l'État impétrant pour appartenir au marché intérieur européen. De tous ces ingrédients, seul le dernier se retrouve dans la PEV. Il n'est pas encore établi que cela puisse suffire à créer des synergies semblables à celles que l'Europe centrale a développées avec l'Ouest européen depuis 1989.

Chapitre 4 / L'intégration de l'Europe centrale dans la géographie économique européenne

L'intégration des pays d'Europe centrale dans la géographie économique européenne s'est opérée dans un premier temps par des accords d'association qui ont organisé un démantèlement asymétrique des barrières douanières. En permettant aux pays partenaires de bénéficier du grand marché avant de devoir à leur tour renoncer à toute protection douanière, ces accords ont provoqué un basculement radical des flux commerciaux vers l'Ouest. Certes, l'Union soviétique ne comptait « que » pour un niveau oscillant entre 25 et 47 % des exportations des pays d'Europe centrale en 1988 en raison de la volonté de ces pays depuis les années 1970 et 1980 d'importer davantage de biens de consommations et de technologie du monde capitaliste. Les États successeurs de l'Union soviétique ont toutefois été quasiment marginalisés dès le début des années 1990.

Une réorientation rapide des échanges vers l'Ouest européen

À l'époque communiste, les échanges étaient centrés sur l'Union soviétique mais se faisaient également entre les démocraties populaires. En 1989-1990, l'introduction du dollar dans les échanges et la chute de la demande dans plusieurs pays de la région ont contribué à rompre ces liens commerciaux. La mise en œuvre d'un marché régional s'imposait.

Une aire centre-européenne peu intégrée

En février 1991, à Visegrad, les chefs d'État de Tchécoslovaquie, de Pologne et de Hongrie décidèrent d'accélérer la coopération dans les domaines politique et économique. Un accord de libre-échange régional, le *Central-European Free Trade Agreement* (CEFTA), fut conclu en 1992 et mis en œuvre en 1993, soit un an après la signature des accords européens. Si les États signataires qui ont adhéré à l'Union l'ont logiquement abandonné les uns après les autres, il est resté un instrument utile pour libéraliser les échanges entre pays de la région, harmoniser certaines normes et arbitrer des différends commerciaux. Il est devenu une sorte d'antichambre à l'UE pour les pays d'Europe centrale puis pour les Balkans et la Moldavie.

Dans les années 1990, les réticences de la Tchécoslovaquie à approfondir la coopération économique incitèrent les autres membres du CEFTA à élargir cet espace. La Slovénie y adhéra en 1996, la Roumanie en 1997. Le succès de l'accord résulta toutefois moins de l'engouement des États concernés que des incitations formulées par l'Union européenne. Celle-ci encourage en effet traditionnellement les États partenaires à forger des « mini-marchés » régionaux parallèlement à l'approfondissement des relations économiques avec elle. Cette approche a non seulement abouti au CEFTA mais également à l'émergence d'un espace balkanique de plus en plus intégré dans les années 2000[1] ainsi qu'au processus d'Agadir entre une partie des économies d'Afrique du Nord dans le cadre du partenariat euro-méditerranéen. L'idée est que les

---

1. *En 2010, après le départ des États ayant rejoint l'UE, le CEFTA rassemblait les composants de l'ancienne Yougoslavie n'ayant pas encore adhéré (Albanie, Bosnie-Herzégovine, Croatie, Macédoine, Moldavie, Monténégro, Serbie, Kosovo) ainsi que la Moldavie.*

économies partenaires se renforcent mutuellement avant d'envisager une intégration plus ou moins avancée avec l'Union.

Dans le cas de l'Europe centrale, les retombées concrètes du CEFTA furent modestes. En Hongrie, le commerce avec les pays voisins augmenta légèrement après sa mise en œuvre, mais en 1997 moins de 7 % des échanges du pays étaient effectués avec les pays de la région. En République tchèque, la dynamique dominante fut une intensification rapide des échanges avec les États membres, le CEFTA ne semblant que freiner le processus de marginalisation des voisins dans le commerce extérieur.

En Pologne, les échanges avec la Tchécoslovaquie et la Hongrie chutèrent de 40 % en 1990 et, en 1994, la part de l'Europe centrale ne dépassait pas 4 % des échanges du pays (Mile, 2010). Au fond, pour la plupart des nouveaux États membres, les années 1989-2009 ont donné lieu à une même dynamique : quasi-rupture des relations avec l'Est européen, maintien à un niveau bas des liens avec les autres pays d'Europe centrale, réorientation soudaine vers l'UE et principalement la RFA avant que s'opère un renouveau des relations commerciales avec les pays d'Europe centrale et orientale et qu'apparaisse l'Asie.

Une réorientation des flux commerciaux vers l'Ouest

Au cours de la période 1988-1997, les exportations des pays d'Europe centrale vers les États membres ont été multipliées par 3, les importations par 5. La géographie des échanges a ainsi retrouvé une configuration voisine de celle qu'elle avait avant la seconde guerre mondiale (cf. chapitre 1). Dans le commerce extérieur polonais, l'URSS fut rétrogradée à la deuxième place dès 1990 au profit de l'Allemagne réunifiée. Celle-ci redevint ainsi le premier partenaire commercial de la Pologne, comme en 1929 lorsqu'elle assurait

27,3 % des importations et 31,2 % des exportations[2] de son voisin oriental. En 1990, la RFA fournissait au pays 20,1 % des importations et absorbait 25,1 % des exportations. Entre 1990 et 2010, la part relative de la RFA est restée approximativement à ce niveau, ce qui signifie qu'en valeur, compte tenu de la forte croissance du commerce extérieur de la Pologne, les échanges n'ont cessé de s'intensifier.

Le rôle de l'espace centre et est-européen dans le commerce extérieur de la Pologne n'est pas pour autant appelé à devenir marginal. Certes, la part de la Russie dans le commerce extérieur dans les années 1990 n'a cessé de décliner. Néanmoins, à partir du début des années 2000, plusieurs pays d'Europe centrale et orientale, dont la Russie, ont gagné en importance dans les échanges de la Pologne. Deux pays d'Europe centrale figuraient ainsi en 2010 parmi les dix principaux partenaires commerciaux de la Pologne, la Hongrie et la République tchèque, même si aucun ne dépassait 5 % des échanges. Entre 2000 et 2010, les exportations vers l'Ukraine et la Russie ont augmenté en valeur. En revanche, la part du Bélarus est restée stable. En 2005 comme en 2010, la Pologne n'y exportait pas davantage qu'en Chine. Autre fait marquant : les gains de part de marché de l'Asie, dus notamment aux importations de pièces détachées pour l'industrie automobile. La Chine était ainsi début 2010 le troisième fournisseur de la Pologne (9,9 % des importations contre 4,4 % pour la France), et la Corée du Sud le huitième, devant la Grande-Bretagne et la Belgique. Dix ans plus tôt, la Chine ne fournissait que 0,5 % des importations de la Pologne.

Ces évolutions de la géographie du commerce extérieur polonais sont identiques dans plusieurs nouveaux États membres. La plupart

2. *La RFA absorbait, début 2010, 25,7 % des exportations et fournissait 20,7 % des importations polonaises.*

d'entre eux ont depuis les années 1990 pour principal partenaire commercial la RFA, suivie par d'autres anciens États membres (France, Italie, Royaume-Uni). Certaines exceptions s'expliquent par des logiques régionales. La Lettonie commerce ainsi principalement avec la Finlande (17,7 % des exportations, 16 % des importations en 2010), tandis que 10 % environ des échanges s'effectuent avec la RFA. À noter que, depuis l'adhésion, la part de la Russie tend à augmenter (5,6 % des exportations, 9,2 % des importations en 2004, 6,8 % et 12,1 % en 2010). En Lituanie, la Pologne est l'un des trois partenaires commerciaux. Le premier marché est rapidement devenu l'Allemagne, mais entre 2004 et 2009, la Russie a repris la première place et, en ce qui concerne les seules importations (notamment d'hydrocarbures), l'a conservée depuis l'indépendance de l'État balte.

Dans l'autre bassin commercial qu'est celui de l'Europe du Sud-Est, la Bulgarie exporte à peu près autant vers la Grèce et la Turquie que vers la RFA (environ 10 % des exportations en 2008). Si le premier fournisseur est la Russie grâce aux livraisons d'hydrocarbures, la RFA suit (la Chine vendait davantage sur place que la France en 2008). De même, la Slovénie a pour premier partenaire commercial la RFA, l'Italie et l'Autriche suivent de près. La France est un marché important en raison des investissements opérés par Renault qui assemble dans le pays des véhicules de petite taille. Dans le cas de la Slovaquie, le renouveau des relations commerciales avec la Russie a été en partie occulté par la montée en puissance de l'Asie dans la géographie de ses échanges. En 2008, l'Asie représentait 16,9 % des importations, 3,9 % des exportations (10,8 % et 3,8 % pour la Russie), tandis qu'elle ne représentait que 10 % des importations cinq ans plus tôt. Dixième fournisseur en 2007, la Chine était le cinquième en 2008, devant la France. En 2008, le secteur de l'automobile représentait à lui seul plus de 18 % des exportations (en la matière, la production est passée de

218 000 véhicules en 2005 à 570 000 en 2008), occasionnant l'importation de nombreuses pièces d'Asie.

En République tchèque, les importations chinoises représentaient en 2009 plus du double des importations provenant de France (7,5 contre 2,9 milliards d'euros). En Hongrie, la même année, la part des voisins restait peu significative (5,3 % des ventes étaient réalisées avec la Roumanie, 5 % avec la Slovaquie, 3,7 % avec la Pologne, 3,2 % avec la République tchèque) mais connaissait une augmentation régulière. La Russie était le deuxième fournisseur, tandis que sa part dans les exportations restait modeste (3,5 %). En revanche, en Roumanie, les gains progressifs de parts de marché de la Hongrie ont permis à celle-ci à partir de 2008 de dépasser la Russie, qui a également perdu des parts de marché en Bulgarie (de 30 % de parts de marché en 1993 à 14 % en 2008).

Toutes ces évolutions sont à replacer dans le contexte d'une forte croissance du commerce extérieur des nouveaux États membres (cf. graphique 2). Dans le cas de la Pologne, si en valeur relative, la part de la RFA est restée stable entre 2000 et 2008, le montant des exportations et des importations polonaises avec ce pays est passé au cours de cette période respectivement de 11,9 à 29 milliards d'euros et de 12,2 à 32 milliards d'euros. Les importations en provenance de la Chine sont, elles, passées de 106 millions à 11 milliards au cours de la période, et les exportations vers la Russie de 940 millions à 6 milliards (Office central polonais de statistiques, 2010). La Russie absorbait ainsi 5,2 % des exportations polonaises en 2009 contre 2,7 % en 2000. Dans les cas de la Bulgarie et de la Roumanie, le basculement des flux commerciaux s'est également opéré dans le contexte d'un développement important de leur commerce extérieur. À partir de 2000, ces deux pays ont connu une croissance de leurs échanges en valeur de 16 % par an (contre 5 % en moyenne pour l'UE-15). La part des échanges de ces deux pays avec l'UE-27 est passée de 45 % en 1993 à 65 % en 1999. La RFA est devenue le premier fournisseur de la Roumanie en 2007.

Graphique 2. Part des exportations dans les PIB de plusieurs nouveaux États membres (en %)

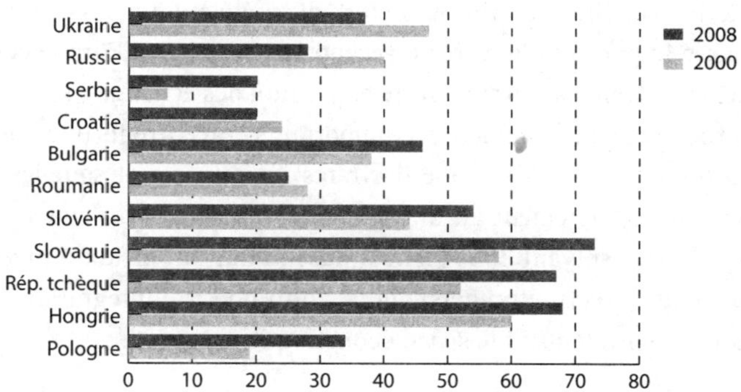

Source : Eurostat, 2009.

Du côté des anciens États membres, la dislocation du bloc communiste a également modifié la géographie du commerce extérieur. Dans le cas de la RFA, la liste des vingt principaux fournisseurs a été profondément transformée entre 1990 et 2008. La Hongrie a intégré cette liste, la Russie est passée en huitième position (l'Union soviétique n'occupait que la dixième place en 1990), la République tchèque a accédé à la onzième place (la Tchécoslovaquie occupait la vingt-huitième place en 1990) et la Pologne est passée de la dix-septième à la douzième position (*Statistische Bundesamt*, 2010). La part de plusieurs pays ouest-européens dans les exportations a en revanche sensiblement reculé. Ce fut notamment le cas de la France (si elle reste le premier marché, sa part dans les ventes allemandes est passée de 12,4 à 9,5 %), de l'Italie, du Royaume-Uni, des Pays-Bas, tandis que l'Europe du centre et de l'Est ainsi que la Chine ont sensiblement gagné en importance. Certes, le commerce extérieur allemand est resté centré sur l'Union européenne. En 2008, celle-ci absorbait 63 % des exportations du pays. Mais il s'est sensiblement diversifié au cours de la période 1990-2008, vers l'Europe centrale et orientale, d'une part, et vers l'Asie, d'autre part.

Une nouvelle division du travail s'est donc rapidement établie après la disparition du rideau de fer. Elle a été rendue possible par le degré important d'ouverture accepté par les pays d'Europe centrale, et notamment par une forte expansion des échanges, souvent au prix de déficits commerciaux importants et récurrents (la région d'Europe centrale a été l'une des rares régions avec lesquelles la France a régulièrement eu un excédent commercial au cours des vingt années suivant 1989). Elle a aussi induit un afflux d'investissements directs étrangers qui a contribué à l'intégration de l'Europe centrale dans l'espace économique européen.

L'intégration de l'Europe centrale par les IDE

Les investisseurs étrangers ont tiré profit du choix de l'ouverture fait par les pays d'Europe centrale en s'implantant massivement dans la région pour convoiter les marchés locaux et desservir les marchés ouest-européens.

Le rattrapage par les IDE

L'intégration à l'UE et à l'OTAN a, avec les réformes entreprises, provoqué un appel d'air peu commun. Les IDE représentaient 50 % de leur PNB en 2009, alors que la moyenne mondiale pour les économies développées est de 27,2 % et pour les économies émergentes de 29,8 %. En Bulgarie, le montant des IDE est passé de 4 milliards d'euros en 2002 à 32,6 milliards en 2008. En Slovaquie, l'afflux avait débuté plus tôt et a été entretenu par les réformes libérales du gouvernement Dzurinda. En 2008, le montant des IDE dans les nouveaux États membres (ayant adhéré en 2004 et en 2007) a certes chuté de 9 % mais la décrue a été plus sensible dans plusieurs pays ouest-européens. Certaines économies d'Europe centrale ont même connu une hausse des IDE (République tchèque, Slovaquie, Hongrie, Roumanie), tandis que d'autres subissaient une diminution des flux parfois très sévère (Pologne). En 2009, selon un sondage d'Ernst & Young, l'Europe centrale était considérée comme la région la plus attractive après l'Europe occidentale pour un investissement dans l'industrie manufacturière (Ernst & Young, 2009).

Les entreprises sous contrôle étranger produisent plus de 30 % de la valeur ajoutée dans l'économie marchande non financière de cinq nouveaux États membres (Slovaquie, Estonie, Hongrie, République tchèque, Bulgarie) et fournissent un emploi à plus de 20 % de la main-d'œuvre en Estonie, Slovaquie, République tchèque (Eurostat, 2008a). C'est dans le secteur industriel que l'emprise des entreprises étrangères est la plus prononcée. Elles produisent ainsi environ 60 % de la valeur ajoutée totale de l'industrie slovaque, et 53 % en Hongrie.

Ramenés au nombre d'habitants, les IDE ne sont toutefois guère plus élevés qu'à l'Ouest du continent. La Hongrie et le Portugal, qui comptent tous deux une dizaine de millions d'habitants, ont reçu un montant d'IDE similaire sur la période 1990-2008, même si les variations ont pu être fortes d'une année sur l'autre. Entre la Pologne et l'Espagne, deux pays comparables par leur taille démographique, l'avantage est même à l'ancien État membre. Sur la période 1991-2008, le montant des IDE ramené au nombre d'habitants montre une évolution positive pour la plupart des nouveaux États membres. La Hongrie et la Slovaquie qui ont été les pays les plus attractifs ont toutefois été peu à peu rattrapées par la Pologne et la Roumanie. Pour ces deux derniers pays, comme pour la Hongrie, un effet adhésion a apparemment joué (même si la Roumanie n'a adhéré qu'en 2007) puisqu'en 2004, la courbe indique une nette progression des IDE qui n'est plus remise en cause dans les années suivantes.

Une géographie des IDE calquée sur celle des échanges ?

La géographie des IDE duplique en grande partie celle des échanges. Logiquement, puisqu'une partie importante des flux commerciaux correspond à des investissements ouest-européens réalisés en Europe centrale pour approvisionner les marchés des anciens États membres (les investisseurs étrangers sont responsables depuis le début des années 2000 de 80 % des exportations en Europe centrale). La RFA est ainsi parmi les principales sources d'investissement dans les nouveaux États membres. En Pologne, les investissements allemands ont au cours des années 1989-2009 atteint environ 20 milliards d'euros. Les statistiques ne prennent toutefois pas en compte les investissements de moins de 1 million d'euros, particulièrement nombreux dans les régions frontalières. Plus de 90 % des IDE allemands ont consisté en implantations nouvelles (*greenfield*), et le contenu technologique de ces investissements n'a cessé d'augmenter.

Le renforcement des liens économiques entre nouveaux États membres que l'on a pu constater à partir des années 2000 est également confirmé par les investissements. Sur la période 2005-2008, la Pologne a investi en République tchèque un montant supérieur à celui de la France (26,6 milliards contre 23,8 milliards de couronnes) (Banque nationale tchèque, 2010), alors que les investissements polonais à l'étranger étaient dérisoires dans les années 1990. Pour une analyse plus précise, il conviendrait toutefois de disposer de données plus détaillées, des investisseurs non polonais ayant pu investir à l'étranger depuis leur filiale basée en Pologne.

De même, la Russie qui a retrouvé un rôle dans les échanges des nouveaux États membres a plusieurs investissements à son actif en Europe centrale depuis le début des années 2000. Il est vrai que parmi les pays dits émergents, le pays est devenu le deuxième investisseur à l'étranger, derrière Hong Kong. Les devises accumulées grâce à la hausse du prix des matières premières, en premier lieu du pétrole, ont permis aux acteurs russes de s'adjuger des actifs sur plusieurs continents, même si l'on ne retrouve pas, comme en Chine, une stratégie cohérente pour forger des champions nationaux et soutenir les acquisitions opérées à l'étranger (Sauvant, 2005). Si, dans les années 1990, les flux d'IDE russes ont concerné en premier lieu les grandes entreprises de matières premières et la CEI, le début des années 2000 a fait apparaître une diversification à la fois géographique et sectorielle.

De 2000 à 2006, dans un contexte où les investissements russes à l'étranger ont été multipliés par 8 (Cnuced, 2006), des opérations ont été réalisées en Afrique afin de s'assurer des gisements de matières premières, à l'image de l'approche adoptée par la Chine. Les opérations effectuées dans la CEI, tout en ayant parfois des motivations politiques, permettent quant à elles d'acquérir grâce à des réseaux personnels bien établis des positions fortes dans les secteurs de l'énergie et des télécommunications. Néanmoins, la part de la CEI dans les investissements russes à l'étranger a peu à peu décliné (12 % sur la période 2004-2006 contre 59 % sur la période 1997-1999). La géographie précise des investissements russes est certes difficile à établir en raison des sommes placées dans des paradis fiscaux (Luxembourg et Chypre notamment) puis réinvesties. On peut toutefois constater que pour les vingt-cinq plus grandes entreprises russes, les actifs étrangers acquis sont en majorité en Europe occidentale (52 %), dans la CEI (22 %) et en Europe centrale (11 %) (Skolkovo, 2007). Cette dernière région a enregistré dans les années 2000 quelques-unes des principales opérations de fusion-acquisition conduites par des entreprises russes (rachat de l'entreprise tchèque Vitkovice Steel par Evraz Group en 2005, de Jet Petrol Stations par Lukoil en 2007) (Deutsche Bank Research, 2008).

Le profil de l'investisseur étranger en Europe centrale a évolué au cours des vingt années de la transition. Pour schématiser, disons qu'il était au début Ouest-Européen et en quête avant tout de bas salaires. Vingt ans plus tard, il peut être Européen, Russe, Américain ou Asiatique, et les bas salaires ne sont plus sa motivation principale. La présence asiatique s'est affirmée tardivement, au début des années 2000, dans le contexte d'une forte hausse des investissements à l'étranger des économies émergentes asiatiques. Entre 2002 et 2006, la Chine, l'Inde et la Corée ont développé plus de 400 projets d'investissements (hors acquisitions d'entreprises et prises de participation minoritaires) en Europe du Centre et de l'Est créant près de 60 000 emplois (dont plus de 40 000 dans le cas de la seule Corée). Les créations d'emplois ont été concentrées sur quelques secteurs manufacturiers, automobile (Japon), électronique ménager et matériel électronique (autres pays d'Asie), qui reflètent les points forts des économies concernées. En développant des capacités de production en Europe centrale et orientale, les investisseurs asiatiques ont souhaité profiter des salaires modérés et de la proximité du grand marché européen tout en étant à l'abri des droits de douane.

Ces investissements confirment que la règle selon laquelle produire là où l'on vend n'est pas désuète comme on pouvait l'imaginer dans le contexte de la montée en puissance de la Chine. La règle s'imposait en effet pour beaucoup d'acteurs économiques jusqu'à la transformation de la Chine en atelier mondial aux dépens de territoires dont les avantages géographiques ne suffisaient pas à compenser le différentiel salarial. En effet, lorsque les volumes sont importants et la valeur ajoutée des biens concernés modeste, ou lorsque l'entreprise concernée aspire à demeurer à proximité des autres composantes de la chaîne de valeur, la proximité géographique n'est pas nécessairement recherchée.

La desserte des différents marchés mondiaux peut s'opérer à partir de quelques sites dispersés dans le monde dont la taille permet les économies d'échelle et évite les doublons. Produire là où l'on vend s'impose toutefois à nouveau pour certaines entreprises. Le protectionnisme réapparaît en effet sous des formes « douces » (notamment par le biais des normes), les taux de change connaissent des variations fortes et la hausse des prix du pétrole accroît les coûts de transport. Dans ce contexte, réduire les frais de logistique et être proche des consommateurs pour répondre aux évolutions du marché dans les meilleurs délais est pertinent. Certaines entreprises asiatiques ont en outre jugé opportun de moins dépendre de la Chine et de diversifier les sites de production.

Toutes les entreprises asiatiques n'ont toutefois pas la même stratégie. Les entreprises taïwanaises ont été les plus promptes à investir en Europe centrale (à l'image de Foxconn en République tchèque). Les investisseurs de Corée du Sud sont apparus plus tard, au cours des années 2000, dans un contexte général caractérisé par une croissance des projets sud-coréens dans le monde : investissements de Samsung en Russie et en Slovaquie, de Hyundai dans ce dernier pays et en République tchèque ou encore de LG Electronics en Pologne. À la même période, le Japon est devenu le deuxième investisseur étranger en République tchèque (derrière la RFA) et employait 40 000 salariés en 2007, notamment dans l'automobile (Toyota Peugeot Citroën Automobile – TPCA – à Kolín) et l'électronique grand public (Denso à Liberec et Panasonic à Plzeň). Cette présence importante a conduit depuis 2004 à l'organisation de journées tchéco-nipponnes des sciences et techniques, rencontres annuelles qui ont pour but principal de présenter et d'offrir des possibilités concrètes de coopération entre universités, entreprises et organismes de recherche tchèques et japonais. Plus prudentes, les entreprises chinoises n'ont investi qu'à partir des années 2005, dans un premier temps dans le secteur de l'électronique grand public puis, depuis la moitié des années 2000, dans divers autres secteurs tels que les télécommunications ou encore l'agro-alimentaire.

On ne peut dans l'ensemble nier que l'Europe centrale a tiré profit de cet afflux conséquent d'IDE. Les multinationales représentaient au début des années 2000 environ 60 % des deux cents plus grandes entreprises des nouveaux États membres (Deloitte, 2008). L'européanisation des normes induite par le processus d'élargissement ajoutée à la proximité géographique et aux atouts d'une main-d'œuvre locale abondante, qualifiée et bon marché, a entraîné une intégration rapide des nouvelles démocraties dans la division européenne du travail. Certes, la Russie a elle aussi été attractive. Toutefois, la moitié des investissements a relevé du seul secteur des hydrocarbures et une large partie a été originaire de paradis fiscaux. En Europe centrale, les investissements productifs ont été majoritaires. Une question demeure : qu'ont-ils apporté précisément aux tissus économiques locaux ?

L'impact des IDE sur la compétitivité des tissus économiques

Les IDE ont modifié la composition sectorielle des économies. Dans le secteur manufacturier, l'automobile et l'électronique grand public ont connu un essor important (voir *infra*). La spécialisation sectorielle de la Hongrie a radicalement changé : centrée sur la production de biens traditionnels (textile, produits chimiques de base) dans les années 1980-1990, elle est axée aujourd'hui sur des produits à plus forte valeur ajoutée (automobile, électronique). En 2007, le seul secteur machines et matériels de transport (qui inclut notamment l'automobile) représentait plus de 60 % des exportations[3], et Audi (dont 95 % de la production était exportée) est devenu cette année-là le premier exportateur hongrois.

Dans le même temps, le secteur électronique-électrotechnique est devenu l'un des principaux de l'économie nationale avec 83 % de la production locale exportée. En Slovaquie, les investissements de Samsung et de Sony ont porté à plus de 20 % la part de l'électronique grand public dans les exportations. En 2006, les cinq premiers exportateurs slovaques étaient Volkswagen Slovakia (automobile), US Steel (acier), Slovnaft (raffinerie), Samsung et Sony (électronique grand public).

Des structures sectorielles nouvelles

La stratégie adoptée par certains pays d'Europe centrale visant à encourager la venue d'IDE pour préserver l'outil industriel et le moderniser a donné des résultats. Vingt ans après la chute des régimes communistes, en termes d'effectifs, trois des États membres de l'UE les plus industrialisés sont des nouveaux États membres (Slovaquie, Slovénie, Roumanie) (Eurostat, 2008a). L'industrie est en outre fréquemment concentrée dans quelques régions. Les trois régions européennes qui ont le taux d'actifs le plus important

---

3. *Minefi-DGTPE,* Panorama de l'industrie tchèque, *fiche de synthèse, 17 juillet 2007.*

employé dans l'industrie sont en Europe centrale[4] et, dans deux de ces régions (situées en Slovaquie), l'industrie manufacturière emploie entre 50 et 60 % de la population active. En République tchèque, l'industrie métallurgique demeure un point fort de l'économie et se concentre en Moravie du Nord qui abrite environ 70 % des salariés du secteur en 2006. Si l'activité a fortement décliné jusqu'en 2002, les investisseurs étrangers ont largement contribué à la restructuration et ont pu compter sur une conjoncture favorable. Les autres piliers traditionnels, la verrerie ou l'industrie textile, se maintiennent, de même que l'industrie chimique. En Hongrie, les produits manufacturés constituent le deuxième poste des échanges. Ils représentent, avec 40,4 milliards d'euros, 29,4 % des échanges (32,3 % des importations et 26,7 % des exportations)[5]. Les industries agro-alimentaires souffrent d'un manque de compétitivité et ne représentent plus désormais que 5,2 % des échanges du pays. L'industrie automobile (fabricants et équipementiers) constitue le deuxième secteur industriel en Hongrie après le secteur électronique et électrotechnique. Il contribue pour une large part aux bons résultats du commerce extérieur dans le secteur statistique « machines et matériels de transport », puisque 95 % de la production est exportée.

L'investissement étranger a également accéléré le renouvellement technologique, par exemple dans le domaine des télécommunications. Dans plusieurs pays, l'État a cédé la majorité des parts dans la principale société de télécommunications à un ou plusieurs opérateurs étrangers (Hongrie, Pologne, Estonie, Lituanie). Le résultat a été spectaculaire. En Hongrie, le nombre de lignes téléphoniques

---

4. *Deux sont en Slovaquie (Zapadné Slovensko et Vychodné Slovensko), la troisième en Roumanie (Centru).*
5. *Minefi-DGTPE,* Panorama de l'industrie tchèque, op. cit.

pour 100 habitants est passé de 9,6 en 1990 à 18,5 en 1995 et à 33,2 en 1997. Les investissements étrangers ont permis d'intégrer les économies centre-européennes dans la mondialisation et d'exporter un savoir-faire technologique précieux ainsi que des méthodes de management modernes. Leur rôle clé dans le rattrapage des économies centre-européennes est donc avéré.

Toutefois, le secteur manufacturier n'est désormais plus que rarement le plus attractif en Europe centrale. En Pologne, en 2008, sur les 10 milliards d'euros investis par des acteurs étrangers dans le pays, 1,5 milliard concernait le secteur manufacturier contre 3 milliards pour le secteur financier, 2,6 milliards pour l'immobilier, 1,4 milliard pour la distribution et 1,4 milliard pour les services (eau, gaz) (PAIIZ, 2010). La même année, en Bulgarie, une partie importante des investissements a concerné l'immobilier et le secteur financier (respectivement 30,8 % et 24 % des flux). En Hongrie, le secteur manufacturier représentait un tiers des IDE dans les années 1990 mais le secteur des services a opéré un rattrapage depuis, notamment dans le contexte de la privatisation de certains services publics. Les investissements dans les services ont ainsi doublé entre 2004 et 2008 en nombre de projets. Surtout, l'impact sur la modernisation de l'appareil productif semble devoir être nuancé.

Le « miracle » irlandais avait déjà reposé en partie sur une forte attractivité des IDE. Les entreprises allemandes et américaines furent les premières à manifester leur intérêt pour les changements intervenus dans ce pays. Le véritable décollage n'intervint toutefois que lors de l'adhésion du pays à la Communauté européenne en 1973. Attirer les investissements étrangers, notamment ceux liés aux hautes technologies, fut la stratégie adoptée par les autorités irlandaises. Un impôt sur les sociétés limité à 12,5 % (l'un des plus bas de l'OCDE) et la levée de tous les obstacles susceptibles de freiner l'afflux d'IDE furent décidés. Résultat : en 2005, les investissements étrangers représentaient 105,7 % du PIB irlandais (la moyenne dans les pays développés était à la même époque de 21,4 %) et la moitié des salariés irlandais employés dans le secteur manufacturier travaillait pour des entreprises étrangères. Au début des années 1990, les entreprises américaines furent les plus nombreuses à investir dans le pays. Les autorités irlandaises et notamment l'Agence de développement industriel (IDA) accordèrent la priorité aux filières connaissant à l'échelle mondiale la plus forte croissance (électronique, informatique) et prospectèrent les principaux acteurs du secteur pour les encourager à s'implanter en Irlande. Dans ces filières, le pays ne disposait ni d'une tradition ni de compétences. Toutefois, en mettant à profit sa fiscalité, l'usage de la langue anglaise, des salaires bas à l'échelle européenne et les fonds européens, le pays s'est doté d'une industrie moderne.

Dans les années 1990, les pays d'Europe centrale ont adopté une stratégie voisine, fondée sur une capacité exportatrice reposant sur les investissements étrangers. Les législations leur furent très favorables, les exemptions fiscales nombreuses, les fonds structurels bienvenus pour rénover les infrastructures. Le modèle adopté fut ainsi proche du modèle irlandais, et éloigné du modèle choisi par Taïwan, la Corée ou encore la Chine qui se sont employés à promouvoir avant tout des *joint-venture* pour bénéficier de la technologie étrangère sans perdre le contrôle de l'appareil productif. L'influence irlandaise a été en particulier sensible en Hongrie où les secteurs de l'électronique, des biotechnologies et de l'automobile ont été privilégiés. Une telle approche paraît justifiée, une spécialisation dans des industries de haute technologie et générant d'importantes économies d'échelle étant de nature à accélérer la croissance. En outre, la région ne compte aucun grand marché domestique (à l'exception de la Pologne et de la Roumanie, seuls pays de plus de 20 millions d'habitants). L'intégration aux réseaux économiques européens est de nature à atténuer ce handicap. Les nouveaux États membres ont en outre pu jouer de plusieurs avantages, notamment une importante classe moyenne, un niveau d'éducation général élevé et un savoir-faire technique reconnu dans plusieurs secteurs. Enfin, la littérature en la matière indique que les investisseurs étrangers peuvent avoir la vertu de diffuser auprès de leurs clients et de leurs sous-traitants un savoir-faire, des technologies, des méthodes de management qui concourent à la modernisation des entreprises locales.

Quel bilan peut-on tirer sur ce point vingt ans après les débuts de la transition ? Certainement, nuancé. S'il est avéré que les investissements étrangers ont permis de créer des emplois, de moderniser les économies et d'intégrer les nouveaux États membres dans les réseaux européens et mondiaux, il n'est pas établi que les entreprises locales aient bénéficié de cet afflux d'investisseurs.

Un impact incertain sur le développement

La littérature empirique et théorique a identifié deux types d'impact des IDE : impact horizontal sur les concurrents locaux, impact vertical sur les sous-traitants et les clients. Il apparaît dans plusieurs études que le premier a été, au mieux, limité et le plus souvent négatif, la concurrence locale ayant été laminée par les investisseurs étrangers. Selon plusieurs auteurs (Javorcik, 2004), le second a été positif bien qu'il ne soit pas toujours évident, même dans un pays doté d'une forte tradition industrielle comme la République tchèque (Ayyagari et Kosova, 2006). En définitive, l'afflux massif d'investissements étrangers n'a guère permis à des entreprises indigènes de se maintenir ou d'émerger. Percevant qu'elles n'avaient que peu de chances d'affronter avec succès la concurrence internationale, beaucoup ont préféré passer sous la coupe d'acteurs étrangers ou ont adopté une « stratégie de survie » (Ickes et Ryterman, 1993), consistant à retarder au maximum les restructurations jusqu'au rachat ou à la disparition.

En outre, peu d'investisseurs étrangers ont implanté en Europe centrale des activités à forte valeur ajoutée. En février 1991, l'Allemand Linde a acheté 52 % du tchèque Tchernopolyn, devenant en 1995 l'unique propriétaire de ce groupe métallurgique et chimique. Depuis, les activités recherche et développement (R&D) ont cessé, l'entreprise allemande les ayant centralisées sur sa base près de Munich, à Höllriegelskreuth (Bohata, 1998). On peut certes trouver des contre-exemples. Valeo a ainsi implanté des activités de recherche en République tchèque, et Renault des activités de conception en Roumanie. De même, General Electric (GE) acquit, en 1990, 50 % d'un fabriquant hongrois d'ampoules, Tungsram, puis la quasi-totalité des actions en 1994. Le nombre d'employés de Tungsram a certes été porté de 20 000 à 9 000 mais une part importante de l'activité de R&D a été transférée en Hongrie. Sur les huit programmes de recherche mondiaux développés par GE, quatre sont près du siège social à Cleveland et quatre à Budapest. La moitié du personnel employé par l'entreprise en R&D est en Hongrie, alors que 10 % seulement des ventes s'effectuent dans ce pays. Il est vrai que l'entreprise était avant même 1989 jugée compétitive (elle exportait dans une centaine de pays).

On peut également supposer que la nature des investissements étrangers évoluera et que la part des activités à forte valeur ajoutée conduites par les entreprises étrangères en Europe centrale est vouée à s'accroître. Vingt ans après l'ouverture des économies de la région, un constat s'impose néanmoins : un contraste est apparu entre, d'une part, l'importance des investissements étrangers dans le PIB et le rôle significatif des entreprises étrangères dans les exportations, et, d'autre part, la modestie des dépenses engagées par l'ensemble des entreprises en faveur de la R&D. En suivant le modèle irlandais, les nouveaux États membres risquent de connaître les vulnérabilités de l'économie irlandaise contemporaine.

Le risque d'une économie duale ?

L'économie irlandaise est devenue duale, divisée entre des entreprises compétitives, propriété de multinationales étrangères, et des entreprises indigènes se contentant d'autres secteurs, à moindre valeur ajoutée. 10 % seulement des salariés des entreprises irlandaises travaillent dans les hautes technologies contre 56 % dans le cas des entreprises étrangères. Ces dernières s'approvisionnent de plus en plus localement mais auprès de sous-traitants qui sont d'origine étrangère (Ruane, 2003). L'impact des flux d'IDE sur le tissu industriel local a été faible malgré trente années de forte attractivité et de hausse du niveau de vie. Les entreprises irlandaises investissent moins que les autres et dans des secteurs à plus faible valeur ajoutée. Elles sont également moins présentes sur les marchés internationaux.

Peut-on parler d'économies duales en Europe centrale ? Autant les multinationales réalisent des performances enviables, autant les entreprises locales semblent avant tout préoccupées de survivre (Sabirianova, Svejnar et Terrell, 2005). Dans plusieurs secteurs, notamment l'électronique et l'automobile, les multinationales s'approvisionnent de plus en plus souvent à proximité de leur site de production mais, comme en Irlande, auprès de sous-traitants de rang 1 qu'elles ont convaincus d'investir à leurs côtés. En somme, peu d'entreprises locales ont bénéficié de la technologie et des méthodes d'organisation développées par les investisseurs étrangers. L'écart avec leurs concurrentes était trop important et celles-ci ont eu l'avantage d'être déjà intégrées dans les réseaux des donneurs d'ordres. Des données précises et synthétiques manquant ici pour affiner l'analyse, l'un des indicateurs est l'investissement à l'étranger opéré par les entreprises des nouveaux États membres.

Que constate-t-on ? Vingt ans après les débuts de la transition, cet investissement est d'un montant modeste, et les entreprises locales s'aventurent peu hors de leur marché national, aussi restreint soit-il. La théorie de l'*Investment Development Path* (IDP) met en exergue les cinq phases que connaît généralement un pays lorsqu'il passe de bénéficiaire net des flux d'IDE au statut d'émetteur d'IDE (Rugraff, 2010). Ces cinq phases dépendent principalement de la capacité des entreprises locales à affronter la concurrence de leurs rivales sur leur marché puis à l'international. Tous les nouveaux États membres ne sont pas au même stade du processus. La Bulgarie, la Lettonie, la Lituanie, la Slovaquie et la Roumanie sont probablement les moins avancées si l'on en juge au rapport flux sortants/flux entrants corrélé au PIB par habitant en PPA. Sur la période 1997-2007, le PIB de ces pays a sensiblement progressé. Le rapport flux sortants/flux entrants a néanmoins évolué au profit de ces derniers. Les entreprises locales n'ont en somme que marginalement tiré profit de la croissance pour s'imposer face à la concurrence internationale.

Éric Rugraff (2010) distingue, lui, trois types de pays parmi ceux qui investissent le plus à l'étranger. En Hongrie comme en République tchèque, les entreprises locales jouent un rôle secondaire dans les investissements étrangers. En Pologne, le rôle des entreprises locales est plus important mais il l'est moins qu'en Slovénie où l'essentiel des flux sortants incombe aux entreprises locales. Cette différenciation reflète naturellement la part des capitaux étrangers dans l'économie nationale. En Hongrie comme en République tchèque, le secteur manufacturier et le secteur bancaire sont principalement la propriété de groupes étrangers. Reste à savoir pour quelle raison ces acteurs investissent à l'étranger.

Pour déplacer vers l'Est leurs capacités de production en raison de la hausse des salaires en Europe centrale ? L'hypothèse n'est pas avérée. En 2006, le secteur du textile et de l'habillement, et celui de l'équipement électrique et du transport représentaient respectivement en République tchèque et en Hongrie 2 % et 4,8 % des flux sortants. En Hongrie, les pertes d'emplois dues à une hausse des coûts de production semblent peu significatives (Szanyi, 2006). Les nouveaux États membres ne semblent pas constituer un centre qui organiserait une nouvelle division du travail avec son voisinage oriental. Il conserve les traits d'une périphérie dans laquelle les capitaux circulent.

On ne peut affirmer que l'arrivée massive d'investisseurs étrangers a exercé un effet d'entraînement sur les entreprises locales permettant à celles-ci de s'imposer rapidement sur les marchés extérieurs. Dans les secteurs où les capitaux étrangers sont particulièrement représentés, la part des entreprises locales dans les investissements à l'extérieur du pays est demeurée faible. Le constat vaut notamment pour les secteurs de l'électronique et de l'automobile.

L'exemple du secteur automobile

Dans la plupart des branches du secteur manufacturier, les investisseurs étrangers ont soit cantonné les entreprises locales dans des tâches à faible valeur ajoutée, soit écarté celles-ci des marchés. Le cas du secteur automobile en République tchèque est particulièrement intéressant puisque ce pays a accueilli une part importante des IDE relevant de ce secteur tout en ayant une forte tradition industrielle en la matière (Škoda, Tatra, BAZ). Toutes les conditions étaient donc réunies pour qu'un effet d'entraînement ait lieu. Dans les années qui suivirent la fin du régime communiste, les entreprises du pays s'avérèrent néanmoins incapables d'opérer dans le contexte d'une économie de marché.

En avril 1991, une *joint-venture* entre Škoda et Volkswagen fut conclue et, en 2000, le groupe allemand détenait 100 % de l'entreprise tchèque. Tatra, Avia (camions) et Karosa (bus) furent également cédés à des investisseurs étrangers. Néanmoins, de 1991 à 1998, le gouvernement ne pratiqua pas une politique aussi favorable aux privatisations et aux investissements étrangers que celle d'autres pays de la région : de nombreuses entreprises restèrent aux mains de l'État et la privatisation par coupons aboutit *de facto* à transférer la propriété des entreprises à des banques encore publiques pour la plupart. Mais les résultats décevants de cette politique conduisirent à un changement de pied en 1998, et une politique libérale s'imposa.

Le secteur automobile en profita : les IDE dans ce secteur, qui ne dépassaient pas 0,8 milliard d'euros en 1998, atteignaient 5,6 milliards en 2006 (soit le quart des IDE dans le secteur manufacturier du pays). En 2002, Toyota et Peugeot constituèrent une *joint-venture*. Dans la foulée, plusieurs sous-traitants de rang 1 (Bosh, Johnson Controls, Visteon, Valeo, Siemens, Continental) s'implantèrent pour approvisionner les constructeurs. En 2006, la République tchèque assurait 36,2 % de la production automobile d'Europe centrale ; 10,3 % de l'emploi du secteur manufacturier et 17,9 % des exportations totales du pays relevaient du secteur automobile (ministère tchèque de l'Industrie et du Commerce, 2007). La République tchèque est ainsi devenue en quelques années un pôle majeur de production automobile et une plate-forme à partir de laquelle constructeurs comme sous-traitants exportent massivement vers l'Europe de l'Ouest.

Quel effet d'entraînement cet afflux d'IDE a-t-il eu sur les entreprises locales ? Les effets d'entraînement horizontaux ne pouvaient qu'être modestes, les investisseurs étrangers étant peu enclins à partager leur savoir-faire avec des concurrents locaux (Javorcik, 2004). En revanche, les effets d'entraînement verticaux pouvaient être substantiels compte tenu de la spécificité du secteur automobile. Selon sa taille, une voiture compte en effet entre 15 000 et 30 000 pièces, et leur agencement dans des délais précis a un impact sur la qualité et le coût de la production. Une partie de ces pièces doit donc provenir des environs immédiats. De fait, les constructeurs étrangers implantés en République tchèque se sont employés à s'approvisionner de plus en plus souvent dans le pays même. Dès 2006, Škoda achetait 62,6 % de ses composants en République tchèque (Škoda Auto, 2006), et Toyota Peugeot Citroën Automobile 80 % (TPCA, 2006). Si certains équipementiers locaux ont pu de la sorte bénéficier de la construction des usines d'assemblage, une grande partie a été évincée ou rachetée.

Éric Rugraff (2010) montre qu'en 2008, sur les 173 sous-traitants de rang 1, la moitié était tchèque mais n'employait qu'un cinquième des salariés de cette catégorie. La quasi-totalité des entreprises en question de plus de 500 salariés était à capitaux étrangers. Dans les années 2005-2006, il ne restait plus qu'une dizaine d'entreprises tchèques sous-traitantes de plus de 500 salariés mais aucune n'avait pu monter en gamme et étoffer son offre. Au contraire, toutes avaient dû réduire leurs effectifs et laisser les premiers rôles aux sous-traitants étrangers. Ces derniers ont soit racheté des entreprises tchèques renommées (Kromeriz et Barum, par exemple, qui comptaient respectivement 6 000 et 3 700 salariés en 1989), soit investi sur place, ce qui explique qu'à partir de 2008, la plupart des sous-traitants de rang 1 américains et ouest-européens étaient représentés dans le pays.

Une dynamique similaire a prévalu en Slovaquie. Plus de la moitié des pièces assemblées par Volkswagen à Bratislava provenait en

2008 de la région et 35 % de la seule Slovaquie. Ces chiffres étaient respectivement de 35 % et de 18 % dans le cas de la C3 Picasso à Trnava. Les sous-traitants slovaques ne semblent pas en avoir bénéficié. En 2008, les capitaux étrangers représentaient les trois quarts de l'actionnariat des équipementiers automobiles en Slovaquie, Allemands, Français, Américains et Coréens étant majoritaires.

Une dynamique alimentée par l'essor de l'entreprise-réseau

Ce phénomène ne s'explique pas uniquement par des stratégies d'entreprises ou par la faiblesse supposée des acteurs industriels locaux. Il s'inscrit dans la dynamique de l'essor de l'entreprise-réseau. Comme dans l'industrie électronique, l'industrie automobile a connu une profonde transformation au moment même où les économies d'Europe centrale s'intégraient à la mondialisation. Au début des années 1980, face à la concurrence japonaise, les constructeurs américains et européens ont en effet décomposé leur processus de production et délégué de nombreuses fonctions de production à des sous-traitants peu à peu devenus des acteurs majeurs de l'industrie. De nombreux auteurs ont souligné tous les bénéfices d'un partenariat durable, étroit, impliquant souvent une proximité géographique entre les constructeurs et leurs sous-traitants attitrés (Aoki, 1998). Conséquence : à l'heure d'investir dans un pays à bas coûts, le constructeur souhaite être accompagné des sous-traitants qu'il connaît et dont les coûts de revient seront baissés s'il produit à proximité du constructeur.

Les acteurs industriels locaux d'Europe centrale auraient-ils eu la capacité de s'affirmer qu'ils auraient été confrontés à la logique des chaînes de valeur qui s'est progressivement imposée dans les années 1990. À l'échelle mondiale, les sous-traitants de rang 1 ou 2 ont peu à peu acquis un savoir-faire technologique. Ils reproduisent dans chaque région du monde une organisation en réseau avec les entreprises donneuses d'ordres. Les investisseurs des secteurs de l'automobile et de l'électronique exigent de leurs sous-traitants qu'ils les accompagnent, parfois au détriment des entreprises locales. S'intégrer dans ce schéma est plus difficile que jamais.

Cette nouvelle organisation du travail qui renforce le rôle des sous-traitants de rang 1 a généré des processus de concentration. Dans ce schéma, les sous-traitants tchèques trop petits pour innover et sans présence internationale ont été cantonnés dans des tâches peu sophistiquées. On le voit en comparant la valeur ajoutée d'un salarié dans les entreprises : 44 888 euros dans une entreprise tchèque, 99 007 euros dans une entreprise étrangère (Rugraff, 2010). En outre, le montant des investissements réalisés par les entreprises tchèques de l'industrie automobile ne représentait en 2006 que 0,1 % des investissements tchèques totaux. Une seule des dix principales entreprises disposait de capacités de production à l'étranger. En somme, les entreprises tchèques n'ont pu devenir des partenaires de premier plan pour les constructeurs et ne peuvent donc compter que marginalement sur les IDE opérés dans le secteur automobile pour s'internationaliser et se moderniser. Or, comme l'indiquent Holger Görg et Eric Strobl dans le cas irlandais (2003), l'ancrage au territoire des entreprises à capitaux étrangers est moindre que celui des entreprises indigènes. Dans le contexte d'une concurrence du Sud-Est de l'Europe ou de l'Est (Ukraine et Russie) sur le plan salarial, il serait sans doute préférable que les entreprises tchèques puissent monter en gamme et s'imposer dans le club restreint des sous-traitants fidélisés par les grands constructeurs mondiaux.

Peu de champions nationaux en Europe centrale

La Pologne constitue un cas légèrement différent. Dans ce pays également, attirer l'investissement étranger fut jugé prioritaire. En

2009, 91 des 176 plus grandes entreprises et les trois quarts des actifs bancaires étaient la propriété de groupes étrangers. Néanmoins, certaines entreprises locales ont pu s'affirmer sur les marchés étrangers... là où l'investissement étranger a été faible, notamment dans les secteurs des mines, de l'électricité et du pétrole. L'une des particularités de la Pologne est qu'une partie des grandes entreprises est demeurée propriété de l'État (c'est le cas de neuf des vingt plus grandes entreprises).

La plus grande entreprise d'Europe centrale (PKN ORLEN) est de celles-là. Pour la seule année 2005, l'entreprise a racheté Unipetrol (troisième entreprise tchèque en termes de revenus) ainsi qu'une raffinerie en Lituanie (voir *supra*). Autre entreprise polonaise, KGHM qui extrait du cuivre et de l'argent est la vingtième entreprise minière mondiale. Cette particularité de la Pologne ne relève pas d'une stratégie mais de la décision prise par l'État de renoncer à la privatisation d'actifs peu attractifs pour les investisseurs étrangers. Les entreprises énergétiques polonaises dont certaines détiennent à la fois des mines, des réseaux de transport, des centrales électriques peuvent compter sur la taille de leur marché intérieur pour développer des économies d'échelle et, progressivement, rechercher l'acquisition d'actifs à l'étranger.

Cette situation d'entreprises énergétiques étatiques investissant à l'étranger n'est pas rare dans les pays émergents. En Chine, de telles entreprises réalisent l'essentiel des investissements du pays à l'étranger. Avec quelle efficacité ? Le doute est ici permis, et pointé dans plusieurs travaux qui ont révélé que la quête du prestige ou de ressources l'a dans de nombreuses acquisitions emporté sur d'autres motivations plus rationnelles (Buckley *et al.*, 2007 ; Cheng et Ma, 2007). Cependant, dans le cas de la Pologne, l'impossibilité des entreprises d'État à disposer de capitaux importants (du fait qu'elles ne sont pas privées et en raison des règles européennes en matière de concurrence) dans un secteur où ces derniers sont indispensables pour atteindre une taille critique constitue le principal handicap.

La Slovénie est un cas à part. Le ratio IDE/PNB y est le plus faible d'Europe centrale, celui des flux entrants/flux sortants le plus élevé au profit de ces derniers. L'essentiel des investissements à l'étranger est imputable aux entreprises locales. L'État slovène a explicitement limité la cession de l'appareil productif aux capitaux étrangers en refusant notamment de vendre les entreprises de service public et les banques (dont un tiers seulement sont la propriété de groupes non slovènes). En outre, la Slovénie avait, dans le cadre yougoslave et avant les autres pays d'Europe centrale, développé des contacts à l'étranger. À la différence de la Pologne, ce sont les entreprises privées du secteur manufacturier et des entreprises énergétiques publiques qui se sont implantées hors de leur marché. Le secteur manufacturier représentait en effet en 2005 les deux cinquièmes des investissements à l'étranger. La Slovénie est donc le seul pays d'Europe centrale à avoir imposé ses entreprises locales sur les marchés étrangers. Il est vrai que les marchés en question sont surtout ceux de l'Europe du Sud-Est, qu'en 2007 les vingt-cinq plus grandes entreprises comptaient pour 90 % des flux de capitaux sortants et que les trois premières représentaient plus de la moitié de ces flux (Jaklič et Svetlicic, 2008, p. 5-6). Surtout, la taille des entreprises les plus importantes à l'échelle slovène demeure modeste à l'échelle européenne.

Vingt ans après les débuts de la transition, les champions nationaux sont rares en Europe centrale. Le secteur bancaire a connu la même évolution que l'industrie. Dès les années 2004-2005, les banques étrangères détenaient entre 75 et 90 % des actifs bancaires d'Europe centrale. La région a fait le choix de libéraliser rapidement ses échanges internationaux (dès 1993 dans le cas de la Hongrie), laissant ainsi peu de temps à ses champions nationaux pour s'adapter au nouveau contexte. Cette situation est d'autant plus surprenante qu'à l'inverse de l'Irlande, la plupart des pays d'Europe centrale disposaient d'une tradition industrielle dans plusieurs secteurs. En Corée du Sud comme à Taïwan, pays qui ont davantage joué la carte de l'émergence d'entreprises locales que celle de l'ouverture, le rapport entre investissements entrants et investissements sortants a toujours été plus équilibré que dans le cas de l'Irlande ou de l'Europe centrale. En 2005, le ratio était de 1,7 en Corée du Sud et de 0,5 à Taïwan. En revanche, à la même date, il était de 30,6 en Slovaquie, de 19,9 en Pologne, de 14,2 en République tchèque et de 9,2 en Hongrie (Cnuced, 2006).

Dans les années 1970 et 1980, les entreprises de Corée, de Singapour et de Taïwan ont connu un autre modèle de développement, fondé sur l'émergence d'une capacité de production nationale. Elles ont su monter en gamme pour approvisionner les investisseurs étrangers sur leur marché, se sont internationalisées et sont désormais pour certaines leaders de leur secteur. Ce scénario était-il envisageable en Europe centrale ? Si les privatisations massives ont parfois rencontré des résistances, le manque de capitaux et la prégnance des convictions libérales après un demi-siècle de dirigisme ont étouffé toute solution alternative. En outre, le modèle retenu en Corée du Sud comme à Taïwan est difficilement envisageable en Europe pour des raisons politiques et économiques. Ce modèle a notamment privilégié dans un premier temps une stratégie de substitution aux importations avec un niveau de protectionnisme inconcevable dans le cadre européen, avant de privilégier l'exportation et l'investissement dans un nombre défini de secteurs.

Vu de l'Ouest, une perception tronquée des délocalisations

En Europe occidentale, le débat sur les investissements étrangers a été entretenu à travers un autre prisme : celui des délocalisations. L'élargissement a parfois été vu dans les anciens États membres comme une dilution du projet européen, l'abandon d'un idéal fédéraliste et comme l'amorce d'un déplacement de la base industrielle vers l'Est. À tort. Si l'on entend par délocalisation le transfert vers un autre pays d'une capacité de production donnée, la résonance médiatique donnée au phénomène – au risque de jeter le discrédit sur le processus d'élargissement – a été exagérée. Dans les faits, les délocalisations vers l'Europe centrale n'ont représenté qu'une faible part des emplois perdus à l'Ouest de l'Union après 1989 et ont marqué une pause au cours de la première décennie des années 2000. On pourrait dire de la construction européenne ce que Philippe Martin (2007) dit de la mondialisation : « les effets positifs sont dilués alors que les effets négatifs sont concentrés sur quelques régions ». De fait, des délocalisations, souvent médiatisées à outrance – comme si les réductions d'emploi causées par d'autres facteurs comptaient moins –, ont bien eu lieu mais elles n'ont été responsables que d'une faible part de la destruction des emplois au cours des années qui ont suivi l'élargissement. En outre, la perte d'emplois imputable aux délocalisations doit être mise en perspective avec les gains de compétitivité opérés par les entreprises concernées, avec l'impact des emplois créés dans le pays d'accueil sur le niveau de vie de sa population et, de manière générale, avec les exportations réalisées dans les pays d'Europe centrale (une des rares régions avec lesquelles la France a eu au cours des années écoulées un commerce extérieur excédentaire).

En somme, ce que les salariés victimes des délocalisations peuvent percevoir comme choquant peut l'être moins si la question est traitée à une autre échelle. Pourquoi, dans ces conditions, ne pas mieux indemniser les salariés victimes des délocalisations, sur le modèle des *Trade Adjustment Assistance* (TAA) mis en œuvre aux États-Unis pour dédommager les victimes de l'accord de libre-échange signé avec les pays voisins ? C'est ce que propose Philippe Martin, ajoutant que le financement pourrait provenir d'un prélèvement réalisé sur la TVA puisque les consommateurs sont les principaux bénéficiaires des baisses de prix rendues possibles par les délocalisations. L'idée américaine n'a pas franchi l'Atlantique. Pour contrer l'effet médiatique des délocalisations, l'UE a, sur les conseils de quelques États membres, constitué en 2007 un modeste Fonds européen d'ajustement à la mondialisation (FEM) destiné aux États (non aux entreprises et à leurs salariés) victimes de « modifications de la structure du commerce mondial ».

Une dynamique de relocalisation apparaît en outre dans certains anciens États membres. En RFA, l'un des pays les plus concernés du fait de sa géographie et du différentiel salarial avec ses voisins orientaux, les délocalisations étaient en 2009 à leur plus bas niveau depuis une quinzaine d'années. Entre 2007 et 2009, 9 % seulement des entreprises industrielles allemandes ont transféré à l'étranger (donc pas uniquement en Europe centrale) au moins une partie de leur production (Kinkel et Maloca, 2009). Plus frappant, le nombre d'entreprises rapatriant leurs capacités en RFA a augmenté au fil des ans. En 2009, l'Allemagne comptait une relocalisation pour trois délocalisations. La zone la plus affectée par ces retours a été… l'Europe centrale, et la raison principale invoquée, la qualité. Les entreprises les plus enclines à délocaliser (et à relocaliser) sont les PME. Les secteurs les plus concernés sont l'électrique-électronique, l'automobile et le textile-habillement. Au total, les entreprises les plus réticentes à délocaliser ne sont pas les entreprises les plus innovantes mais celles pour lesquelles la qualité et la réactivité sont les facteurs de compétitivité les plus importants. Pour résumer, les entreprises ont délocalisé pour réduire leurs frais de personnel, celles qui sont revenues veulent retrouver la qualité « *made in Germany* » à l'heure où les salaires centre-européens progressent et où la RFA a fait le choix d'une politique économique de l'offre.

S'agit-il d'un phénomène provisoire lié à la crise mondiale qui a provoqué une chute générale des investissements ou de la fin d'une parenthèse ? Si les deux causes ne s'excluent pas, la seconde est accréditée par la progression des salaires en Europe centrale qui est d'ailleurs citée parmi les raisons invoquées par certaines entreprises pour « relocaliser » en RFA. Trois quarts des entreprises ayant délocalisé citent le facteur salarial comme l'une de leurs principales motivations. L'autre raison invoquée est la volonté d'être proche des marchés, tandis que la fiscalité attractive ou encore les subventions ne jouent qu'un rôle secondaire dans la décision. 70 % des entreprises qui relocalisent invoquent des problèmes de qualité, et pour certaines des difficultés logistiques. En somme, les entreprises qui ont délocalisé ont surestimé les capacités de la main-d'œuvre centre-européenne et sous-estimé l'évolution des coûts salariaux.

À l'atout salarial, les États d'Europe centrale ont ajouté le levier de la concurrence fiscale. Cet avantage pourrait également s'éroder à terme. D'une manière générale, la part des prélèvements publics est moins élevée en Europe centrale que dans les anciens États membres. En 2007, la pression fiscale était inférieure à 30 % du PIB en Roumanie et en Slovaquie, et supérieure à 48 % en Suède. Certains États membres tiennent à une harmonisation de la fiscalité pesant sur les entreprises. Fin 2008, la Commission européenne a toutefois élaboré un projet sur l'harmonisation fiscale, l'Assiette commune consolidée pour l'impôt des sociétés (Accis), toute discussion sur les taux paraissant vouée à l'échec. L'idée était d'établir une base fiscale identique pour l'impôt sur les sociétés au sein de l'Union européenne, les États restant souverains quant à la fixation du taux d'imposition. Pour contourner l'opposition des États réticents (la règle de l'unanimité prévaut pour les questions fiscales), le recours à la procédure de coopération renforcée instaurée par le traité de Lisbonne pourrait être envisagé.

Certes, le poids de la fiscalité a été allégé dans les nouveaux États membre dans les années 1990 et ceux-ci ont développé quelques caractéristiques communes : la fiscalité indirecte y est préférée à la fiscalité directe ; beaucoup ont appliqué la *flat tax* ; l'impôt sur les sociétés a eu tendance à diminuer malgré quelques exceptions (Lituanie) ainsi que les charges sociales. Toutefois, une convergence de fait est à l'œuvre dans l'Union. Entre les pays où le poids de la fiscalité sur les entreprises est lourd et ceux où il est le plus faible, l'écart n'a jamais été aussi faible qu'en 2010. Il est vrai que cette convergence spontanée est avant tout une convergence par le bas (Magnin, 2009) puisque partout ou presque, le poids global de la fiscalité tend à se renforcer et la fiscalité sur les entreprises à se réduire.

La nécessité d'une deuxième transition

Au terme des vingt années de transformation, les États d'Europe centrale ont, parallèlement à leur adhésion aux institutions européennes, engagé une intégration économique approfondie avec l'Ouest européen. Plusieurs signes, notamment celui des relocalisations, semblent néanmoins indiquer qu'un cycle se clôt progressivement : celui d'une intégration par les bas salaires. Assurer une deuxième transition, non plus du socialisme au capitalisme mais d'une économie fondée sur des coûts salariaux bas à une économie innovante, s'impose. Deux secteurs méritent une attention particulière, celui de l'automobile et celui de l'électronique grand public. En concentrant une part non négligeable des IDE, ils ont tous deux contribué à l'intégration économique de l'Europe centrale. Néanmoins, tout en illustrant le succès des nouveaux États membres, leur montée en puissance soulève des questions sur la pertinence du modèle de développement mis en œuvre depuis 1989.

Chapitre 5 / L'intégration de l'Europe centrale dans la division européenne du travail

L'intégration par les échanges et les IDE, amorcée par le processus d'adhésion aux institutions qui a apporté les garanties nécessaires aux acteurs économiques, a permis une nouvelle division du travail à l'échelle européenne. L'analyse plus détaillée de deux secteurs, celui de l'automobile et celui de l'électronique grand public, permet d'en préciser les modalités. Cette nouvelle division européenne du travail présente des avantages pour l'Europe centrale mais ne garantit pas que la région puisse conjurer à terme son statut de périphérie dans la géographie de l'Union.

Le cas du secteur automobile

La géographie mondiale de la production automobile est organisée autour de trois pôles (Asie, Amérique, Europe) qui constituent autant de marchés, le coût élevé du transport limitant les possibilités d'un véritable marché mondial intégré. Le pôle européen produit 27 % des véhicules construits dans le monde : une production supérieure aux achats, de sorte que la valeur des exportations (71,1 milliards en 2007) est deux fois supérieure à celle des importations. À l'échelle du pôle européen, une recomposition a été engagée après la chute des régimes communistes en Europe centrale avec un déplacement du centre de gravité vers l'Est. Depuis le début des années 2000, la totalité de la hausse de production dans l'Union est ainsi imputable aux pays d'Europe centrale.

L'industrie automobile ne repose pas sur une chaîne de valeur mondiale mais plutôt régionale. Les sous-traitants jouent un rôle clé dans une industrie automobile de plus en plus décomposée (voir *supra*), leur contribution s'élevant aux trois quarts de la valeur d'un véhicule. L'innovation se réalise pour l'essentiel parmi les sous-traitants de niveau 2 ou 3. Les constructeurs qui se sont implantés en Europe centrale ont incité leurs sous-traitants traditionnels à les rejoindre et à s'installer à proximité des sites d'assemblage dans la logique du « juste-à-temps ». Les usines ainsi créées ont formé des pôles spécialisés dans l'automobile. La recherche d'économies d'échelle de la part des acteurs de la filière couplée aux avantages de l'Europe centrale (coûts salariaux peu élevés, niveau de formation technique satisfaisant, proximité d'un vaste marché) a abouti à la constitution d'un bassin automobile centre-européen, qui s'étend sur un espace délimité par Wrocław en Pologne, Budapest en Hongrie, Prague en République tchèque et Bratislava en Slovaquie.

La genèse d'un « Detroit centre-européen »

Dans leur décision d'investissement, les constructeurs ont retenu la présence d'entreprises du secteur déjà sur place avant 1989, la situation géographique de la région – à la fois au cœur d'un marché centre-européen promis à se développer et à proximité du marché ouest-européen – ainsi que la situation politico-économique de pays ancrés à l'UE. Quatre pôles ont émergé : Volkswagen, PSA et Kia en Slovaquie, principalement autour de Bratislava, PSA-Toyota et Škoda en République tchèque, Audi et Suzuki dans le nord de la Hongrie, General Motors et Fiat dans le sud de la Pologne. En Slovaquie, l'essor de l'industrie automobile s'est appuyé sur une tradition industrielle. Orientée avant 1989 vers l'industrie lourde et l'armement, l'économie s'est spécialisée dans l'électronique

Carte 2 Le bassin automobile de l'Europe centrale

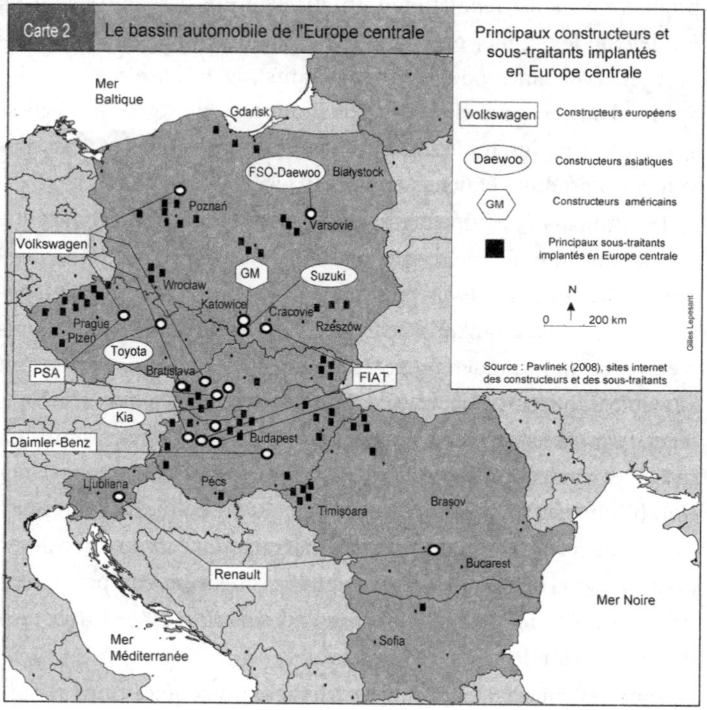

(grâce aux investissements de Samsung et de Sony) et surtout dans l'automobile, secteur dans lequel le pays a connu un essor rapide : avant 1989, la Slovaquie abritait des sous-traitants de Škoda ; en 2008, l'industrie automobile représentait à elle seule 25 % de la production industrielle et environ 20 % du PIB. Dès 2007, le pays est devenu le premier producteur mondial d'automobiles par habitant (106 véhicules pour 1 000 habitants), et la crise n'a pas dissuadé d'autres investisseurs. En Hongrie, en 2008, le secteur automobile représentait 25 % des exportations totales et 90 % des véhicules produits étaient exportés (97 % en Pologne).

Les principaux équipementiers ont suivi. La Hongrie est devenue une importante plaque tournante dans le domaine des pneumatiques. Michelin a été le premier à s'y installer. Le japonais Bridgestone et le coréen Hankook (avec un investissement de 500 millions d'euros et une production de 10 millions de pneus par an) y ont également chacun implanté une usine de pneus pour véhicules légers. Les constructeurs allemands ont investi l'espace, utilisant massivement l'Europe centrale pour réduire leurs coûts de production (Daimler, l'un des rares constructeurs à ne pas avoir investi à l'Est dans les années qui ont suivi la transition, s'y est décidé en 2008, malgré la crise). À leur demande, plusieurs équipementiers les ont suivis. Une grande partie de la production est exportée hors d'Europe centrale.

D'autres constructeurs européens, japonais et américains se sont également implantés. Certains investissements ont résulté d'opérations de délocalisation (Ford a ainsi fermé son usine de Valence pour produire en Pologne le modèle Ka) et le secteur automobile ouest-européen a décliné. Les effectifs de l'industrie automobile allemande ont sensiblement diminué. Si le secteur a gagné en compétitivité et s'est renforcé à l'export, il a perdu 10 % de ses effectifs entre 1990 et 2003 (775 000 salariés contre 850 000). En

France, les importations ont pour la première fois dépassé les exportations en 2008 et le nombre de salariés a aussi diminué. Le Royaume-Uni a perdu la propriété de plusieurs marques et a fermé certains sites d'assemblage (dont celui de PSA à Ryton en 2007 ; au même moment, le groupe développait des capacités de production en Slovaquie). D'autres pays ont davantage souffert, à l'instar de l'Espagne qui avait attiré des investissements du secteur automobile lors de son adhésion à l'Union européenne.

Les constructeurs ont investi d'autant plus volontiers en Europe centrale qu'à la possibilité de produire à moindre coût pour les marchés ouest-européens s'est ajoutée la perspective de marchés locaux dynamiques. En 2007, 10 à 15 voitures pour 1 000 habitants étaient vendues dans la région contre 30 à 40 en Europe occidentale, si bien que 2 millions d'automobiles supplémentaires pourraient être commercialisées à terme. Une telle spécialisation de l'Europe centrale dans l'automobile est-elle pour autant pertinente sur le long terme ? Plusieurs scénarios semblent possibles.

Scénario 1 : une montée en gamme grâce à l'innovation

Dans les années 1990, beaucoup voyaient dans les investissements automobiles en Europe centrale la constitution d'une base qui repose uniquement sur des coûts salariaux modestes. Les sites de production implantés sont avant tout des usines d'assemblage. Le processus amorcé est cependant celui d'une montée en gamme. Dans un premier temps, les constructeurs ont attiré leurs sous-traitants, avec pour principal motif des investissements, la desserte des marchés locaux. Peu à peu, la croissance de ces marchés étant limitée, les sites se sont vus confier des modèles de plus en plus haut de gamme avec pour clientèle les marchés ouest-européens. C'est dans cette logique que Volkswagen et Fiat ont modernisé leurs installations et que General Motors a construit un nouveau site à

Gliwice. En définitive, les installations d'Europe centrale sont modernes, même si les sites disposent de peu d'autonomie, par exemple pour leur politique d'achats.

Selon Martina Fuchs (2005), l'Europe centrale abrite peu d'activités R&D. Néanmoins, leur émergence en Europe centrale doit être analysée comme un processus en cours. Certains équipementiers ont ainsi mis en place des sites de production à faible valeur ajoutée avant de monter en gamme et finalement implanter de petites unités de R&D. Cette dynamique est confirmée par les travaux de Frédérique Sachwald et d'Edwige Chassagneux (2007) qui établissent une distinction entre les centres de développement local (CDL), qui « s'appuient sur les ressources technologiques de la maison-mère pour soutenir la production à l'étranger et permettre l'adaptation de l'offre au marché local », les laboratoires de recherche global (LRG), et les centres de développement global (CDG). Si les deux dernières catégories sont encore peu représentées en Europe centrale, le nombre des CDL augmente. En outre, plusieurs constructeurs ont noué des partenariats avec des universités ou des centres de recherche. La Hongrie a par ailleurs développé une politique de soutien aux *clusters*, inspirée de la politique française en matière de pôles de compétitivité. Dans le nord-ouest du pays, Pannon structure ainsi des coopérations entre industriels et universitaires. Pour le ministre hongrois de l'Économie, le secteur automobile, avec ceux de la logistique, de la pharmacie, des industries de télécommunications, est un volet essentiel de l'économie du pays « qui appuiera notre redressement lorsque la récession sera passée[1] ». Un plan sectoriel de développement a donc été initié pour 2009-2011[2].

1. *Entretien accordé au* Financial Times, *17 juin 2009.*
2. *Il convient toutefois de noter que la formalisation de* clusters *ne préserve qu'imparfaitement des conséquences sociales de la crise comme en témoigne le licenciement de plusieurs centaines de salariés par Suzuki début 2009.*

Dans le scénario d'une crise passagère, on peut imaginer que le choc subit aura au moins permis une dévaluation de fait de la plupart des monnaies, pour le plus grand bénéfice des exportateurs. La récession devrait atténuer les tensions sur le marché du travail, au moment où la pénurie de main-d'œuvre commence dans plusieurs régions à avoir des effets sur les salaires et conduit les investisseurs étrangers à recourir à une main-d'œuvre immigrée. Une dynamique est à l'œuvre, alimentée par une fiscalité attractive pour les investisseurs, un coût du travail encore modeste et l'afflux des fonds européens.

Ce scénario tendanciel est crédible à la lumière des coûts salariaux qui sont encore loin d'égaler ceux d'Europe occidentale. Des mouvements sociaux ont exigé des hausses de salaire. Sur l'année 2008, le coût du travail a augmenté de 30 % en Lettonie, de plus de 20 % en Roumanie, en Estonie et en Lituanie, et de 12 % en Pologne, et l'industrie automobile est une de celles qui a subi les plus fortes hausses salariales. Néanmoins, la crise devrait réduire les tensions apparues sur le marché du travail et l'écart avec les salaires ouest-européens demeure tel qu'il ne sera comblé qu'en plusieurs décennies. Même si la progression des salaires devait être quatre fois plus rapide en Slovaquie qu'en RFA, soixante-dix années seraient nécessaires pour parvenir à un équilibre, et les salaires ne comptent pas pour plus de 25 % du coût d'une automobile.

D'ici à 2013, PricewaterhouseCoopers (PWC) souligne que dans le secteur automobile, 6 milliards de dollars américains doivent être investis dans la région, au profit principalement de la République tchèque et de la Slovaquie[3]. La région devrait produire à cette échéance entre 3,2 millions et 4,2 millions d'automobiles grâce

---

3. *PWC, « Eastern Influx : Automotive Manufacturing in Central and Eastern Europe », août 2007.*

notamment à l'essor de ses marchés. Il est toutefois invraisemblable qu'elle puisse absorber une telle production. Selon PWC, à échéance de 2013, la demande ne devrait pas excéder 1,5 million de véhicules. En somme, la région devrait demeurer une plate-forme au service d'autres marchés, à l'Est et à l'Ouest, et la demande locale devrait progresser, le taux de motorisation étant encore inférieur à celui de l'Ouest européen. Les risques de délocalisation vers l'Europe de l'Est ne sont toutefois pas mineurs.

Scénario 2 : une nouvelle phase de délocalisations

À l'Est des nouveaux États membres, les capacités de production augmentent sensiblement, notamment en Russie. En 2007, 2,5 millions de véhicules furent vendus, soit 1 million de plus que l'année précédente. En 2008, le marché russe est devenu le premier d'Europe (3,7 millions environ de voitures vendues, 400 000 de plus qu'en RFA). Lors des seuls six premiers mois de 2008, le marché russe a progressé de 40 % en volume, de 64 % en valeur, et la Russie devrait représenter 12 % de la croissance du marché automobile mondial d'ici à 2015 grâce à l'émergence d'une classe moyenne. Cette évolution peut-elle justifier à terme de nouvelles capacités de production, au détriment de l'Europe centrale ? De fait, selon une enquête de la Chambre de commerce et d'industrie polono-allemande (PNIPH), 34 % des investisseurs allemands du secteur automobile se montrent mécontents de l'évolution des salaires en Pologne et considèrent l'Ukraine et la Chine comme des alternatives dignes d'intérêt. D'autres envisagent pour l'industrie automobile un scénario similaire à celui de l'électronique, à savoir un déplacement des lieux de production vers l'Asie en raison de la hausse des coûts salariaux (Groht, 2005).

En Russie, en 2008, plus de la moitié de la demande était encore satisfaite pour une grande part par les importations. L'objectif énoncé cette année-là par le Premier ministre de voir 80 % des véhicules vendus en Russie provenir d'usines implantées dans le pays paraît ambitieux. En 2002, le chiffre était de 60 % et en 2008 de 40 %, malgré les investissements opérés en Russie par les constructeurs étrangers. Les modèles ont peu évolué depuis la période soviétique et bénéficient encore de leurs prix attractifs pour s'adjuger près du quart du marché. Cette part devrait passer à moins de 10 % d'ici à 2010, sous l'effet, notamment d'un régime fiscal moins défavorable aux importations. En 2007, les constructeurs étrangers avaient investi dans huit usines d'assemblage en Russie pour une production totale de 400 000 voitures (contre 276 000 en 2006). Ce chiffre devrait progresser rapidement.

Dans la région de Saint-Pétersbourg, devenue l'une des principales bases de l'industrie automobile russe, Toyota compte produire à terme 200 000 véhicules par an et construire une usine pour véhicules à bas prix. Dans la même région, Suzuki, General Motors et Nissan ont également des projets. Dans la région de Kalouga, à proximité de Moscou, Volkswagen a entamé la construction d'une usine (pour une production de115 000 véhicules en 2010) ainsi que PSA allié à Mitsubishi (200 000 véhicules). Le risque de voir les capacités de production de l'industrie automobile migrer vers l'Est, comme elles ont progressivement déserté la péninsule Ibérique, ne paraît donc pas mineur à première vue. Le secteur des activités de câblage est ici un indicateur précieux compte tenu de sa forte intensité en main-d'œuvre. De fait, depuis 2005, le spécialiste du secteur, Leoni, a commencé à transférer sa production de Hongrie vers la Roumanie. Le fabricant polonais de housses pour siège Inter Groclin (plus de 3 000 salariés en Grande-Pologne) a ouvert une usine en Ukraine et a annoncé une délocalisation totale de ses activités vers ce pays, à l'exception de la direction et des activités de R&D.

À mesure que l'espace de production s'élargit, les sites d'Europe centrale pourraient en somme gagner en valeur ajoutée, et les pays d'Europe de l'Est accueillir des sites d'assemblage pour des segments où les frais de salaire sont les plus sensibles (petits modèles). La crise a toutefois démontré qu'il convenait de ne pas assimiler trop rapidement la dynamique du marché russe à celle d'autres pays émergents. Le marché chinois n'a connu qu'une brève pause en 2008 pour reprendre immédiatement sa croissance vers le cap des 10 millions de véhicules (contre 2 millions en 2000). En revanche, le marché russe sur lequel comptaient plusieurs constructeurs s'est effondré de 50 % entre 2007 et 2008 et l'investissement consenti par Renault pour prendre 25 % du capital du premier constructeur russe d'un montant de 628 millions d'euros ne valait plus que 130 millions en 2009[4]. En 2009, les ventes ont été divisées par deux par rapport à 2008.

Les crises chroniques qui empêchent la constitution d'une classe moyenne stable dans les pays de l'Est de l'Europe, ajoutées aux difficultés rencontrées par les investisseurs étrangers[5], invitent à envisager ce scénario d'une vague de délocalisations vers l'Est avec prudence. En revanche, l'évolution du coût du pétrole, la saturation des réseaux et l'émergence d'une conscience écologique suggèrent un troisième scénario.

---

4. *« Les experts de Renault quittent AvtoVAZ »,* Les Échos, *26 juin 2009.*
5. *Selon le responsable d'une entreprise du secteur automobile ouest-européen, « lorsque nous avons sollicité les autorités ukrainiennes pour un projet d'investissement, nous avons été frappés par les désaccords entre le pouvoir central et nos interlocuteurs locaux. En outre, lorsque nous avons demandé quel soutien les autorités étaient prêtes à nous accorder, on nous a fait comprendre que bénéficier de la main-d'œuvre ukrainienne était un avantage suffisant en soi. Nous n'avons pas poursuivi nos démarches » (entretien avec l'auteur, avril 2009).*

Scénario 3 : une adaptation aux nouvelles formes de mobilité

Alors que les constructeurs européens et non européens annonçaient toujours plus de projets dans la région, les premières difficultés sont apparues à l'été 2008. La forte hausse du prix du pétrole et les premières mesures prises par les banques pour durcir les conditions d'accès au crédit (selon les États membres, entre 60 et 80 % des véhicules neufs sont achetés à crédit) ont affecté la plupart des marchés européens. Fait sans précédent, la chute des immatriculations à partir de novembre 2008 a été ressentie avec la même soudaineté sur tous les marchés mondiaux. Entre janvier 2008 et janvier 2009, le marché automobile ouest-européen a ainsi connu une baisse de 26 %. Le taux d'utilisation des capacités au sein de l'UE, qui atteignait 80 % avant la crise, avoisinait 65 % en 2009, un niveau difficilement tenable en raison de l'importance des frais fixes.

Les investissements réalisés en Europe centrale reposent sur le postulat que les marchés automobiles de cette région poursuivent leur croissance. Or, les chiffres n'étayent pas cette hypothèse. Sur le principal marché, à savoir la Pologne, le nombre d'immatriculations de 2003 (358 432) n'a jamais été dépassé depuis, malgré les taux de croissance enviables que le pays a connus au cours des six dernières années. Loin d'être l'eldorado que laissait entrevoir un taux de motorisation faible, l'Europe centrale a un marché automobile différent d'un pays à l'autre, parfois dynamique (Slovaquie) ; parfois atone et de surcroît très sensible aux crises. De 2007 à 2008, le nombre d'immatriculations en Europe centrale a chuté de 30 % et, dans certains cas, de 80 %. Au cours de l'année 2008, 320 000 voitures neuves ont été vendues en Pologne, soit 7 véhicules neufs pour 1 000 habitants, ce qui a placé le pays parmi les trois marchés les plus déprimés de l'UE[6].

---

6. *Ubifrance,* Le Marché automobile polonais, *fiche de synthèse, mars 2009.*

La même année, l'Espagne qui compte une population comparable à celle de la Pologne a vendu 1 million de véhicules. En période de crise, les marchés centre-européens n'ont pas la capacité de résistance des marchés ouest-européens même si deux des nouveaux États membres (Slovaquie et Roumanie) ont introduit une prime à la casse. Comme on pouvait l'imaginer dès 1989, le taux de motorisation en Europe centrale a connu une forte hausse mais les véhicules d'occasion sont fréquemment préférés aux voitures neuves.

Malgré la brutalité de la chute de la demande, aucun site majeur de production n'a fermé en Europe centrale entre 2008 et 2010, mais plusieurs équipementiers ont dû cesser leurs activités, des licenciements ont été opérés et des projets gelés (PSA en Pologne). Il est vrai qu'au cours de la crise, 12 des 27 États membres ont adopté des plans de soutien à l'automobile qui ont avant tout bénéficié aux sites de production implantés en Europe centrale (et en Asie), ces derniers étant spécialisés dans la fabrication de véhicules de petite taille. À plus long terme, les perspectives ne sont pas pour autant rassurantes. La crise subie par le secteur automobile ne semble pas uniquement conjoncturelle. Elle traduit une évolution structurelle qui pose en des termes nouveaux la question des mobilités.

Globalement, l'avenir du secteur automobile n'est guère prometteur. Du fait de l'urbanisation, des mutations sociologiques, de la sensibilité croissante aux enjeux environnementaux, l'appétence pour l'automobile décline. Entre 2007 et 2009, les immatriculations mondiales ont baissé de près de 25 %. Toute crise affecte ce secteur – dans la mesure où l'achat d'une voiture peut très souvent être différé – mais d'autres éléments attestent qu'il s'agit là d'une tendance durable. Cette baisse des immatriculations a en effet débuté avant la crise (dès fin 2006), et jusqu'à 2007, leur croissance fut pour l'essentiel imputable aux pays émergents (à la Chine notamment). Le marché américain s'effondre depuis 2005 (près de

18 millions de véhicules vendus cette année-là contre moins de 12 millions en 2008) et le marché européen stagne depuis plusieurs années. Au cours de la décennie passée et malgré une conjoncture économique porteuse, le marché européen a oscillé entre 16,7 et 17 millions de véhicules vendus.

Le taux de motorisation a fortement augmenté ces dernières années en Europe centrale grâce à l'achat massif de véhicules d'occasion (près d'un million de véhicules en 2008). Ainsi, en Slovaquie, si les véhicules utilitaires légers ont vu leurs ventes augmenter, la vente de véhicules particuliers est concurrencée par le marché de l'occasion. Plus largement, compte tenu de leur démographie et de la tendance à l'œuvre, il est difficile d'envisager dans la région une forte demande dans les années à venir. En outre, dans les nouveaux États membres, la tradition de recourir aux transports publics ne s'est pas éteinte et l'achat d'une voiture répond souvent moins à un besoin qu'à un acte symbolique. Or, cette dimension symbolique risque de s'atténuer pour des raisons sociologiques et parce que le prix de l'automobile est promis à demeurer élevé du fait des contraintes réglementaires sans cesse renforcées par les autorités européennes.

L'évolution sociologique à l'œuvre dans les pays développés se caractérise par une dégradation de l'image de l'automobile et par une appétence moindre pour les véhicules[7]. Le nombre de kilomètres parcourus en voiture diminue (en France, il est passé de 14 000 kilomètres en moyenne par an en 1986 à 13 000 kilomètres

---

7. *Directeur de Renault, Patrick Pélata déclare ainsi que l'image de la voiture reste « dans les pays en voie de développement incroyablement positive et [est] toujours associée à celle de liberté et de progrès. Toutefois, dans les pays occidentaux, c'est vrai qu'on sent bien que quelque chose est en train de se passer. [...] Tout notre travail c'est de réfléchir aux moyens de remettre en phase l'automobile avec les attentes de la société »* (Les Échos, *12 mai 2009).*

en 2006), le parc automobile vieillit et l'âge moyen d'acquisition d'un véhicule est passé à 52 ans en Europe. Les jeunes Européens, comme les jeunes Japonais, semblent désormais considérer que la mobilité passe avant tout par le téléphone portable et internet.

En somme, la crise du secteur de l'automobile est imputable à la fois à des phénomènes conjoncturels par définition provisoires (assèchement du crédit, baisse du pouvoir d'achat) et structurels (hausse du prix du pétrole, croissance de la population urbaine, approche moins symbolique de l'automobile, gestion plus rationnelle de la mobilité par les individus). En outre, les nouvelles formes de mobilité qui apparaissent, notamment dans les villes européennes, ont de fortes chances de se propager en Europe centrale où une part significative des déplacements s'effectue encore dans les transports en commun. Le passage de la voiture-objet à la voiture-service susceptible de convaincre les constructeurs de devenir, au même titre que certaines compagnies ferroviaires ou aériennes, des opérateurs de service impliqués dans différentes formes de mobilité n'est pas une hypothèse dénuée de tout fondement. Les nouvelles technologies introduites dans les transports publics, la prise en compte des contraintes imposées par les mobilités dans l'aménagement des villes et l'invention de nouvelles formes d'organisation du travail n'ont aucune raison de demeurer longtemps l'apanage des villes européennes les plus innovantes en la matière.

Si le marché ouest-européen demeure atone et s'il n'est pas relayé par un rattrapage rapide en Europe centrale, les perspectives risquent de s'assombrir pour les sites de production centre-européens. La fermeture d'au moins une dizaine de sites à partir de 2010 est jugée par beaucoup comme inévitable[8]. Selon AlixPartners, l'UE ne devrait

---

8. *Policy Department Economic and Scientific Policy,* Impact of the Financial and Economic Crisis on European Industries, *Bruxelles, Parlement européen, avril 2009.*

pas renouer avant 2014 avec le nombre d'immatriculations qu'elle connaissait avant la crise, et le pire reste à venir[9]. La popularité croissante des petits modèles peut servir les pays d'Europe centrale dans la mesure où les constructeurs ont précisément délocalisé en priorité la production de tels modèles qui génèrent des marges faibles. En outre, même si les surcapacités rendent inéluctable la restructuration du secteur automobile ouest-européen, les nouveaux États membres peuvent considérer que les fermetures d'usine ne les concerneront pas dans la mesure où l'outil productif implanté sur leur territoire est moderne. Reste à savoir quel arbitrage feront les constructeurs ouest-européens : fermer les sites d'Europe centrale bien qu'ils soient les plus modernes ou fermer des sites anciens dans le pays dont ils sont originaires malgré les soutiens financiers perçus au cours de la crise ?

Pour assurer l'ancrage des activités du secteur automobile dans les territoires, les pouvoirs publics d'Europe centrale ont encouragé les initiatives permettant de créer des projets de R&D. Cette politique ajoutée au fait qu'un site de production a en théorie une durée de vie minimale d'une décennie limite les risques de fermeture. Toutefois, si plusieurs constructeurs ont noué des partenariats avec des structures académiques, une minorité – qui s'apparente à des exceptions –, a implanté des centres de recherche, Škoda en République tchèque (avec 1 200 salariés) et Dacia en Roumanie étant les plus emblématiques. De même, les équipementiers ont peu investi (l'exception est ici Valeo en République tchèque[10]), notamment parce que la proximité entre les sites de R&D et les

9. *Bernard Simon et Nicole Bullock, « Trustee Slams "Unreasonably Rich" GM Fees »,* Financial Times, *23 juin 2009.*

10. *Notons que le site de Valeo en République tchèque est le seul site de R&D du groupe en Europe centrale sur les 61 que le groupe compte dans le monde (dont 35 en Europe de l'Ouest).*

constructeurs restés dans les pays d'origine est préférable (Frigant et Layan, 2007). En outre, les recherches sur les nouvelles formes de mobilité ou l'élaboration de nouveaux équipements (par exemple les batteries pour véhicules électriques) restent l'apanage des pays ouest-européens, notamment au sein de *clusters* davantage structurés et mieux dotés que ceux qui se forment en Europe centrale.

Le cas du secteur de l'électronique grand public

À l'image de l'industrie automobile, l'industrie électronique s'est structurée à l'échelle mondiale autour d'une douzaine de multinationales qui se sont organisées en réseaux avec leurs sous-traitants. En Asie, les entreprises japonaises ont investi à l'étranger dans les années 1960, principalement pour contourner les protections en place dans les pays voisins. Dans les années 1970, producteurs américains et japonais ont investi dans les pays à bas salaires avant de rechercher, à partir des années 1980, la meilleure combinaison entre capacités techniques et coût de la main-d'œuvre. L'industrie a peu à peu donné lieu à une division du travail sophistiquée où non seulement les constructeurs sont en concurrence mais également leurs sous-traitants.

Dans le cas européen, c'est le Royaume-Uni qui est devenu dans les années 1980 la base principale de l'industrie électronique européenne. D'importants investissements se sont concentrés sur l'Écosse et le pays de Galles où plusieurs entreprises japonaises se sont implantées. Malgré des coûts salariaux élevés, le Royaume-Uni est parvenu à devenir, pour des raisons fiscales et linguistiques, le point d'appui privilégié de l'électronique japonaise dans l'Union européenne.

La base centre-européenne s'est construite progressivement. Entre 1991 et 1994, la moyenne annuelle des investissements étrangers dans le seul secteur de l'électronique s'élevait à 978 millions de dollars, soit davantage que la somme reçue par la République tchèque tous secteurs confondus (Linden, 1998). La tendance à l'œuvre depuis 1989 est, d'une part, un transfert d'une partie des capacités de production ouest-européennes vers l'Europe centrale, d'autre part, l'entrée dans cette région de nouveaux investissements asiatiques. Les pays d'Europe centrale étaient dès 2009 à l'origine de 55 % des revenus générés par l'industrie EMS (*Electronic Manufacturing Services*) en Europe, même si, pour la même année, la crise a provoqué une baisse des revenus de l'ordre de 17 %. La croissance à deux chiffres devrait laisser la place pour la période 2010-2013 une croissance voisine de 5-6 %.

De 1989 à 1993, une série de *joint-ventures* fut conclue avec des entreprises étrangères de petite taille avant que le processus de privatisation n'implique les principaux acteurs du secteur. Dans une seconde phase, les investissements *greenfield* se sont développés. Ce mouvement a concerné la Pologne et la République tchèque à partir des années 1993, et la Hongrie un peu plus tôt. Les entreprises européennes furent les premières sur place (Philips en Hongrie, Siemens en Pologne). Au milieu des années 1990, les producteurs américains s'implantèrent à leur tour dans la région (IBM en Hongrie). Les industriels japonais furent plus prudents et se limitèrent pendant plusieurs années à des partenariats avec des sous-traitants situés en Europe centrale. Ce n'est qu'en 1993 que Kyocera investit dans la région (en République tchèque), puis Matsushita en 1997 (usine de téléviseurs en République tchèque). Les entreprises coréennes affluèrent également (Samsung en Hongrie dès 1990, Daewoo qui implanta des usines de télévision et de machines à laver en Pologne avant d'engager des investissements dans le secteur automobile). Au cours de la première décennie des années 2000, l'Europe centrale est devenue une base arrière de l'industrie électronique pour le marché européen où sont présents tous les constructeurs principaux et leurs sous-traitants. L'électronique grand public qui avait été comme aspirée par la Chine a opéré un retour en Europe, cette fois-ci dans sa partie orientale. La Chine, qui a contribué à l'effondrement des industries traditionnelles centre-européennes, devient investisseur et contribue à l'intégration de l'Europe centrale dans les réseaux mondiaux de l'industrie informatique.

Comment s'explique la formation d'une base arrière de l'industrie électronique ? Tout d'abord, l'Europe est une forte consommatrice d'écrans plats. Près de 41 % des téléviseurs LCD vendus dans le monde en 2005 l'ont été en Europe, loin devant le Japon et les États-Unis. Les fabricants d'écrans LCD connaissent depuis 2005 une croissance d'autant plus forte qu'elle est alimentée par d'autres débouchés (ordinateurs et nouvelles générations de moniteurs informatiques). D'à peine 45 milliards de dollars en 2005, le marché est passé à près de 70 milliards en 2007. L'Europe étant devenue le plus grand marché en matière d'écrans plats, les investisseurs étrangers en quête de coûts salariaux faibles, de conditions fiscales privilégiées et de législations sociales peu exigeantes ont souhaité s'y implanter, à l'abri des droits de douane de 14 % qui frappent les importations de téléviseurs.

Toshiba, qui disposait déjà d'une usine à Plymouth, a longtemps hésité entre la Pologne et la République tchèque avant de préférer la première en raison, principalement, de la présence dans la région de Wrocław de nombreux fournisseurs et concurrents. Toshiba peut ainsi acheter les dalles LCD fabriquées par LG et Philips. Les deux groupes (coréens et hollandais) ont en effet créé grâce à une *joint-venture* une usine capable de produire 11 millions de dalles par an

(3 millions en 2007). LG a ainsi établi deux pôles en Pologne d'une capacité annuelle de production de 4,7 millions de téléviseurs LCD en 2007. Samsung s'est implantée en Slovaquie (à Galanta) et en Hongrie. Sony s'est pour sa part installée en Slovaquie (unité de production de téléviseurs et centre logistique pour l'ensemble de l'Europe de l'Est), dans la région de Nitra, à moins de 50 kilomètres de Trnava (3 000 salariés), approvisionnant ainsi le marché européen depuis ce site et celui de Barcelone.

Les investissements ont également connu une forte hausse dans le secteur voisin de l'informatique. En République tchèque, Foxconn CZ, qui fournit des composants pour des grandes marques d'ordinateurs, est rapidement devenu l'une des douze entreprises tchèques par le montant des revenus annuels et figure régulièrement (avec Škoda) parmi les trois principales entreprises exportatrices du pays. Le taïwanais Foxconn approvisionne Cisco, Hewlett-Packard et Apple dans une usine de 5 000 employés à Pardubice, à l'est de Prague. Comme l'expliquait le président de Quanta Computer à la veille d'investir en République tchèque pour construire des composants destinés à Dell et à Hewlett-Packard, « l'Europe de l'Est est une terre vierge pour nous mais elle est proche des grands marchés comme l'Allemagne et la France de sorte que les coûts de livraison seront plus bas[11] ». Les producteurs taïwanais ont aussi vu dans cette diversification de leurs implantations un moyen de réduire leur dépendance à l'égard de la Chine. En mars 2010, le conglomérat taïwanais Kinpo-Compal Group annonçait ainsi son intention de déplacer une partie de sa production installée en Chine vers la Pologne afin d'y produire des équipements adaptés à la télévision digitale.

---

11. EMSNow, « Taiwan Electronic Firms Expanding in Eastern Europe », 9 juin 2003 (www.emsnow.com).

L'Europe centrale est aussi une base pour les industriels chinois, notamment dans les télécommunications. Huawei a, à l'échelle mondiale, doublé sa part de marché (20 % en 2010) en décrochant plusieurs appels d'offres au détriment de ses concurrents européens et a annoncé en 2010 l'ouverture d'un centre de production et d'un centre logistique en Hongrie à Pécs (700 salariés prévus). L'année précédente, Samsung avait invoqué l'adhésion de la Slovaquie à la zone euro pour « délocaliser » sa production de ce pays en Hongrie.

La Pologne est, elle, devenue un pôle européen de production d'écrans plats. En moins de trois ans, de 2005 à mi-2007, le pays a accueilli pas moins de cinq projets de création ou d'extension d'entreprises de production d'écrans plats (Funai, LG-Philips, Quanta, Sharp et Toshiba). Dans ce secteur aussi, l'effet d'entraînement joue, la présence d'un investisseur attirant celle de sous-traitants[12] puis d'autres producteurs. Si certains investisseurs ont préféré la République tchèque[13] et la Hongrie (Hisense Co. à la frontière avec l'Autriche), la Pologne est devenue le principal pôle centre-européen dans ce secteur. En 2010, la majorité des postes de télévision vendus dans l'Union européenne sont construits en Pologne. Il est vrai que l'Agence polonaise pour les investissements étrangers a fait du secteur de l'électronique l'une de ses priorités et a accordé des aides appréciables aux investisseurs[14]. La taille du marché polonais et la disponibilité de la main-d'œuvre dans le secteur de l'électronique (le pays forme chaque année plus de 20 000 étudiants dans les secteurs de l'électronique et des

12. *La seule implantation de Sharp aurait entraîné l'arrivée de six sous-traitants dans les environs de l'usine.*

13. *Citons notamment le taïwanais Tatung Co à Plzeň, Foxconn (6 000 emplois), Hitachi (2 000 salariés), Multidisplay, Changhong, IPS Alpha et Panasonic.*

14. *Dell a annoncé en 2007 un investissement dans une usine d'assemblage d'ordinateurs portables à Łódź d'une valeur de 200 millions d'euros pour lequel il a reçu une aide totale de 54 millions d'euros.*

technologies de l'information et de la communication, TIC) ont été également attractives. Les télécommunications sont une autre spécialisation de la Pologne. En avril 2010, les deux opérateurs coréens (Korea Telecom et SK Telecom) annonçaient leur intention de s'implanter sur le marché des télécommunications du pays. Fait emblématique du déplacement partiel de la base électronique européenne d'une périphérie à l'autre, Dell a fermé son implantation irlandaise de Limerick pour s'istaller à proximité de Łódź, sur un terrain sans charme où cohabitaient jusque-là des barres d'habitation, une voie rapide et des prairies. Dans la foulée, plusieurs sous-traitants se sont implantés à proximité jusqu'à ce que l'un d'eux, Foxconn, reprenne en 2009 l'usine Dell selon la logique de l'entreprise réseau qui veut que les entreprises délèguent une part croissante de leur production à des sous-traitants de rang 1 ou 2.

Bien que forgée par les investisseurs étrangers qui ont le plus souvent délaissé les anciens sites de production, cette géographie de l'industrie électronique rappelle celle qui prévalait à l'époque communiste. Au sein du CAEM, la Bulgarie était ainsi spécialisée dans la fabrication de disques durs. Peu après 1989, IBM sous-traita à des acteurs de ce pays une partie de sa production, avant de lui préférer la Hongrie. Celle-ci jouait un rôle clé dans l'espace économique soviétique. Dans le cadre du programme central de développement de l'industrie informatique de 1969, la tâche de concevoir des micro-ordinateurs lui fut confiée, tandis que les autres pays de la région étaient responsables de produits moins avancés tels que les périphériques (imprimantes dans le cas de la Pologne). De même, la spécialisation de la Pologne dans l'industrie de la télévision depuis 1989 doit beaucoup aux investissements majeurs réalisés à partir de cette date par des industriels asiatiques. Elle renvoie toutefois à une tradition établie en 1955 par Elemis, une entreprise verticalement intégrée (à l'exception du tube cathodique qui fut ajouté en 1979 grâce à l'acquisition d'une licence américaine). Elemis a disparu mais le site a été repris par Thomson. En revanche, la Hongrie a abandonné la production d'écrans dans les années 1970, tout comme la Tchécoslovaquie. Cette dernière l'a relancée dans les années 1980 avec des licences japonaises et sur la base des compétences du pays dans l'industrie du verre.

Comme dans le secteur automobile, les entreprises locales du secteur de l'électronique, affaiblies par des technologies archaïques et un manque d'adaptabilité, ont rarement survécu. L'exception est ici Polar, ou encore Optimus repris dans les années 2000 par un autre groupe polonais mais qui s'est peu à peu orienté vers la production de programmes. La géographie des usines d'assemblage de l'industrie électronique couvre à la fois la Pologne, la République tchèque et la Hongrie. En revanche, les technologies les plus avancées, qui requièrent un personnel dont la formation exige plusieurs années, sont là où elles étaient à l'époque soviétique. Les investissements étrangers dans la production de puces ne concernent ainsi que la République tchèque et la Hongrie a conservé sa spécialisation dans les logiciels.

On le voit, la géographie de l'électronique européenne a sensiblement évolué. Si le Royaume-Uni et l'Irlande ainsi que les Pays-Bas demeurent les principaux acteurs, la Hongrie et la Roumanie peuvent à terme envisager de rivaliser avec ces centres de production. De nouvelles délocalisations sont-elles inéluctables ? Si le rythme des investissements en Hongrie s'est ralenti (probablement en raison de la forte hausse des salaires que le pays a connue en comparaison avec d'autres nouveaux États membres), la Roumanie a gagné en importance. En prenant en compte les frais de transport, le coût de revient est sensiblement similaire pour les industriels à celui de la Chine. Le fait nouveau apparu vers 2008 est l'implantation des acteurs du secteur en Russie et en Ukraine. Foxconn et Flextronics se sont installées en Russie (Elcoteq l'a quitté), Jabil et Videoton en Ukraine en 2009. Rien à voir toutefois avec la vague d'investissements en Europe centrale.

Vers un nouveau modèle de développement ?

Le scénario à l'œuvre en Europe centrale depuis 1989 n'est pas sans rappeler celui de l'Irlande qui, peu après son adhésion, devint également une plate-forme pour les investisseurs non européens dans le secteur de l'informatique ou encore celui de la péninsule Ibérique qui est devenue (et qui demeure partiellement) un pôle de la production automobile lors de l'adhésion de l'Espagne et du Portugal. Les perspectives envisageables pour les secteurs de l'automobile et du textile (encore très représenté en Roumanie) invitent toutefois à imaginer pour l'Europe centrale un modèle de développement différent, qui ne repose pas seulement sur des bas salaires couplés à un niveau technique reconnu, mais qui accorde davantage d'importance à la formation et à l'innovation. Le secteur textile-habillement est confronté à la concurrence de l'Asie, du Maghreb et de la Turquie. Le secteur de l'automobile connaît des surcapacités appelées à s'aggraver avec la valorisation de nouvelles formes de mobilité. Le secteur de l'électronique grand public est peu prometteur si les usines implantées se limitent à des tâches d'exécution. Plus généralement, l'atout salarial qui a contribué à l'attractivité de la région est appelé à s'étioler.

Les nouveaux États membres peuvent difficilement faire mieux en matière d'absorption d'IDE, d'intégration commerciale avec l'UE et sont confrontés à un rattrapage salarial qui les prive progressivement d'un de leurs principaux atouts. Un nouveau modèle de développement doit donc émerger avant que la fenêtre d'opportunité qui se caractérise par des salaires faibles, une population jeune abondante et une concurrence est-européenne limitée ne se referme. Le parallèle avec l'entre-deux-guerres peut ici être tenté.

Au cours de cette période, l'objectif des pays d'Europe centrale était d'égaler l'Ouest. Il fut atteint ici ou là grâce à la modernisation de l'agriculture et à la diffusion de l'industrie. Mais l'objectif était-il pertinent ? Sans parler des pratiques protectionnistes développées, l'Europe centrale mit l'accent sur des industries qui entamaient leur déclin en Europe occidentale et le manque d'innovation plaça la région en difficulté au cours des années suivantes (cf. chapitre 1). Les industries jugées prioritaires étaient en réalité pour les économies modernes de l'Ouest européen dépassées, et le retard technologique ne put être que très partiellement comblé. Dans l'Europe centrale contemporaine, les États ont pour l'essentiel et malgré quelques nuances sérieuses atteint leur objectif : celui d'un rattrapage grâce aux bas salaires et à une fiscalité attractive. Si l'électronique n'a pas fini de jouer un rôle central dans les économies, on peut s'interroger sur la capacité de l'Europe centrale à poursuivre un développement fondé, ne serait-ce que partiellement, sur l'automobile et le textile. Sa place dans la géographique économique européenne dépend donc en partie des progrès réalisés dans l'éducation, la formation et l'innovation, notamment dans le cadre de la mise en œuvre des fonds structurels.

Troisième partie

L'européanisation des dynamiques et des politiques territoriales

Chapitre 6 / L'ÉMERGENCE D'UNE ÉCONOMIE DE LA CONNAISSANCE EN EUROPE CENTRALE

L'innovation paraît indispensable pour que l'Europe centrale compense l'érosion des atouts dont elle a disposé depuis les débuts de la transition, à savoir un coût du travail faible (qui augmente rapidement, cf. graphique 3) et une démographie favorable. Le paradigme qui s'est imposé à partir de la fin des années 1980 selon lequel « l'économie entrepreneuriale de la connaissance » (Saint-Étienne, 2009) a remplacé la concurrence par les coûts et les avantages naturels vaut désormais pour l'Europe centrale.

Depuis la seconde guerre mondiale, le sens donné au mot innovation a toutefois évolué. Dans les années 1950, le terme renvoyait à un processus linéaire s'étirant de la découverte scientifique à la mise sur le marché du produit conçu. Dans les années 1960, cette approche ne fut pas radicalement remise en cause mais l'accent fut mis sur la demande censée inspirer l'innovation et qu'il importait de déceler ou de susciter. Une approche mêlant ces deux aspects fit ensuite consensus et les interactions entre le besoin du client et l'effort de recherche furent mises en avant. Dans les années 1980, l'idée prévalut que les acteurs impliqués dans un processus d'innovation vertueux étaient plus nombreux encore. Puis les progrès technologiques ajoutés aux changements de l'organisation de la chaîne de valeur ont conduit à valoriser les logiques de partenariat et d'interactions au sein d'écosystèmes favorables à l'innovation.

Graphique 3. Évolution du coût unitaire du travail dans plusieurs nouveaux États membres entre 2000 et 2008 (2000 = 100)

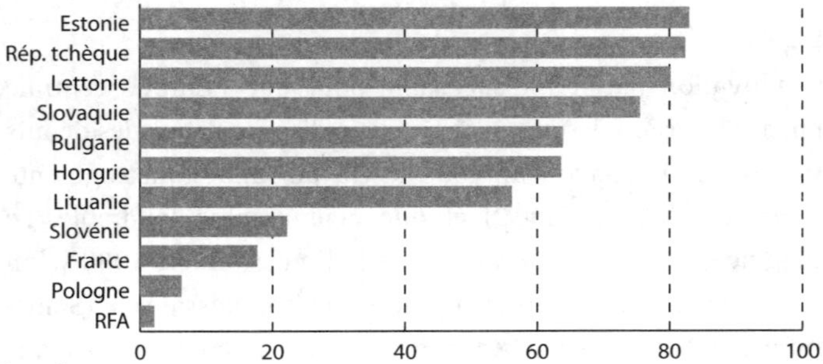

Source : Eurostat.

Territoire et économie de la connaissance

Christian Saint-Étienne (2009) définit l'économie de la connaissance comme « un écosystème socio-économique favorisant, notamment par l'action d'intermédiaires spécialisés, les interactions entre entrepreneurs, capitaux-risqueurs et investisseurs, chercheurs, développeurs, ingénieurs de production et opérateurs de production afin de développer en permanence de nouveaux produits et services aptes à répondre à une demande solvable dans un univers concurrentiel ». En lui-même, le mot innovation recouvre une réalité complexe qui va de la recherche fondamentale à l'innovation incrémentale en entreprise, en passant par la recherche appliquée associant entreprises et institutions académiques, l'utilisation de progrès technologiques dans les domaines les plus divers, y compris les plus traditionnels, ou encore l'innovation non technologique dans le marketing, l'organisation de la production et la gestion des personnels. Plusieurs indicateurs doivent donc être pris en considération.

Le territoire n'est pas au cœur de tout processus d'innovation mais des stratégies territoriales adaptées servent l'innovation. Les systèmes de production étant moins hiérarchiques que naguère, l'environnement local et régional de l'innovation peut jouer un rôle clé pour les stratégies d'implantation d'unités de production. En outre, la diversité des tissus économiques et des défis ôte toute pertinence à une politique d'innovation unique centralisée. La dimension territoriale a été soulignée dans plusieurs travaux (notamment consacrés aux « régions apprenantes » ou aux milieux innovateurs) qui ont pu montrer combien les ressources immatérielles (compétences, savoir-faire, qualifications, façons de faire et d'agir) sont essentielles aux processus de développement. Pour Björn Johnson et Bengt-Ake Lundvall (1994), « la connaissance est la ressource fondamentale dans l'économie contemporaine, et l'apprentissage le processus le plus important ». Le concept de « *learning economy* » met ici en évidence « la capacité d'apprendre et d'innover. Celle-ci n'a pas seulement une dimension scientifique et technologique. Elle implique aussi des liens féconds avec les universités, les institutions de recherche ainsi que les modes d'organisation et le rôle des institutions » (Johnson et Lundvall, 1994). C'est une approche de l'économie fondée sur des processus d'apprentissage plutôt que sur des mécanismes d'allocation conduisant à un équilibre qui transparaît ici.

Dans ce contexte, loin de signifier la fin des territoires, la mondialisation permet l'invention de nouvelles formes de territorialisation. Or l'insertion des territoires dans les réseaux économiques mondiaux ou leur marginalisation ne dépend pas que du coût des facteurs de production mais également de facteurs sociaux, historiques et politiques qui sont spécifiques à certains territoires. Bjørn Asheim (1995) voit la « région apprenante » comme un dépassement du district industriel dont on a pu dire qu'il souffrait d'une ouverture insuffisante aux acteurs et aux idées extérieurs. Selon lui, ce concept permet de souligner les risques de la dépendance du chemin et de transcender la contradiction entre intégration fonctionnelle et intégration territoriale. Dans un processus d'innovation, la proximité entre acteurs peut atténuer les coûts de transaction et accélérer les échanges d'information dans une dynamique vertueuse qui s'auto-entretient à mesure que l'innovation appelle l'innovation. Il importe toutefois que les « régions apprenantes » soient structurées afin de permettre un flux d'informations et des contacts entre les différents partenaires (entreprises, centres de recherche, organismes de financement, etc.).

Selon Philippe Aydalot, « l'entreprise innovante ne préexiste pas aux milieux, elle est secrétée par eux. Les comportements innovateurs dépendent essentiellement de variables définies au niveau local ou régional. En effet, le passé des territoires, leur organisation, leur capacité à générer un projet commun, le consensus qui les structure sont à la base de l'innovation. L'accès à la connaissance technologique, la présence de savoir-faire, la composition du marché du travail et bien d'autres composantes des milieux locaux déterminent des zones de plus ou moins grande innovativité » (Aydalot, 1986, p. 10). Pour cet auteur, il importe de ne pas considérer le territoire comme une donnée *a priori* mais comme l'aboutissement d'un processus de construction, issu des stratégies des acteurs et des phénomènes d'apprentissage collectif.

Cette revalorisation du rôle des territoires n'est pas séparable de la fin du fordisme et du rôle moindre joué par les grandes organisations de production de masse hiérarchisées. La révolution technologique engagée dans les années 1970 a en effet remis en cause la prépondérance des grands groupes dans l'innovation, celle-ci se faisant de manière plus imprévisible, dans des entités plus petites, au sein d'alliances nécessaires pour mutualiser les savoir-faire et réduire les coûts. Si le territoire joue ici un rôle, Pierre Veltz invite à ne pas l'exagérer, les innovations issues de la science étant souvent peu contextualisées – sans compter qu'une innovation peut être contextualisée sans que le territoire joue un rôle significatif. « Les milieux locaux doivent être perçus comme l'une des composantes parmi d'autres des dynamiques de création technologique qui se déploient sur des scènes culturelles, organisationnelles et spatiales de plus en plus variées » (Veltz, 1999, p. 614). En outre, la continuité historique n'est pas toujours établie. La région de la Silicon Valley n'avait pas une tradition industrielle particulièrement affirmée. Comme les semi-conducteurs ne réutilisaient pas de technologies existantes, cette particularité n'a pas empêché l'émergence d'un pôle dynamique.

Les économistes insistent volontiers sur le rôle clé des métropoles. Certes, la diffusion des connaissances et des pratiques s'opère désormais aisément grâce aux TIC. Néanmoins, la création de la connaissance exige de longues périodes d'échanges et de discussions en face-à-face. Christian Saint-Étienne souligne ainsi qu'en 2000, les 38 principales métropoles de l'UE s'étendaient sur moins de 1 % de son territoire mais accueillaient 27 % de ses emplois et produisaient 29,5 % de son PIB. C'est dans ces espaces que l'innovation prospère. Celle-ci est « géographiquement concentrée parce que le regroupement des chercheurs permet une plus grande créativité » (Saint-Étienne, 2009). À cet égard, l'Europe centrale est confrontée à une situation périphérique par rapport aux principaux centres d'innovation européens.

Politique régionale européenne et émergence d'une économie fondée sur l'innovation

À l'échelle de l'UE, les dépenses en R&D des entreprises sont concentrées sur quelques territoires, dix régions (situées en RFA, en Suède, en Finlande et au Royaume-Uni) concentrant à elles seules 32 % de ces dépenses. En règle générale, les régions de l'UE-15 dépensent 1 % de leur PNB en dépenses d'investissement en R&D (DIRD) contre 0,3 % en Europe centrale. Aucun signe de convergence tangible n'apparaît. Dans les régions CRE (« Compétitivité régionale et emploi »)[1], les dépenses de R&D des entreprises s'établissent à 1,3 % du PIB soit un niveau quatre fois plus élevé que celui des régions de convergence[2]. Si la tendance à l'œuvre se poursuit, l'écart entre l'UE-15 et les nouveaux États membres (à l'exception de deux régions situées en République tchèque – Prague et Moravskoslezsko) devrait s'approfondir dans les années à venir. Les régions CRE enregistrent en outre treize fois plus de dépôts de brevet que les régions de convergence. Les structures publiques de soutien à l'innovation sont souvent faibles, lorsqu'elles ne sont pas inexistantes. En Pologne, 50 % des *powiats* et 75 % des communes ne disposent d'aucune structure de la sorte. En somme, l'afflux d'IDE en Europe centrale témoigne de l'attractivité de la région, contribue à l'amélioration de la productivité mais tarde à avoir des effets visibles en matière d'innovation. Les politiques publiques peuvent ici prendre le relais en ancrant davantage les entreprises étrangères dans les tissus économiques locaux... lorsque celles-ci y consentent et surtout lorsque les acteurs locaux, régionaux et nationaux ont pu organiser des milieux propices à l'innovation.

---

1. *Ces régions, ainsi catégorisées dans l'architecture de la politique régionale européenne, ont un PIB par habitant supérieur à 75 % de la moyenne de l'UE-27. Elles se situent pour l'essentiel en Europe occidentale.*
2. *Ces régions, ainsi catégorisées dans l'architecture de la politique régionale européenne, ont un PIB par habitant inférieur à 75 % de la moyenne de l'UE-27. Elles se situent pour l'essentiel en Europe centrale.*

Le tableau de bord européen de l'innovation mis sur pied par la Commission européenne souligne le retard des nouveaux pays membres. Une typologie fondée sur différents indicateurs aboutit à quatre groupes (*leaders, followers, moderate innovators, catching-up countries*). Si trois nouveaux États membres sont dans l'avant-dernière catégorie, tous les autres sont dans le dernier groupe en compagnie d'un seul ancien État membre, la Grèce. La République tchèque, l'Estonie et la Lituanie devraient combler leur retard d'ici une décennie. Évaluée à l'aune des dépenses publiques et privées, l'Europe centrale n'apparaît pas sous un meilleur jour. En volume, les dépenses publiques n'ont cessé d'augmenter mais rapportées au PIB, elles font apparaître un écart croissant avec les anciens États membres. L'effort financier des entreprises est également en retrait par rapport à d'autres pays de l'UE.

Certes, d'autres indicateurs sont plus flatteurs. L'emploi dans le secteur R&D est proche de la moyenne de l'UE-27 dans plusieurs États membres. Il la dépasse même dans les capitales tchèque, polonaise, hongroise et slovaque. Toutefois, en 2006, les nouveaux États membres ne déposaient encore que de 166 brevets par an, soit quatre fois moins que la seule Belgique et... quatre mille trois cents fois moins que la RFA ! Aucune université d'Europe centrale n'apparaissait dans les classements (il est vrai controversés) de Shanghai et de l'École des Mines de Paris. Dans le classement de 2007 du *Financial Times* des écoles de management, deux établissements d'Europe centrale, la Warsaw Business School de Varsovie et l'Université Corvinius de Budapest, occupaient respectivement la 30e et la 36e places. L'attractivité de ces établissements reste faible. Le pourcentage d'enseignants et d'élèves non nationaux était respectivement de 1 % et de 4 % à Varsovie, de 2 % et de 17 % à Budapest (23 % et 24 % à HEC, 57 % et 93 % à la London School of Economics and Political Science). À noter que seuls douze pays figuraient dans ce classement des quarante meilleures écoles de management européennes, dont deux nouveaux États membres.

Le rôle des fonds structurels lors des précédents élargissements

Quel rôle peuvent ici jouer les fonds européens ? Que nous enseignent les précédents, en Irlande, dans la péninsule Ibérique ou en Grèce ? Pour la période 2007-2013 et en vertu de la priorité désormais accordée à l'innovation, le lien entre la politique de cohésion et la stratégie de Lisbonne a été renforcé. Les États de l'UE-15 sont notamment tenus d'investir la majeure partie de leur dotation financière, à savoir 60 % pour leurs régions relevant de l'objectif de convergence et 75 % pour leurs régions CRE, dans des projets relevant de cette stratégie. Aucun objectif contraignant n'a été fixé pour les nouveaux États membres mais plusieurs se sont fixés un objectif voisin. La Bulgarie, la Pologne et la Roumanie ont décidé de consacrer une part importante de leurs ressources à la stratégie de Lisbonne (dans les nouveaux États membres, entre 2007 et 2013, les dépenses en R&D seront quatre fois supérieures au montant de la période précédente) (Commission européenne, 2009). Dans les négociations pour la période 2007-2013, la Commission européenne a insisté auprès des nouveaux États membres pour qu'une dotation susbtantielle bénéficie à la recherche appliquée. En Slovaquie, un effort sans équivalent dans l'Union a été consenti en faveur des TIC.

Au-delà de l'engouement de façade pour la stratégie de Lisbonne, la question de l'innovation la plus appropriée aux économies centre-européennes reste posée. Le discours et la pratique adoptés en la matière dans les pays les plus avancés de l'Union ne sont pas nécessairement adaptés aux pays périphériques (Liagouras, 2010). Dans le cas de la Grèce, la demande en technologie est faible, le tissu économique est dominé par le secteur de la construction et celui des services (tourisme) et les PME sont davantage pénalisées par des problèmes d'organisation et de financement que par la rareté des innovations de rupture. Le pays dispose d'une base scientifique renommée, ses indicateurs, notamment en matière de publication, sont flatteurs. Pour autant, l'innovation technologique est peu répandue. Certes, l'écosystème institutionnel en place ne contribue pas à une bonne articulation entre la recherche académique et l'innovation. Mais pour George Liagouras, multiplier les parcs technologiques et autres incubateurs ne saurait être la panacée. Les spécificités mêmes du tissu économique expliquent que les entreprises n'ont au fond qu'une faible appétence pour l'innovation technologique. Réduire l'innovation à celle-ci serait donc pernicieux.

Avant George Liagouras, Alfred D. Chandler (1990) et William Lazonick (1991) avaient souligné dans leur étude sur le développement économique des États-Unis, de la RFA et de l'Angleterre que ce dernier résultait avant tout de progrès dans l'organisation des procédés de production. De nos jours, dans certains domaines, l'innovation, au sens propre, joue un rôle essentiel (biotechnologies, technologies de l'information et de la communication), mais en règle générale, l'entreprise est le plus souvent soumise à la difficulté d'articuler les attentes du marché avec ses compétences. L'innovation technologique est une composante d'un écosystème plus vaste. En ce sens, les retards évalués à l'aune de la part des dépenses en R&D dans le PIB peuvent être tout autant des conséquences que des causes du manque de compétitivité. Il importe donc d'entendre l'innovation au sens large du terme (Lundvall, 2002) et d'y inclure l'organisation de la production, le contrôle de qualité, les méthodes de distribution, le marketing, le design, autant d'aspects qui constituent des vulnérabilités pour les entreprises issues de pays récemment convertis au capitalisme. Il est aussi nécessaire pour les économies d'Europe centrale de diffuser le savoir-faire des entreprises étrangères dans l'ensemble du tissu économique, même si peu d'entre elles ont implanté des unités de R&D dans la région (cf. chapitre 5). En somme, l'innovation est requise en Europe centrale à condition qu'elle ne se limite pas à l'innovation technologique. Dans le cas contraire, la base scientifique du pays pourrait certes tirer profit de subsides versés au monde académique mais sans que le tissu économique gagne en compétitivité. Le cas de la Grèce est ici encore éclairant.

Dans les années 1980, le pays décida d'atténuer sa dépendance à l'égard des importations en biens à forte valeur technologique et créa le Secrétariat général de la recherche et de la technologie (GSRT) (Liagouras, 2010). Cofinancés par les fonds européens, de nombreux projets ont émergé (parcs technologiques, incubateurs) sans que l'impact sur la capacité d'innovation dans les entreprises soit perceptible. Pourtant, l'idée que l'accent doit être mis au moins autant sur le lien monde académique-entreprises que sur la science fondamentale s'est retrouvée dans tous les documents officiels. « Si en Grèce, nous avions un secteur privé bien développé avec des capacités de recherche suffisantes, cette politique aurait donné des résultats. Comme ce n'est pas le cas, cette politique a davantage profité à la corruption qu'à l'innovation » conclut Vassiliki Siouti (2004). En somme, il aurait été préférable d'investir moins dans l'innovation technologique et davantage dans la mise à niveau des entreprises dans les différentes fonctions pour lesquelles elles restent peu compétitives. George Liagouras regrette que la rhétorique et les conseils développés dans le cadre européen sur l'innovation technologique aient été assimilés sans que soit pris en compte la spécificité du tissu économique grec.

Le cas irlandais mérite également d'être observé dans la mesure où le modèle de développement centre-européen rappelle le modèle adopté par Dublin dans les années 1980-1990 associant salaires faibles, fiscalité attractive et investissements étrangers importants. Patrick Collins et Dimitrios Pontikakis (2006) soulignent le caractère dual du système d'innovation irlandais. D'un côté, la politique industrielle s'emploie principalement à diffuser dans l'ensemble des entreprises le savoir-faire des multinationales implantées sur place. De l'autre, la politique d'innovation met en œuvre les préceptes développés dans le cadre européen. Pour les deux auteurs, une conclusion s'impose : c'est la politique industrielle suivie à l'échelle nationale qui explique la montée en gamme de l'économie irlandaise, bien davantage que la mise en œuvre de la stratégie de Lisbonne. Si l'Irlande a accuelli un nombre appréciable d'investisseurs étrangers, une minorité d'entre eux a développé sur place des activités de R&D (un tiers en 2001 dont une vingtaine concentrait les deux tiers des sommes investies par les entreprises étrangères). Depuis les années 1980, les appels à une révision du modèle de développement du pays se multiplient toutefois. Dès 1982, le rapport Telesis critiquait la dépendance excessive du pays vis-à-vis de l'investissement étranger et l'absence de liens entre investisseurs étrangers et entreprises locales. Un programme national initié en 1985 destiné à renforcer ces liens eut peu de résultats. En 1996, sur les 22 667 PME irlandaises, 174 seulement étaient sous-traitantes de multinationales installées dans le pays et très peu relevaient du secteur des hautes technologies (Breathnach et Kelly, 1999). Les étapes successives furent la création d'un ministère dédié à la Science et à la Technologie, la publication d'un rapport consacré à la politique de l'innovation (rapport Culliton en 1992) puis la création d'un Conseil de la science, de la technologie, de l'innovation (STIAC) en 1995. L'année suivante, un Livre blanc sur la science, la technologie et l'innovation insistait sur la nécessité d'un développement plus endogène du pays.

Au début des années 2000, le bilan de ces efforts est modeste. Certes, le pays devance tous les autres États membres en ce qui concerne la part des produits de haute technologie dans les exportations. La statistique invite cependant à la prudence car elle renvoie pour l'essentiel aux exportations de produits informatiques mais occulte le fait que le contenu technologique du travail effectué sur le sol irlandais est en règle générale limité. Malgré les efforts accomplis, l'Irlande, reste en deçà de la moyenne de l'UE-27 pour les dépenses publiques comme pour les dépenses privées en faveur de l'innovation. Concernant le nombre de brevets déposés par habitant, le pays est en queue de classement parmi les anciens États membres et ne devance que... les trois autres grands bénéficiaires passés de la politique de cohésion (la Grèce, le Portugal et l'Espagne).

En définitive, les deux pays que la littérature sur l'impact des fonds européens oppose souvent, l'un étant le modèle à suivre (Irlande), l'autre le contre-exemple parfait (Grèce), ont davantage de points communs que la représentation dominante pourrait le laisser penser. Jusque dans les années 1980, leurs capacités d'innovation étaient comparables. Dans les années 2010, les deux pays sont toujours parmi les moins innovants d'Europe. L'évolution économique divergente que ces deux pays ont connue à partir du début des années 1980 tient peu à l'innovation. L'Irlande mit l'accent sur la formation et l'attractivité, la Grèce sur les infrastructures. L'Irlande a mobilisé de nombreuses institutions comme l'Agence de développement industriel (IDA) ou la Fondation irlandaise pour la science (SFI) pour attirer des investissements étrangers dans les hautes technologies. D'où cette perception d'un pays devenu un pôle de compétences dans certaines industries à forte valeur ajoutée, notamment l'industrie du logiciel. En réalité, l'effort de R&D a été porté par les multinationales plus que par une stratégie nationale articulée avec le tissu économique.

En outre, si beaucoup d'entreprises installées en Irlande ont relevé du secteur des hautes technologies, les activités qu'elles y ont développées ont rarement été à forte valeur ajoutée. Le succès du pays a tenu principalement à une stratégie habile usant d'une opportunité (accès au grand marché européen grâce à l'adhésion) pour attirer les IDE (principalement américains) grâce à une main-d'œuvre bien formée et à des infrastructures rénovées au moyen des fonds européens. Que ce soient l'Irlande, le Portugal, l'Espagne ou la Grèce, aucun de ces pays n'est parvenu à se hisser au niveau des économies européennes les plus innovantes. Malgré un parcours dissemblable au cours des années 1980 et 1990, aucun ne semble avoir constitué les fondements d'un modèle de développement pertinent sur le long terme. Début 2010, l'Irlande et la Grèce avaient les finances publiques les plus détériorées de la zone euro et étaient ainsi condamnées à connaître une longue période d'austérité et de croissance anémique.

Dans le cas de l'Irlande, la crise pourrait toutefois accélérer la mutation vers un autre modèle de développement. La profonde et rapide détérioration des finances publiques que le pays connaît depuis 2008 trouve ses origines dans les évolutions développées sur les marchés financiers aux États-Unis et en grande partie reproduites en Irlande dans les années 1990. Jusqu'à la fin des années 1980, les banques irlandaises étaient principalement financées par les dépôts. L'essor de produits financiers sophistiqués, celui du crédit facile (en partie dû aux bas taux d'intérêt dans la zone euro) et les incitations fiscales en faveur du secteur de la construction ont créé une bulle immobilière considérable. À l'orée de la crise, les trois quarts des sommes prêtées par les banques irlandaises, soit 420 milliards d'euros (soit 2,5 fois la taille de l'économie irlandaise), étaient placées dans le secteur de la construction. Les revenus issus de ce secteur ont gonflé les salaires du secteur privé et du secteur public au point qu'à la suite de la crise initiée en 2008, le secteur financier fut non seulement sinistré mais la compétitivité du pays fut également affectée. Dans ce contexte, les acteurs publics et privés semblent convaincus que la dépendance assumée à l'égard des investissements étrangers (modèle de développement adopté par les pays d'Europe centrale) n'a pas eu que des effets positifs. L'aspiration à poursuivre l'effort en faveur de l'éducation et de la formation et la nécessité d'un développement endogène davantage fondé sur l'innovation semblent plus que jamais faire consensus dans le pays[3]. En outre, l'idée d'inclure les mesures favorables aux mutations technologiques dans des programmes de soutien à l'innovation plus larges s'impose progressivement.

Progrès et lacunes en Europe centrale

Le contexte centre-européen est celui d'économies industrielles (pour la plupart) spécialisées dans des secteurs à faible valeur ajoutée. Or, ces derniers ne font pas l'objet d'une réflexion spécifique dans le cadre de la politique d'innovation européenne (Hirsch-Kreinsen, Jacobson et Robertson, 2006, p. 15), alors que leur modernisation par l'introduction de savoir-faire extérieurs s'avère indispensable. Incriminer ici la politique européenne reviendrait toutefois à oublier que les acteurs nationaux et régionaux ont une marge de manœuvre appréciable dans la mise en

---

3. *David Gardner, « How Bankers Brought Ireland to its Knees »,* Financial Times, *15 mai 2010.*

œuvre des fonds européens. La tentation est pourtant forte chez les acteurs nationaux et régionaux de viser les objectifs chiffrés de la stratégie de Lisbonne et de s'inspirer des bonnes pratiques régulièrement avancées. Or ces dernières ne peuvent être considérées comme telles dans toutes les régions (Tödtling et Trippl, 2005).

Il importe en effet que les stratégies régionales d'innovation s'appuient sur un diagnostic précis du tissu économique afin que les priorités ne soient pas formulées en termes vagues et similaires d'une région à l'autre. L'innovation paraît sinon détachée des autres aspects du développement, alors même qu'elle devrait y être associée. En Pologne, l'articulation des stratégies régionales avec la stratégie nationale fait souvent défaut et les liens entre les autres acteurs de la région concernée ne semblent pas toujours solidement établis. En somme, les prescriptions affichées au niveau européen se retrouvent certes dans les documents stratégiques mais la méthodologie adoptée ne permet pas d'affirmer que les nouveaux États membres échapperont, en matière d'innovation, au sort de la Grèce ou de l'Irlande. En 2010, un bilan provisoire fait apparaître que le taux d'absorption pour les secteurs consacrés à l'innovation n'est pas très élevé dans plusieurs nouveaux États membres. En Slovaquie, le programme opérationnel consacré aux TIC est celui qui connaît le moins de succès. En Pologne, celui consacré à l'innovation a, lui, vu sa dotation utilisée rapidement, mais la Commission européenne s'est étonnée de la légèreté des critères de sélection. Fin 2009, un fonctionnaire européen résumait ainsi la situation : « l'agence en charge de la gestion des fonds a accordé à toute entreprise qui se présentait une aide puis a fait savoir aux retardataires qu'il n'y avait plus d'argent. Ce n'est pas comme cela que nous imaginions le processus de sélection des bénéficiaires[4] ».

---

4. *Entretien avec l'auteur, février 2010.*

Au croisement du territoire et de l'économie de la connaissance : le cluster

Le lien entre innovation et territoire apparaît dans les *clusters* qui tiennent désormais une place importante dans les politiques publiques de développement. Que signifie ce terme ? Selon l'OCDE, un *cluster* « est une concentration de firmes liées horizontalement ou verticalement les unes aux autres, actives dans un même domaine et soutenues par des institutions publiques » (OCDE, 2005). Selon Michael Porter (2000), c'est « un groupe d'entreprises géographiquement proches, complémentaires, liées entre elles et à des institutions dans un secteur d'activité donné », mais l'échelle peut varier d'une ville à un pays, voire à un groupe de pays. Retenons ici l'échelle locale et régionale.

Dès lors que l'innovation est entendue comme un processus fructueux d'interactions entre acteurs, le *cluster* semble être un outil approprié. De manière quasi concomitante sont ainsi apparus en France les systèmes productifs locaux (SPL), remplacés par les grappes d'entreprises en 2010, puis les « pôles de compétitivité » ou les *Kompetenznetze* en RFA. Suffit-il que quelques entreprises d'un même secteur se rassemblent pour que des synergies vertueuses se produisent ? Plusieurs travaux empiriques le contestent. Les relations matérielles au sein d'un même *cluster* ou d'une même région peuvent être limitées comme en témoigne Gerald J. Karaska (1969) au sujet du secteur manufacturier de Philadelphie ou Allan R. Pred (1976).

Toutefois, la proximité crée des opportunités favorables à l'innovation (Maskell et Malmberg, 1999). Rien de nouveau ici puisque dès 1927, Alfred Marshall parlait d'« atmosphère industrielle ». La même idée est précisée par Michael Storper et Anthony J. Venables (2002) qui parlent de « *buzz* » et par Michael Storper (1997) qui évoque les « *untraded interdependencies* », à savoir cet échange permanent d'idées, d'informations que permet la proximité et dont profitent les acteurs pour la seule raison « d'être là » (Gertler, 1995). L'effet-taille et l'effet-temps sont ici importants. Disposant d'une taille adéquate, le *cluster* permet la fréquentation entre un nombre élevé d'acteurs. Disposant d'une certaine longévité, il est parcouru d'histoires communes qui ont tissé des liens et forgé cette confiance sans laquelle l'information n'est partagée qu'avec réticence. Un *cluster* est d'autant plus efficace qu'il inclut toutes les fonctions de la chaîne de valeur : sous-traitants, producteurs, innovation, etc.

La figure du *cluster* appelle au fond des jugements nuancés. Elle est parfois parée de toutes les vertus car une grande partie des travaux empiriques conduits ont porté sur des succès (Troisième Italie, Bade-Wurtemberg, Silicon Valley, Route 128), plus rarement sur des échecs. Or, comme le rappelle Pierre Veltz, « les dimensions relationnelles de l'économie ne sont en aucune manière restreintes à l'échelle locale, encore moins micro-locale. Elles se déploient à de multiples niveaux et s'appuient sur la proximité physique, mais aussi sur des proximités sociales, historiques ou techniques même à large rayon ». L'idée qu'une organisation territorialisée de la production permet d'affronter les conséquences de la mondialisation est mise en doute par Bernard Courault (2005). Le Choletais est-il un des exemples à suivre ? Non, répond en substance l'auteur. Ce n'est qu'une « forme de résistance à l'inéluctable érosion » des petites structures productives françaises.

Plus récemment, les pôles de compétitivité français ont suscité des critiques, certaines plus justifiées que d'autres. L'idée que leur nombre excessif a répondu à une logique clientéliste et non à un souci d'efficacité ne tient pas. En effet, l'essentiel des moyens financiers bénéficie à quelques pôles de dimension mondiale. En somme, la carte des 71 pôles satisfait les élus locaux. Moins visible et moins médiatisée, la répartition des financements permet une concentration des moyens sur les pôles déjà dynamiques. Les critiques émises par Gilles Duranton (2008) sont plus pertinentes et plus embarrassantes car elles reposent entre autres sur le bilan des SPL. On y constate que l'accumulation d'entreprises sur un même territoire présente certes des avantages mais peut aussi renchérir le coût du foncier, provoquer des tensions sur le marché du travail et rendre les tissus économiques locaux davantage vulnérables aux crises mondiales. Roberta Rabellotti (1995) rappelle utilement que les *clusters* ne sont pas immunes face aux mutations économiques comme en témoigne la délocalisation vers l'Europe centrale décidée par certaines entreprises des districts italiens. D'autres soulignent que la proximité permet certes la coopération mais aussi la compétition et des relations asymétriques entre donneurs d'ordres et sous-traitants.

Les clusters *en Europe centrale*

L'Europe centrale compte plusieurs concentrations spatiales dont certaines remontent à plusieurs décennies. Dans le sud-est de la Pologne, la « vallée de l'aviation » fut le fruit d'une initiative de l'État polonais dans l'entre-deux-guerres. D'autres pôles ont émergé au cours de la période communiste. Dans leur étude consacrée aux dix pays entrés dans l'UE en 2004, Christian Ketels et Örjan Sölvell (2006) parlent de *cluster* pour des régions témoignant d'une spécialisation dans un secteur donné. Ils aboutissent ainsi au constat que les *clusters* concentrent 58 % de l'emploi total dans les dix pays concernés.

Dans ces pays, *cluster* ne rime pas nécessairement avec hautes technologies. Les sept secteurs dominants sont en effet l'agroalimentaire, la construction lourde, les transports et la logistique, les services financiers, le tourisme, la métallurgie, le bâtiment et l'équipement. 50 % des salariés des *clusters* relèvent d'un de ces secteurs. En somme, les spécialisations régionales en Europe centrale sont peu prononcées et relèvent de secteurs à faible valeur ajoutée. La notion de *cluster* paraît moins familière aux chefs d'entreprises des nouveaux États membres (Europe Innova, Innobarometer, 2006). Seules 9 % des entreprises de plus de vingt salariés des États ayant adhéré en 2004 sont dans un *cluster* institutionnalisé contre 28 % dans l'UE-15. Ces chiffres doivent toutefois être nuancés. D'une part, l'espace centre-européen est très diversifié puisque ce chiffre atteint 67 % en Lettonie (l'un des taux les plus élevés d'Europe) mais ne dépasse pas 4 % en Pologne et en République tchèque. D'autre part, la définition de la grappe d'entreprises proposée par cette étude sous-estime la question de l'innovation puisque selon ses auteurs, « une grappe d'entreprises se définit – outre la proximité géographique – par la nature et la fréquence des interactions entre les différents acteurs d'un réseau d'affaires ».

Les *clusters* répondant au schéma de la triple hélice (acteurs publics, institutions académiques, acteurs privés nouant entre eux des collaborations) demeurent rares en Europe centrale. Le plus souvent, ils sont peu structurés et le lien avec les institutions académiques est faible. Or le pourcentage des entreprises réalisant des activités d'innovation, qui est de 72,8 % en RFA, de 41,5 % dans l'ensemble de l'UE-27, ne dépasse pas 27 % en Pologne et est inférieur à ce chiffre dans cinq autres nouveaux États membres (Eurostat, 2007). En revanche, les entreprises centre-européennes sont nombreuses à avoir engagé des projets de coopération avec des partenaires européens, notamment grâce à la présence massive des investisseurs étrangers. En moyenne, dans l'UE-27, 10 % des entreprises innovatrices ont noué des coopérations avec des partenaires européens. Onze des douze nouveaux États membres dépassent ce chiffre et certains (notamment les pays baltes et la Slovaquie) figurent en tête du classement. Cette bonne intégration s'explique en partie par la forte présence des entreprises étrangères.

En Pologne, une coopération s'est nouée entre les entreprises et des instituts de recherche dans certaines grandes villes (électronique à Varsovie et à Cracovie ; pharmacie et cosmétiques à Cracovie et à Łódż) mais on recense peu de *clusters* structurés, donnant lieu, par exemple, à de nouvelles filières de formation. Les zones économiques spéciales illustrent ici le défi plus général des nouveaux États membres. Appelées à disparaître progressivement au nom de la politique européenne de la libre concurrence, elles doivent structurer l'agglomération des activités qu'elles ont permises. Sinon, comment s'assurer de l'ancrage dans le territoire des entreprises qui s'y sont implantées ? Pour cela, plusieurs conditions sont requises. Il importe que les entreprises étrangères aient des projets industriels requérant un investissement dans l'innovation. Attirées par la fiscalité et le coût de la main-d'œuvre, peuvent-elles rester grâce au marché national et grâce à la qualité de l'écosystème local ? Dans le cas de la région de Wałbrzych, une entreprise multinationale de l'automobile s'est implantée et a structuré un réseau de sous-traitants. Pour autant, en 2008, les échanges avec les institutions académiques voisines se réduisaient encore au placement de stagiaires.

De manière générale, la Pologne, comme la plupart des nouveaux États membres, n'a pas prévu de dispositif spécifique pour encadrer et soutenir les *clusters*. Ces derniers sont donc informels et s'organisent par eux-mêmes. L'Institut de l'économie de marché de Gdańsk ne voit des concentrations d'activités économiques que dans les régions les plus dynamiques : Varsovie, Grande-Pologne, Łódż, Cracovie, Katowice et Wrocław. D'autres initiatives locales sont toutefois apparues. Dans le sud-est du pays (région de Lubelskie), des producteurs agricoles locaux se sont regroupés (Szymoniuk, 2002). Dans la même région, le *cluster* aéronautique (voir *supra*) a plus d'un siècle d'existence, comptait plus de 11 000 emplois en 2007 et 35 entreprises (8 000 salariés et 22 entreprises en 2004). Une association, The Aviation Valley Association, a été créée en 2003 par les acteurs économiques de la région. Le noyau de ce *cluster* est un complexe industriel hérité des années 1930 et de la période soviétique auquel se sont ajoutés depuis 1989 plusieurs investisseurs étrangers, dont Hispano-Suiza et Goodrich. Des liens ont été noués avec l'Université de Rzeszów. Quel est le degré d'innovation dans ce *cluster* ? Une large partie des composants fabriqués est conçue ailleurs. Néanmoins, le territoire est attractif. L'équipe d'Hispano-Suiza a mis sur pied l'usine en douze mois pour un coût moitié moindre à celui qu'il aurait fallu consentir pour une installation équivalente en France. La raison ? Des machines d'occasion, achetées en Europe de l'Ouest, ont pu être modernisées grâce aux compétences locales.

La Hongrie a, elle, mis en place une politique spécifique aux *clusters* depuis la fin des années 1990. Le plan Széchenyi de 2001 prévoyait notamment des aides spécifiques tout en adoptant une définition vague de la grappe d'entreprises, dépourvue de référence aux liens avec des institutions de recherche. Cette initiative a également souffert d'un manque de moyens budgétaires. Elle a été poursuivie sous une autre forme après la fin du plan en 2002, et le soutien aux *clusters* est depuis 2004 intégré aux documents stratégiques dans le cadre de la mise en œuvre des fonds structurels. En 2010, la liste des *clusters* reconnus comme tels est longue. On en compte cinq à l'ouest du pays : PANAC, dans le secteur de l'automobile à la frontière avec la Slovaquie, PANFA (bois et ameublement), dans le district de Zala au sud, le Pannon Electronics Cluster (PANEL), dans le centre du pays dans le district de Vas, le PANTERM (activités thermales), à la frontière avec l'Autriche. Un autre cluster, informel, n'ayant pas sollicité de reconnaissance s'est constitué dans le domaine du textile sur un rectangle délimité par les villes de Györ, Szombathely, Mosonmagyaróvár et Pápa. Le risque de saupoudrage n'est en somme pas écarté.

PANAC a été établi en 2000, à l'initiative de l'Agence régionale de développement et soutenu par plusieurs investisseurs étrangers, soucieux principalement de parfaire leurs relations avec les sous-traitants hongrois et étrangers. Géré par une équipe de trois personnes depuis Györ et tourné vers l'export, le *cluster* est probablement l'initiative la plus aboutie du pays. Environ 70 entreprises sont concernées, employant entre 35 000 et 40 000 personnes, soit le tiers de la main-d'œuvre hongroise de l'industrie automobile, notamment grâce aux trois entreprises fondatrices (Audi, Suzuki, Raba). Néanmoins, ce *cluster* souffre de handicaps sérieux : peu de relations contractuelles entre les acteurs économiques de la région (près de 40 % des entreprises n'ont aucun contact avec les autres entreprises du *cluster* et les autres n'ont que peu de projets en cours ou prévus) (Grosz, 2006), faible valeur ajoutée dans les productions, peu d'activités de recherche (néanmoins, près de la moitié des entreprises ont des contacts avec la seule institution scientifique de la région, à savoir l'Université Széchenyi István), peu de projets d'innovation aboutis, manque de main-d'œuvre à tous les échelons de qualification (les sessions de formation ne dépassent pas une dizaine chaque année). Les relations sociales au sein du *cluster* ne s'intensifient pas. Six événements étaient organisés en 2006 contre dix en 2004, et le nombre de participants décline chaque année, visiblement insatisfaits de l'offre en la matière. La moitié des membres n'a aucune activité de R&D. Deux brevets ont été dépensés en trois ans (2003, 2004, 2005). Ce *cluster* automobile s'apparente davantage à une association d'usines d'assemblage ayant attiré autour d'elles leurs sous-traitants.

L'outil du *cluster* se diffuse ainsi lentement en Europe centrale depuis les débuts de la transition. Les entreprises motrices sont le plus souvent des entreprises étrangères qui n'ont pas dans leur projet industriel en Europe centrale l'intention de développer des activités de R&D. Les *clusters* rassemblant des entreprises locales – relevant fréquemment de secteurs traditionnels – n'ont que rarement le besoin et les capacités de développer des activités de R&D. Les expériences couronnées de succès sont le plus souvent l'apanage de régions riches et/ou des prolongements d'initiatives anciennes, comme la vallée de l'aviation dans la région de Rzeszów. Encore le *cluster* est-il dans ce cas davantage un projet qui permet de mutualiser des ressources (offres de formation notamment), de rendre visibles les compétences du pôle et d'enrichir les collaborations avec d'autres *clusters* aéronautiques européens que de développer des activités de R&D.

Ressources humaines ou infrastructures : que privilégier ?

Nous l'avons vu, l'un des arguments à l'appui des thèses favorables aux *clusters* est le rôle joué par les interactions entre acteurs. Le contact quotidien de professionnels impliqués dans les mêmes secteurs mais dans des activités différentes accélérerait les processus d'échanges d'information et par conséquent d'innovation. La notion de capital social est ainsi devenue centrale. Sans ce capital, c'est-à-dire sans relations de confiance entre les acteurs impliqués, un *cluster* serait voué à l'échec. Dans la typologie qu'il dresse, Michael Enright (2000) assimile ainsi les *clusters* défaillants à ceux qui ne valorisent pas le capital social et Michael Storper (1997) considère le rôle de celui-ci comme essentiel.

Qu'entend-on par capital social et quelle réalité reflète cette notion en Europe centrale ? Pour la plupart des auteurs, cette expression renvoie aux relations de coopération fondées sur la confiance. On peut cependant tout autant estimer que les relations de concurrence, qui cohabitent dans un *cluster* avec des logiques de coopération, contribuent également à ce capital social dont les *clusters* permettent l'éclosion. Au niveau macro-économique, Robert D. Putnam (1993) et John F. Helliwell (1996) assurent qu'une corrélation existe entre l'intensité du capital social et les performances économiques. La confiance entre acteurs est une donnée essentielle, déjà évoquée par Francis Fukuyama (1996) et dont l'importance est reconnue dans les échecs et les succès du développement économique (Kornai et Rose-Ackerman, 2004). Elle permet notamment de passer de l'échange personnalisé à l'échange impersonnel, de réduire les coûts de transaction liés au contrôle. Une difficulté demeure : clarifier les limites de cette notion et trouver les indicateurs pertinents permettant de la mesurer. Certains instituts statistiques (en Nouvelle-Zélande ou au Royaume-Uni) ont dressé des bases de données. Si beaucoup voient dans le capital social un ingrédient nécessaire au succès, la « recette » pour le produire reste à trouver. Sans doute peut-on convenir qu'il « ne saurait y avoir de recommandation générale pour créer de la confiance ou du capital social. Ce dernier est spécifique à chaque territoire. Mais l'on peut au moins avancer que les conditions nécessaires ne se trouvent pas dans ces institutions publiques qui ne cessent de prôner l'intervention extérieure. Elles sont plus surement entre les mains des acteurs locaux. C'est à eux, en fonction de leurs compétences et de leurs préférences, qu'il revient de décider comment intervenir » (Barca, 2009, p. 23).

Pour d'autres auteurs, la notion de capital social n'inspire que du scepticisme. Ceux-ci soulignent en premier lieu les approximations et les faiblesses des analyses du « fondateur » de la notion, Robert D. Putnam. Stuart A. Rosenfeld (2002) considère ainsi que seules les économies d'échelle expliquent le succès de certains *clusters*, même s'il admet qu'un capital social riche permet une diffusion plus rapide des savoirs et des innovations. Pour d'autres, l'expression est utilisée dans tant de domaines qu'elle aurait fini par perdre toute signification précise. Alejandro Portes et Patricia Landolt (1996) et Sophie Pontieux (2003) s'interrogent : le capital social est-il un résultat ou la cause de ce résultat ? En outre, les PME les plus innovantes sont souvent imbriquées dans des réseaux nationaux et internationaux. En somme, à quelle échelle le capital social est-il le plus utile ? S'il correspond, par définition, à des réseaux ainsi qu'à des normes, valeurs et convictions communes, comment mesurer ces dernières ? Comment mesurer la confiance ?

En Europe centrale, le constat d'une faiblesse du capital social fait consensus. La nature autoritaire du régime précédent et la transformation des relations sociales sous l'effet des révolutions de 1989 auraient abouti à un délitement des solidarités, des réseaux et, par conséquent, à un capital social peu développé. Les pratiques courantes sous l'ancien régime auraient entretenu la méfiance dans les rapports sociaux, méfiance qu'on ne retrouvait toutefois pas dans les relations privées (notamment familiales). L'absence de confiance entre acteurs économiques, la nature centralisée des régimes communistes et la faiblesse du tissu de PME expliqueraient la rareté et le besoin de *clusters* en Europe centrale. Certaines études empiriques ont ainsi mis en évidence un manque de confiance dans les milieux économiques au cours des années qui ont suivi la transition (Raiser *et al.*, 2001).

Cette approche tend toutefois à sous-estimer la complexité des rapports sociaux dans les systèmes communistes. Des liens informels existaient et étaient valorisés pour obtenir facilités et aménagements à la règle. Si la méfiance envers les institutions, les responsables politiques et les lois prédomine en Europe centrale, des rapports sociaux autrefois développés pour contourner la règle ou en bénéficier ont pour beaucoup résisté aux transformations de 1989. Sont-ils des atouts dans le processus de transition ? Pour y répondre, Petr Mateju (2002) distingue deux types de capital social dans les anciens pays communistes. Le premier correspond à celui des relations sociales classiques dominées par la confiance, le second relève de réseaux informels fondés sur des services rendus. Ce dernier type est, selon lui, très répandu en Europe centrale et alimente les phénomènes de corruption, tandis que le premier demeure faible. Ce tableau est susceptible d'évoluer. Pour Jan Fidrmuc et Klarita Gërxhani (2004), le capital social s'améliore à mesure que le contexte institutionnel et économique se perfectionne, et dépend également du capital humain. En somme, s'il ne se décrète pas, il peut bénéficier de politiques publiques incitant à la coopération entre acteurs économiques.

Une action publique efficace passe ici probablement par des structures régionales fortes. En Europe centrale, les organismes représentatifs des entreprises sont toutefois rarement organisés à l'échelle régionale. En outre, la période précédente ainsi que la phase des privatisations n'ont pas contribué à alimenter la confiance entre acteurs économiques et acteurs publics (Mlcoch, 2000). Sans compter que l'échelon régional, quand il existe, est récent. En République tchèque, les responsables élus à l'échelle régionale n'ont pris leurs responsabilités qu'en 2001 (voir *infra*) et la répartition des compétences entre les différents échelons est sujette à des changements réguliers. Dans les stratégies régionales mises en œuvre, notamment en Pologne, la dimension analytique et statique prévaut souvent, sur la base de statistiques abondantes, sans qu'une dynamique et des scénarios possibles apparaissent clairement. Les plans sont élaborés puisqu'ils sont exigés pour recevoir des fonds européens mais ils ne sont que rarement adossés à un projet pour le territoire.

Ainsi, la question de l'innovation ne saurait se résumer à des investissements dans les infrastructures et les équipements. Dans plusieurs États membres, la lacune principale est moins le manque d'infrastructures que la pénurie de compétences et le manque de confiance entre partenaires, comme le soulignent Jiří Blažek et David Uhlir (2007) dans le cas de la République tchèque. L'afflux d'investissements privés peut faire office d'incitation. L'implantation en République tchèque de centres de recherche par certaines multinationales et les liens tissés entre eux et des universités ont conduit à une recomposition du Conseil national pour la R&D et à l'intégration dans cette structure de représentants d'entreprise.

Au fond, les priorités européennes en matière d'innovation sont difficiles à traduire en termes opérationnels. Faute de mieux, l'accent est souvent mis en Europe centrale sur les infrastructures (incubateurs, parcs technologiques, etc.), mais le soutien à l'innovation organisationnelle et incrémentale dans les entreprises est négligé. Les fonds sont le plus utilement dépensés lorsque les conditions suivantes sont réunies : partenariats locaux forts, soutien aux coopérations, aux processus innovants plutôt qu'aux seules infrastructures, évaluation pertinente des mesures adoptées. L'étude de précédents laisse à penser qu'un apprentissage peut s'opérer (Musyck et Reid, 2007), certains États ayant mis en œuvre, d'une période de programmation à l'autre, des mesures plus ambitieuses que la simple construction d'infrastructures (en témoigne l'exemple des *clusters* dans le Pays basque espagnol ou encore la priorité progressivement donnée par la République tchèque aux dispositifs « *soft* » – formation, éducation, etc.) (Blažek et Uhlir, 2007). En outre, les besoins diffèrent selon les régions. Bernard Musyck et Alasdair Reid (2007) avancent l'hypothèse que les régions les plus défavorisées ne sont pas nécessairement rétives aux mesures de soutien à l'innovation mais que, dans leur cas, l'accent doit être mis sur l'intégration de technologies avancées dans leurs activités traditionnelles. L'une des difficultés vient du fait qu'en matière d'innovation, l'entreprise reste l'acteur principal. Le risque est que les régions les moins vertueuses en matière d'innovation voient leur retard avec les régions les plus innovantes croître inexorablement. C'est le scénario mis en lumière par Bart Clarysse et Ugur Muldur (2001) qui classent les régions européennes en six catégories et qui notent que la méthodologie adoptée pour mettre en œuvre les fonds européens favorise naturellement les régions les plus innovantes.

Le rattrapage par l'éducation

Outre l'innovation, un système d'éducation et de formation professionnelle efficace paraît également indispensable. Le succès de l'Irlande, on l'a vu plus haut, a probablement davantage reposé sur les améliorations apportées au système d'éducation que sur le soutien à l'innovation.

L'enjeu démographique

Sur le plan démographique, l'Europe centrale se distingue nettement des anciens États membres par l'abondance de sa population jeune. Cette particularité lui a profité au cours de la transition comme elle profita naguère au développement d'autres pays, l'Irlande et certains pays asiatiques notamment. Il s'agit toutefois d'une fenêtre d'opportunité, appelée à se refermer en raison de l'effondrement des taux de natalité depuis les années 1980.

Pour la période 2008-2060, les nouveaux États membres font en effet l'objet des prévisions les plus pessimistes de l'UE-27. Au cours de cette période, ils enregistreront une forte diminution de leur population. Le constat vaut notamment pour la Bulgarie

(– 18 %), la Lettonie (– 26 %), la Lituanie (– 24 %), la Roumanie (– 21 %) et la Pologne (– 18 %). Cette dernière devrait compter 31 millions d'habitants en 2060 contre 38 millions en 2008. Corollaire de cette évolution, le taux de dépendance dans les nouveaux États membres devrait augmenter sensiblement et dépasser 60 % dans huit pays d'Europe centrale (Bulgarie, République tchèque, Lettonie, Lituanie, Pologne, Roumanie, Slovénie, Slovaquie).

L'abondance d'une main-d'œuvre jeune n'a pas empêché des situations de pénurie à la veille de la crise de 2008. Les salaires ont alors eu tendance à augmenter plus rapidement que la productivité. Les investisseurs étrangers ont dû consentir des hausses de salaires importantes pour apaiser le climat social ou pour limiter un roulement trop important dans les entreprises. À Kolín (République tchèque), TPCA a ainsi dû annoncer en 2007 une augmentation des salaires de 7,5 %. Au même moment, en Roumanie, Dacia, filiale de Renault, acceptait une hausse des salaires de 20 % après une augmentation de 15 % l'année précédente[5]. Au cours de la seule année 2006, les coûts salariaux avaient crû de 29,2 % en Roumanie, de 10,1 % en Hongrie et de 8,5 % en Pologne Cette inflation des salaires a pris au dépourvu certains investisseurs dont les choix en matière de localisation n'avaient pas toujours suffisamment pris en compte ce risque. La mobilité géographique étant faible dans les nouveaux États membres, les spécificités des bassins d'emploi varient fortement d'un territoire à l'autre. Les constructeurs automobiles qui se sont implantés en Slovaquie ont vu dans le *cluster* automobile en formation les avantages à disposer à proximité d'un réseau dense de sous-traitants, mais ont moins prêté attention à l'assèchement du marché local de la main-d'œuvre et à la capacité de celle-ci à faire jouer la concurrence.

---

5. *« Europe de l'Est, la fin des coûts bas ? »*, L'Usine nouvelle, *22 mars 2007.*

Entreprises et pouvoirs publics ont dû recourir à des palliatifs. Certaines entreprises ont investi davantage dans la formation et ont noué des partenariats avec les universités techniques. D'autres ont fait appel à la main-d'œuvre étrangère (russe, vietnamienne) dont la situation est devenue précaire une fois la crise de 2008 déclarée. D'autres encore ont toutefois préféré renoncer à leur investissement (Chantelle en Pologne) ou rester mais en s'éloignant de la capitale. C'est le cas de Plexirom qui a délaissé Bucarest pour Lehliu. Comme l'expliquait son PDG, « pour la main-d'œuvre peu qualifiée, on ne peut pas se permettre de payer 300 euros par mois. On y perdrait notre compétitivité. À 200 euros, nous sommes au double de la Chine, mais nous avons l'avantage de la réactivité[6] ». Autre solution : accroître la productivité. En 1998, 60 000 voitures étaient produites par 28 000 personnes chez Dacia en Roumanie, le rythme était dès 2007 de 200 000 véhicules avec 12 000 salariés. « La main-d'œuvre est de très haut niveau. On peut donc développer des méthodes de travail telles que le *kaizen* ou des systèmes de suggestion qui amélioreront la compétitivité et viendront contrebalancer les hausses de salaires » précisait le directeur général de Dacia en 2008. En somme, comme le résumait un autre industriel français, « si vous vouliez faire du dumping social, c'était il y a dix ans qu'il fallait le faire. Aujourd'hui, il faut voir ces pays comme une opportunité de marché[7] ».

Les autorités, elles, se sont employées à encourager le retour des expatriés. La Bulgarie, dont le taux de chômage est passé de 18 % en 2002 à 6 % en 2008 et dont 1 million de citoyens travaillaient à l'étranger à cette même date[8], a développé une stratégie visant à

---

6. L'Usine nouvelle, *art. cité.*
7. *Philippe Guitard, directeur de Veolia Voda pour l'Europe centrale et la Russie* (L'Usine nouvelle, *art. cité).*
8. Euractiv, *8 juillet 2008.*

encourager le retour ou la venue de Bulgares ethniques dans le pays, en provenance de Macédoine, de Serbie, d'Ukraine ou de Russie. La diaspora bulgare habitant en Moldavie et en Ukraine (évaluée à 500 000 individus), qui présente l'avantage de ne pas souffrir du handicap de la langue, s'est vue en outre proposée des procédures rapides pour acquérir la nationalité bulgare (certains en bénéficièrent avant de... s'expatrier ensuite en Europe occidentale). La Bulgarie et d'autres pays de la région ont également renoué des liens développés à l'époque communiste avec des pays d'Asie. En 2007, le ministre du Travail bulgare s'est ainsi rendu en Asie avec une délégation d'hommes d'affaires pour faciliter la venue d'employés vietnamiens dans le secteur du bâtiment. Ironie de l'histoire : à l'époque communiste, la main-d'œuvre vietnamienne était abondante en Bulgarie et la crise des années 1980 nécessita de difficiles négociations entre les gouvernements concernés pour organiser son retour au pays[9]. D'autre pays de départ ont organisé des salons dans les pays d'accueil pour convaincre les expatriés de rentrer au pays (la Roumanie en Italie et en Espagne) avec un succès modeste. Seuls certains secteurs deviennent attractifs, notamment pour des emplois qualifiés (certaines fonctions dans la construction de projets routiers), dont les salaires sont soutenus par les situations de pénurie. Selon une étude effectuée par Manpower, la Roumanie est l'un des pays au monde où la pénurie d'ingénieurs qualifiés est la plus évidente (Manpower, 2008).

Des performances mitigées en matière d'éducation et de formation professionnelle

La crise a naturellement changé la donne. Elle a révélé combien la décrue du chômage survenue au cours des années antérieures

9. *Petar Dimitrov, ministre de l'Économie bulgare,* Financial Times, *8 juillet 2008.*

avait dissimulé des lacunes structurelles qui sont devenues autant de vulnérabilités en période de récession. Depuis les débuts de la transition, la République tchèque n'a ainsi connu qu'une faible dégradation de son marché du travail, le taux de chômage n'atteignant jamais 10 % entre 1995 et 2009. En outre, le contrat à durée indéterminée est demeuré la règle, notamment dans l'industrie, même si la montée en puissance du secteur des services s'est accompagnée d'une croissance des contrats de travail plus flexibles. Au-delà du taux d'activité qui demeure faible par rapport à la moyenne européenne (en partie en raison d'un congé parental généreux et d'une durée des études relativement longue), le point faible du marché du travail demeure le chômage de longue durée qui, en 2007, atteignait 52,2 % du chômage total (contre 41,4 % dans l'UE-10 et 42,8 % dans l'UE-27).

Ce chiffre s'explique entre autres par les imperfections du système d'éducation (70 % des chômeurs ont un niveau d'éducation primaire ou secondaire sans diplôme, tandis que 5 % seulement des diplômés de l'Université étaient chômeurs[10]). Signe d'une faible mobilité géographique, plus de la moitié des chômeurs de longue durée était concentrée dans trois régions : Moravskoslezsky, Ústecký et Jihomoravský, lesquelles ont connu des processus de restructuration industrielle.

Si les gouvernements de l'UE-27 dépensent en moyenne près de 5 % de leur PNB à l'éducation, plusieurs nouveaux États membres se situent au-dessus de cette moyenne, tandis que deux d'entre eux seulement (Slovaquie et Roumanie) y consacrent moins de 4 %. Néanmoins, dans le classement PISA (*Programme for International Student Assessment*), les nouveaux États membres se situent

10. *Données disponibles sur le site de l'Office tchèque des statistiques (CSO) (www.cso.cz).*

nettement en retrait par rapport aux anciens États membres. Certes, les anciens pays communistes peuvent se targuer d'une éducation générale de qualité et d'un niveau technique appréciable dans de nombreuses filières. La remarque entendue de la part d'un investisseur étranger de l'agro-alimentaire pourrait être partagée par beaucoup d'autres : « Nous avons envoyé dans notre usine de Hongrie nos agronomes. Quinze jours plus tard, ils sont revenus. Leurs collègues hongrois en savaient plus qu'eux. C'est dans la gestion des ressources humaines que le bât blesse, pas dans les tâches techniques[11]. » Néanmoins, l'inadéquation entre l'offre et la demande sur le marché du travail aboutit à des situations paradoxales : chômage globalement faible mais très élevé chez les jeunes et les plus de 50 ans. Le système de formation professionnelle imparfait bloque la mobilité professionnelle. La crise du logement paralyse la mobilité géographique. Les systèmes de protection sociale encouragent des départs précoces du marché du travail. Au début des années 2000, les dépenses pour les pensions d'invalidité (souvent généreusement accordées), les retraites et autres prestations sociales absorbaient en Pologne 44 % du budget national. Des politiques actives du marché du travail manquent, qui pourraient être mises en œuvre localement par des services de l'emploi préoccupés par d'autres exigences que celles de traiter les seuls effets du chômage.

Au cours de la crise débutée en 2008, plusieurs États membres ont mis en place des dispositifs permettant d'amortir ou de différer les conséquences sociales de la chute brutale d'activité. Maintien des employés sur le marché du travail, aide au retour au marché du travail par des mesures de formation, soutien aux catégories sociales les plus vulnérables, investissements dans la protection

---

11. Entretien avec l'auteur, novembre 2009.

sociale et les infrastructures de santé... l'éventail fut large. En Europe centrale, certains États ont adopté des mesures encourageant le travail à temps partiel (Slovénie, Hongrie, Slovaquie). La formation a été rendue obligatoire dans les entreprises en République tchèque et a été encouragée en Hongrie et en Roumanie de sorte que temps partiel et formation permanente puissent être associés. Toutefois, de manière générale, les politiques actives de l'emploi absorbent moins d'investissements qu'à l'Ouest du continent et la participation aux programmes de formation ou de requalification est limitée. À l'échelle de l'UE-27, elles représentent en moyenne 1,9 % du PIB mais aucun des nouveaux États membres, à l'exception de la Pologne, ne consacre à ces politiques plus de 1 % de son PIB. C'est un des rares indicateurs en 2010 d'une coupure nette qui sépare encore anciens et nouveaux États membres.

Développer des écosystèmes favorables à l'innovation

L'Europe centrale ne peut probablement plus se permettre d'être une simple plate-forme d'assemblage pour les industriels ouest-européens ou asiatiques, associée à des industries traditionnelles capables de survivre grâce aux marchés locaux ou est-européens. Développer des écosystèmes favorables à l'économie de la connaissance s'impose pour poursuivre le processus de rattrapage avec les États ouest-européens.

Le précédent de la Grèce montre toutefois que l'innovation efficace n'est pas nécessairement synonyme de haute technologie et qu'elle doit être articulée aux tissus économiques spécifiques à chaque territoire. L'étude des anciens principaux bénéficiaires de la politique de cohésion confirme également que les fonds structurels ne peuvent jouer un rôle que s'ils s'intègrent dans des stratégies nationales et locales adaptées. Des écosystèmes favorables doivent se développer sur la base de choix stratégiques pertinents, de moyens financiers et d'une confiance entre acteurs. Il risque toutefois de manquer à cet écosystème l'engagement des entreprises. Comment peut prospérer l'innovation si les entreprises étrangères ne souhaitent pas la développer et si les entreprises locales ayant survécu à celles-ci n'ont pas les capacités requises ? Le choix fait par l'Europe centrale, comme précédemment par l'Irlande, d'adosser le processus de rattrapage à l'afflux d'investissements étrangers massifs pose ici question. Ces derniers encouragent-ils l'innovation ou la découragent-ils ? Retenons qu'ils ne dispensent pas d'une stratégie d'aménagement et de développement des territoires.

Chapitre 7 / Défis dans l'aménagement des territoires

La mondialisation a des effets paradoxaux sur les territoires. D'une part, elle érode les particularismes locaux et régionaux et convainc nombre d'élus locaux et de citoyens qu'elle les dépossède des leviers d'action qu'ils pensaient détenir. D'autre part, le changement de paradigme dans les réflexions sur le développement des territoires a abouti à dévaloriser les simples logiques de redistribution dans le cadre national pour valoriser le développement endogène, l'initiative locale et les stratégies multiscalaires. Les processus de décentralisation, l'érosion des cadres nationaux sous l'effet de la construction européenne et la nouvelle organisation de la chaîne de valeur dans les entreprises ont par ailleurs donné un sens nouveau aux politiques de développement conduites par les élus locaux et régionaux.

L'Europe centrale – Ukraine incluse – est en porte-à-faux avec cette montée en puissance des territoires. Le caractère récent des frontières a rendu les États suspicieux à l'égard de toute dynamique susceptible d'alimenter les tendances centrifuges. La gouvernance centralisatrice des régimes précédents a certes été reniée (l'émiettement communal dans plusieurs nouveaux États membres en témoigne) mais le manque de compétences et de moyens des collectivités locales est frappant. À l'exception de la Pologne, aucun pays d'Europe centrale n'a fait le choix de la décentralisation. L'impact des deux décennies de rattrapage puis la crise ont pourtant eu des conséquences différentes d'un territoire à l'autre au point qu'une analyse limitée à la seule échelle étatique s'avère insuffisante. Surtout, la mise en œuvre de la politique régionale européenne, réputée jouer en faveur des pouvoirs infra-étatiques, coïncide avec un renouveau de la réflexion sur le rôle des acteurs locaux dans les processus de développement. Enfin, la trajectoire suivie par l'Irlande (jusqu'à la crise de 2008) ainsi que la modernisation de l'Espagne et du Portugal ont accrédité l'hypothèse que les fonds structurels étaient, à certaines conditions, déterminants dans le processus de convergence à l'échelle de l'Union. Analyser la dynamique et l'européanisation des territoires d'Europe centrale s'impose donc, avec une référence aux précédents grecs et irlandais ainsi qu'à l'un des pays européens les plus exposés aux disparités spatiales mais dépourvu de perspectives d'adhésion à court terme : l'Ukraine.

La question du développement des territoires confirme le clivage qui s'est précisé entre 1989 et 2009 entre les nouveaux États membres et leurs voisins orientaux. Autant les territoires d'Europe centrale peuvent compter sur les fonds européens pour réformer leur gouvernance et passer à un nouveau modèle de développement fondé sur l'économie de la connaissance (avec des nuances précisées plus haut), autant l'Ukraine doit gérer un développement inégal de ses territoires ainsi que des tendances centrifuges sans processus d'européanisation.

Les dynamiques territoriales à l'échelle infra-étatique de 1989 à 2009

Plus vaste que la France, le territoire ukrainien est très inégalement développé, avec des régions motrices peuplées en majorité de populations russophones et des frontières qui n'ont pas plus d'un demi-siècle.

Des disparités spatiales qui menacent la cohésion de l'Ukraine ?

Dans le secteur industriel, l'Ukraine utile est en effet l'Ukraine russophone. À l'Est et dans le Sud-Est sont concentrées l'industrie minière (400 000 emplois, 6,7 % des exportations du pays en 2008), l'industrie métallurgique (400 000 emplois, 42,8 % des exportations en 2008) et l'industrie de la machine (773 000 emplois, 14 % des exportations en 2008). S'agissant du secteur minier, la valorisation des gisements du Donbass a débuté dans les années 1870. Dans les années 1930, la région a développé des capacités de production sidérurgique pour satisfaire les ambitions de Moscou dans le secteur de l'industrie lourde. Le dynamisme industriel de la région a ainsi pu s'appuyer sur des gisements (de charbon et de minerai de fer), des ressources hydrauliques (Dniepr) et une accessibilité aisée grâce aux fleuves navigables, au littoral de la mer Noire et à un réseau ferré dense. Au début des années 2000, la région du Donbass produit à elle seule 90 % de la production de charbon et est étroitement liée à l'industrie sidérurgique. La géographie de cette dernière est en effet voisine de celle de l'industrie minière.

Dans l'oblast de Donetsk (4,6 millions d'habitants), 80 % de l'activité économique est liée au secteur de la métallurgie. En janvier 2009, alors que la production industrielle à l'échelle du pays reculait d'un tiers par rapport à janvier 2008, elle déclinait de 50 % dans cette région. Dans le combinat métallurgique Ilyich, deuxième plus grand producteur d'acier du pays avec 50 000 salariés, les salaires furent réduits d'un tiers[1]. ArcelorMittal Steel, qui exporte 90 % de sa production, a dû réduire sa production de plus de 40 % début 2009. L'entreprise est une des rares opérations de privatisation d'envergure réalisées. Tout en se lançant dans une modernisation du site, l'acquéreur a dû consentir à conserver dans le périmètre de l'entreprise un atelier renommé de fabrication de

---

1. *David Stern, « Economic Crisis Sweeps Eastern Ukraine »,* The New York Times, *7 avril 2009.*

saucisses et un élevage de 7 500 cochons, et à assumer diverses autres obligations sociales pour une durée de vingt-cinq ans. Si l'enjeu social du site est assurément considérable pour l'ensemble de la région (les effectifs sont déjà passés de 120 000 salariés en 1989 à 40 000 en 2009), on mesure ici la différence en matière de climat d'investissement qui est apparue entre les économies européanisées des nouveaux États membres et les pays du voisinage oriental. Aux lacunes de l'environnement économique (l'entreprise doit importer son charbon d'Amérique du Sud) et aux incertitudes globales (ne disposant pas de gisements de minerai de fer, l'entreprise est vulnérable aux variations de prix de cet intrant) s'ajoute un contexte social et politique marqué par l'héritage soviétique et une corruption endémique.

La production agricole ukrainienne est polarisée, un groupe d'oblasts jouant un rôle clé à la fois pour l'élevage et les cultures. Dans le secteur du blé, quatre oblasts (sur vingt-sept) forment une bande nord-sud à l'Est de Kiev et réalisent plus de 25 % de la production nationale. Les neuf oblasts de l'Est du pays réalisent à eux seuls plus de 50 % de la production de blé. Cette spécialisation agricole a permis d'amortir partiellement les effets sociaux de la crise (à l'échelle du pays, l'agriculture emploie encore près d'un tiers de la population active et, alors que la crise frappait le pays, a connu une croissance de 2 % au premier trimestre 2009). En ce qui concerne la production agricole dans son ensemble, la concentration géographique est toutefois moins prononcée puisque ces neuf oblats représentent moins de 40 % de la production agricole totale du pays. Néanmoins, ce chiffre s'explique principalement par le rôle joué par l'Ukraine centrale. À l'Ouest, la contribution à la production agricole ne dépasse pas 3 % par oblast à l'exception de celui de Lviv. Les oblasts du Sud souffrent d'un manque de précipitations, ceux de l'Ouest de sols moins riches et de structures d'exploitation plus petites. L'Ouest a en effet conservé en partie une structure morcelée, similaire à celle qui prévaut dans l'Est polonais, et qui ne constitue pas un avantage dans la transition. L'Est concentre en revanche les grandes entreprises agricoles héritières des coopératives de la période soviétique. La géographie économique de l'Ukraine est ainsi très polarisée, surtout dans le secteur industriel, tandis que dans le secteur agricole, l'Ukraine centrale joue un rôle important aux côtés de l'Ukraine de l'Est.

De 1989 à 1998, le pays a été confronté à une récession plus forte et plus durable que ses voisins occidentaux. En revanche, de 1999 à 2008, la croissance fut forte, fréquemment autour de 10 %. Le modèle de développement a en outre évolué. Après plusieurs années de croissance fondée quasi uniquement sur les exportations (notamment d'acier), la consommation intérieure alimentée par le crédit est progressivement devenue un relais de croissance. Logiquement, les disparités spatiales ont crû et les villes ont bénéficié d'une montée en puissance du secteur des services.

Au fond, la forte croissance que le pays a connue de 1999 à 2007 a été imputable à deux régions au secteur des services dynamique (Kiev et Kharkiv) et à quatre régions d'industrie lourde (Donetsk, Dniepropetrovsk, Kharkiv, Zaporojie). La montée du secteur des services a bénéficié à la capitale et aux grandes villes, l'activité du secteur sidérurgique a soutenu la croissance des régions de l'Est du pays. En 2007, celles-ci fournissaient la moitié du PNB, tandis que les seize régions de l'Ouest, du centre et du Sud contribuaient pour moins du quart au PNB.

Dans les régions occidentales, la croissance a été faible et tirée par la progression de la consommation intérieure. Dans la région de Transcarpatie, les activités textiles ont tiré profit des liens noués par certaines entreprises avec des donneurs d'ordres ouest- et centre-européens. Dans les régions frontalières avec la Pologne et la Slovaquie, le petit commerce a partiellement compensé le déclin de nombreuses entreprises de la région. Face au durcissement des contrôles douaniers et à l'élargissement de l'espace Schengen, ce petit commerce s'est professionnalisé (on note moins de passages à la frontière mais davantage de fourgons) et a été en partie détourné vers la Turquie. Des aménagements ont en outre été apportés pour que les habitants des communes proches de la frontière bénéficient de formalités allégées pour la traverser.

Beaucoup a été dit et écrit sur le nouveau rideau de fer qui aurait été établi le long de cette frontière à la suite de l'adhésion de la Pologne et de la Slovaquie à l'UE puis à l'espace Schengen. Mais que penser du type de développement que permettait la frontière ouverte ? En outre, la région n'a jamais bénéficié d'autant de moyens que depuis la mise en œuvre des instruments européens de soutien à la coopération transfrontalière. Que constate-t-on depuis ? Que les projets ambitieux sont rares, que cette région peu dense et qui connut d'importants changements de population peine à trouver son modèle de développement endogène. Conséquence : l'émigration y est importante. Elle est intermittente lorsqu'elle alimente le travail au noir, notamment dans le secteur du bâtiment en Pologne, en Slovaquie et en République tchèque. Elle est plus durable lorsqu'elle gonfle les effectifs de la diaspora ukrainienne dans la péninsule Ibérique ou en Amérique du Nord.

Le taux de chômage (statistique à manier avec précaution en raison de l'importance du chômage caché) a également connu une évolution différente selon les régions. À l'échelle nationale, le chômage a chuté de 5 % entre 1999 à 2008. À Sébastopol, il est passé de 16,6 % à 3,3 %, tandis qu'à Volyn, il est demeuré stable autour de 8 %. Enfin, en termes de revenus, la plupart des régions connaissant un revenu supérieur à la moyenne nationale ont été des régions industrialisées ou des territoires métropolitains, Kiev disposant notamment d'un revenu près de deux fois supérieur à la moyenne du pays. En somme, si la phase de récession qui a suivi la dislocation de l'Union soviétique a figé les inégalités de développement, la phase de croissance qui a suivi les a sérieusement renforcées. Une typologie simplifiée distinguerait trois catégories de territoire : les régions rurales à l'Ouest et au Sud, les régions industrielles à l'Est, puis cinq îlots d'économies de services correspondant aux principales villes du pays. Parmi celles-ci, Kiev et Kharkiv sont orientées vers les services financiers et de soutien aux entreprises (Mykhenko, 2010).

Ces disparités s'enracinent dans la longue durée et dans la période soviétique. Les régions de l'Ouest furent des régions périphériques, traditionnellement peu peuplées et délaissées par les différents empires dont elles ont relevé. À l'inverse, l'Est et le Sud-Est du pays ont bénéficié des ambitions de Catherine II d'aménager une nouvelle fenêtre maritime sur la mer Noire et des ressources du sous-sol qui ont appuyé l'émergence d'une industrie lourde. L'afflux de populations russes a permis à la fois de renforcer le poids démographique de ces régions et d'en russifier l'identité. Rassemblées au sein d'un même cadre étatique, elles tardent à se moderniser et à former un espace politique unifié.

Dans les grandes villes, l'essor du secteur des services – notamment depuis 2004 – a pu contribuer à une forte croissance, mais celle-ci est demeurée très localisée et s'est avérée fragile lorsque la crise financière de 2008 a éclaté. L'explosion du crédit intervenue dans le contexte de la Révolution orange (attirées par une Ukraine apparemment devenue démocratique, les banques étrangères se sont livrées une concurrence acharnée pour fidéliser une clientèle nouvelle) avait permis dans un premier temps l'essor d'une classe moyenne. Faute d'une législation suffisamment stricte, cette période de crédit facile a toutefois donné lieu à des excès. À l'heure de la crise, elle s'est révélée périlleuse pour les ménages, les entreprises et les banques. Dans les régions occidentales, l'autosubsistance, l'économie souterraine et les devises envoyées par les expatriés aident à faire face à la crise, sans que les bases d'un développement stable soient toutefois consolidées. Les facteurs du sous-développement de l'Ouest n'ont pas été traités. La diversification du tissu industriel de l'Est n'a été qu'esquissée, de sorte qu'au terme de la « période orange », le modèle de développement ukrainien ne repose pas sur des bases solides. En outre, la localisation à l'Est des régions motrices ne contribue pas à l'intégration du pays dans la division européenne du travail. Certes, le code douanier ukrainien encourage les activités de sous-traitance, mais cette organisation de l'espace (ajoutée au caractère déprimé des régions polonaises et slovaques voisines) diffère de celle des nouveaux États membres dont les régions motrices sont le plus souvent voisines des clients et donneurs d'ordres ouest-européens.

La mise en œuvre d'une « zone de libre-échange complète et approfondie » avec l'Union négociée depuis 2009 peut s'avérer utile, sous réserve qu'un alignement sur les normes européennes suive et que cette forme d'intégration ne se traduise pas par une spécialisation accrue de l'Ukraine. Selon l'école néoclassique, l'ouverture internationale contribue à la spécialisation des économies et au renforcement des disparités territoriales au sein d'un État. Néanmoins, un scénario différent a émergé au Mexique dans le cadre de l'Association de libre-échange nord-américaine (Alena) (Lanson, 1998). Sous certaines conditions, l'intégration au commerce international peut contribuer à la dispersion des activités sur un territoire donné (Krugman et Elizondo, 1996).

Les oligarques de l'Est ukrainien veillent depuis les années 2000 à investir en Europe centrale et témoignent d'un intérêt croissant pour une intégration dans les réseaux européens. Il reste qu'une forte inertie prévaut en Ukraine orientale, qui s'explique par le poids acquis au fil de l'histoire par les régions de l'Est ainsi que par la rente procurée par le secteur de l'acier. Les succès de ce dernier ont pu retarder la modernisation et la diversification du secteur industriel. Plus que la géographie économique, c'est au fond le capital social qui freine la modernisation socio-économique dans ces régions. La logique du clan y a succédé à la logique du Plan. Hans Van Zon (1998) souligne ainsi le rôle de l'héritage tsariste et communiste dans le culte du pouvoir qui explique en partie les stratégies de captation et de prédation développées par les élites ainsi que les réticences des acteurs de la société civile à s'affirmer.

À la place des structures verticales typiques de l'Union soviétique se sont développés (ou consolidés) des liens horizontaux à l'échelle des régions. Ces liens réunissent des directeurs de mines, des syndicats et des responsables politiques locaux et régionaux, provoquant une certaine confusion entre intérêts privés, intérêts économiques et intérêt général. Certes, d'autres régions spécialisées dans les industries traditionnelles en Europe ont connu cette inertie des modes de pensée, paralysante quant vient l'heure de la restructuration (Grabher, 1994). Néanmoins, le Donbass et d'autres régions industrielles ukrainiennes doivent également faire face à une logique néopatrimoniale décrite par Kirstin Zimmer (2003), dans laquelle les réseaux publics et privés s'entremêlent et bénéficient, autant qu'ils l'entretiennent, de la faiblesse de l'État.

Depuis la dislocation de l'Union soviétique et l'indépendance de l'Ukraine, les disparités territoriales ont été à ce point avivées que les craintes d'une scission du pays sont devenues récurrentes. Pour certains, les divisions régionales constituent une menace pour le pays (Wilson, 1997). Pour d'autres, elles sont une forme de pluralisme qui encourage la concurrence entre acteurs politiques (Sasse, 2001). La géographie des élections présidentielles de 2010 laisse à penser que la polarisation du pays doit être nuancée et que la géographie électorale n'oppose pas frontalement deux camps aux projets politiques radicalement différents (Lepesant, 2009).

Dans les nouveaux États membres, un développement polarisé

Comme en Ukraine, les deux décennies de la transition ont créé de fortes inégalités spatiales dans les pays d'Europe centrale. L'introduction de l'économie de marché s'est traduite par une aggravation des inégalités de développement. Selon la thèse du U inversé de Kuznets-Williamson, tout processus de développement génère des inégalités (Williamson, 1965) en raison de la concentration spatiale des progrès technologiques (Barrios, Görg et Strobl, 2006) et surtout de l'avantage comparatif que détiennent les grands centres urbains dans de tels processus. Dans une seconde phase toutefois, certaines autres régions peuvent tirer avantage de coûts moins élevés, permettant un développement plus homogène (Szörfi, 2007). Cette deuxième phase n'est qu'amorcée en Europe centrale. Trois clivages principaux peuvent y être relevés : entre l'Est et l'Ouest des pays, entre les espaces urbains et les espaces ruraux, entre les capitales et le reste des territoires.

Le clivage Est/Ouest est particulièrement net en Pologne, en République tchèque, en Slovaquie et en Hongrie. Si l'Ouest polonais, la Silésie, la Bohême, la région de Györ en Hongrie ou celle de Bratislava en Slovaquie ont bénéficié de leur tradition industrielle et de leur proximité avec l'Autriche et la RFA, d'autres régions tardent à se moderniser. À une localisation défavorable (proximité avec l'Ukraine ou le Bélarus) s'ajoutent souvent des structures agricoles morcelées qui ne permettent pas de tirer pleinement profit de la politique agricole commune (PAC) et des situations mono-industrielles.

Les disparités de développement méritent toutefois d'être analysées à une échelle plus fine. Plusieurs régions voient coexister à quelques kilomètres de distance des dynamiques très différentes. La spécialisation dans les industries traditionnelles est parfois un lourd handicap, notamment dans les villes qui sont nées ou qui se sont développées autour d'une seule usine (Eisenhüttenstadt dans l'ex-RDA, Nowa Huta en Pologne, Dunaújváros en Hongrie, Poruba en République tchèque, Hunedoara en Roumanie, Dimitrovgrad en Bulgarie). Elle ne contrarie toutefois pas systématiquement la modernisation. Łódż, qualifiée de Manchester de l'Est pour sa spécialisation dans le secteur textile, redéfinit son identité après plusieurs années de crise. Elle a pu attirer plusieurs investisseurs étrangers en valorisant sa situation géographique et a transformé le principal site textile de la ville en complexe culturel et commercial tout en conservant les façades des bâtiments hérités du XIXe siècle (voir *infra*).

D'autres villes, naguère bénéficiaires de la priorité accordée à l'industrie lourde, affrontent aujourd'hui des défis sociaux majeurs dans un cadre urbain défavorisé. Komló, dans le sud de la Hongrie, est l'une de ces villes minières où le temps semble s'être arrêté. Des immeubles collectifs identiques, une ville étirée sur les flancs d'une vallée à partir d'un noyau urbain ancien, une mairie où demeure apposée une plaque rappelant la visite de Gagarine et des friches industrielles réparties de part et d'autre des voies ferrées. Le plus grand magasin de la ville à l'époque communiste, fermé depuis longtemps, rouille en face d'immeubles collectifs qui vieillissent mal et dans lesquels logent des populations roms autrefois attirées sur place pour pallier le manque de main-d'œuvre. Dans d'autres villes d'Europe centrale, c'est l'entreprise principale qui a fermé ou qui a réduit drastiquement sa main-d'œuvre. La crise du logement et les lacunes des politiques de reconversion ne permettent pas toujours de réduire ces poches d'exclusion par la mobilité.

En Pologne, trois clivages principaux demeurent : entre l'Est et l'Ouest, entre la capitale et le reste du pays et surtout entre les villes et les campagnes (à l'échelle NUTS 3[2]). Tandis que le PIB par habitant de la région capitale atteint 82 % de la moyenne de l'UE-27, il ne dépasse pas 40 % dans les cinq régions de l'Est du pays[3]. À l'inverse de la Roumanie, la Pologne ne connaît pas un chômage officiel plus marqué dans les campagnes que dans les villes. Il est vrai que la décrue de l'emploi agricole a été infiniment moins marquée entre 2000 et 2009 qu'en Roumanie (cf. graphique 4). Dans le Sud-Est rural, le taux de chômage officiel n'est guère élevé ; l'abondance de petites exploitations y permet une agriculture de semi-subsistance et un chômage caché important. L'Est du pays n'abritant peu d'entreprises exportatrices, la crise de 2008 a eu un impact modeste. Le Nord-Est est en revanche affecté par la déstructuration des anciennes fermes collectives, même si la région compte de plus en plus de grandes exploitations compétitives. Les tendances à l'œuvre à l'échelle du pays varient selon les indicateurs utilisés. Au cours de la décennie passée, les inégalités spatiales en termes de chômage ont eu tendance à s'estomper mais les inégalités de revenus ont augmenté. Elles demeurent cependant modestes au niveau NUTS 2 en comparaison avec d'autres pays européens mais elles sont significatives à l'échelle NUTS 3. En Pologne comme dans plusieurs autres nouveaux États membres, c'est au fond à cette échelle que les inégalités du développement sont désormais les plus manifestes. La mobilité est faible en raison du taux élevé de

2. *Nomenclature d'unités territoriales statistiques. Ces unités subdivisent les États membres et les pays de l'Association européenne de libre-échange (AELE). Dans le cas de la Pologne, l'échelon NUTS 2 correspond aux régions, et l'échelon NUTS 3 à des entités statistiques plus petites.*

3. *Encore le chiffre de la région capitale sous-évalue-t-il la réalité dans la mesure où les autorités polonaises optèrent pour un découpage associant à la ville-capitale un vaste territoire déprimé.*

propriétaires, de la crise du logement dans les grandes villes et de l'inadéquation entre qualifications professionnelles et demandes sur les marchés du travail. Les migrations pendulaires peuvent servir de substitut lorsqu'un réseau dense de villes moyennes maille le territoire (Pologne), à condition que les réseaux d'infrastructures relient efficacement les centres urbains à leurs voisinages. Plus généralement, la géographie du chômage des nouveaux États membres a peu évolué au cours des années 1990. Il a quasiment partout sensiblement reculé avant de remonter brutalement à partir de 2008. La crise risque de peser avant tout sur les régions où l'industrie manufacturière est fortement représentée et d'épargner les grandes agglomérations diversifiées comme les zones rurales.

Graphique 4. Évolution du nombre des actifs agricoles en Europe entre 2000 et 2009 (en %)

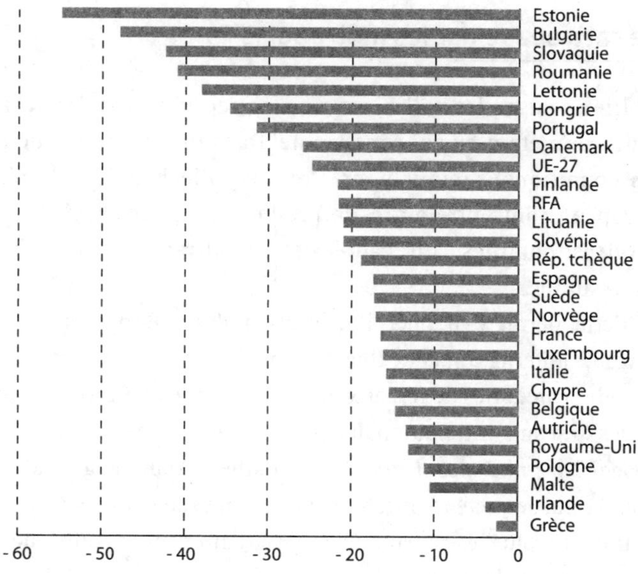

Source : Eurostat, 2010.

Le clivage capitale/reste du pays est également marqué. Les capitales figurent logiquement parmi les espaces gagnants de la transition. Elles concentrent les salaires les plus élevés (les écarts de revenus avec les autres villes sont toutefois moins prononcés que les écarts de PIB), les tissus économiques les plus diversifiés (à Budapest, le poids du secteur des services est passé de 62,5 % à 78 % entre 1990 et 2006) (ACRE Report, 2007), les principaux investissements étrangers et les ressources en R&D. Les salaires à Budapest sont de 27 % supérieurs à la moyenne nationale. L'agglomération abrite le quart de la population nationale. La ville produit à elle seule 35 % du PNB national. Le PNB par habitant est plus du double de celui de la moyenne nationale et est comparable à l'UE-15.

Le rattrapage par les métropoles ?

Hiérarchiser les villes est une entreprise aléatoire, chaque indicateur étant en soi contestable. Dans une économie de flux, les conditions à réunir pour être une ville *hub* dans le réseau européen sont entre autres la présence de sièges sociaux et de services qualifiés, un cadre de vie attractif et une bonne accessibilité.

Cette dernière permet l'intégration des métropoles dans les réseaux internationaux. Une métropole mobilise en effet deux grandes catégories de réseaux de connaissance : les réseaux locaux et les réseaux internationaux. Or, comme le résume la formule « *local buzz and global pipelines* » (Bathelt, Malmberg et Maskell, 2002), plus les acteurs locaux sont intégrés dans les réseaux internationaux, plus les réseaux locaux se renforcent et contribuent au rayonnement de la métropole.

Les métropoles centre-européennes dans la géographie du continent

En matière de transport aérien, aucun aéroport d'Europe centrale n'est dans les vingt-cinq premiers aéroports européens en nombre de passagers, et le trafic cumulé de tous les aéroports des douze nouveaux États membres égale celui du seul aéroport de Francfort (troisième aéroport européen). Le rôle d'interface avec le monde est souvent joué par des aéroports situés hors d'Europe centrale. Le trafic cumulé des aéroports des douze nouveaux États membres avec les villes non européennes est égal au trafic du seul aéroport de Madrid (sixième aéroport européen). Cette hiérarchie ne semble plus appelée à connaître de profonds bouleversements dans la mesure où les taux de croissance des aéroports d'Europe centrale sont désormais dans la norme européenne. Dans le cas de Berlin, le terrain perdu par l'ancienne capitale lors du transfert à Francfort-sur-le-Main du principal *hub* aérien allemand ne se rattrapera probablement pas. Berlin concurrence toutefois Varsovie au point que le projet d'un nouvel aéroport dans cette ville a été abandonné en 2010. Plus au Sud, Vienne s'est assurée un rôle de plaque tournante vers les Balkans et l'Europe de l'Est, au détriment des aéroports d'Europe centrale.

La décision d'investisseurs étrangers d'implanter des activités de direction dans tel ou tel pays est également importante et pas uniquement en raison des recettes fiscales générées. Les choix en matière d'investissements ou de fermeture d'unités de production sont en partie liés à la géographie des sièges sociaux. Or cette dernière n'est guère favorable à l'Europe centrale. Parmi les entreprises originaires de la région, une seule est présente dans le classement des 500 plus grandes entreprises mondiales qui inclut notamment 163 entreprises de l'UE (PKN Orlen à Płock [Pologne], 432e place). Aucune des 50 plus grandes banques mondiales n'a son siège en Europe centrale. Peu d'investisseurs ont par ailleurs installé en Europe centrale des activités de direction pour l'Europe centrale ou l'Europe. En revanche, près d'une trentaine d'entreprises multinationales ont établi leur siège pour l'Europe centrale et orientale à Vienne (Coca-Cola, Heinz, etc.), et d'autres en ont fait leur centre de logistique (Volvo) (ABA, 2007).

Dans chaque pays européen, une ou deux villes concentrent l'essentiel des foires et des salons internationaux. L'Allemagne est le pays qui en concentre le plus, mais dans la hiérarchie des villes, Paris domine. On trouve en Europe centrale les mêmes anomalies qu'en Autriche où Salzbourg compte plus de foires et de salons que Vienne. Ainsi, en Pologne, sur la quinzaine de foires et de salons organisés, aucune n'a lieu à Varsovie. Douze se tiennent à Poznań et cinq à Kielce. En République tchèque, les neuf événements annuels se tiennent à Brno. La Hongrie est plus classique. Les sept événements ont lieu à Budapest. Il reste que ces chiffres sont à comparer avec les quatre-vingt-cinq événements tenus à Paris et la vingtaine organisés à Vienne ou à Berlin. La géographie des congrès internationaux est quant à elle très concentrée dans la mesure où une quarantaine de villes seulement sur le continent européen organise plus de quinze congrès par an. Paris domine le classement (trois cents congrès par an), devant Londres, Vienne et Bruxelles (deux cents congrès par an). Parmi les cinquante principales villes de congrès dans le monde, la moitié est européenne. Les métropoles d'Europe centrale ont un classement plus flatteur, Budapest étant au dixième rang européen, Prague au quatorzième proche de Munich.

Si elles exercent une emprise forte sur leurs territoires nationaux, les métropoles centre-européennes jouent en somme un rôle secondaire à l'échelle européenne. Elles souffrent à la fois de la concurrence de grandes villes allemandes et autrichiennes et d'une transition inachevée à l'Est qui les empêche d'exercer leur influence vers l'Ukraine et le Bélarus.

Certaines capitales ont vu leur statut inchangé depuis plusieurs décennies (Bucarest, Sofia), d'autres ont « découvert » ce statut à la faveur d'indépendances récentes (pays baltes, Slovaquie, Républiques de l'ex-Yougoslavie). D'autres n'ont guère changé de statut mais fonctionnent dans un cadre territorial nouveau, soit depuis 1945 (Varsovie), soit depuis les années 1990 (Prague) avec lequel elles doivent redéfinir leur relation. Toutefois, l'héritage communiste impose des défis communs. La période communiste était caractérisée par la quasi-inexistence de la propriété privée, un contrôle direct de l'État sur l'usage des sols, la limitation à une résidence par unité familiale, une industrialisation massive, l'encadrement de la croissance des villes, et notamment des processus de péri-urbanisation, l'absence d'autonomie des collectivités locales et l'absence de démocratie. L'urbanisation avait toutefois progressé au cours de la période : en Hongrie, la population urbaine est passée de 37 % (en 1949) à 62 % (en 1990).

Les capitales d'Europe centrale doivent aussi faire face au défi démographique. La région ne compte aucune capitale de plus de 2 millions d'habitants et plusieurs capitales de moins de 500 000. Sur la période des années 1990-2000, la plupart des grandes villes ouest-européennes ont connu une croissance démographique. La tendance a été inverse en Europe centrale, ex-RDA incluse. Celle-ci a connu une évolution dramatique dans plusieurs villes. La raison principale est une démographie en berne (la plupart des pays de la région devraient perdre 10 % de leur population d'ici à 2025) (cf. graphique 5). L'émigration a joué un rôle, notamment dans l'ex-RDA. Enfin, la péri-urbanisation a contribué à la déperdition constatée dans certaines villes. Si Budapest a perdu près de

300 000 habitants entre 1990 et 2004, ses environs en ont gagné près de 150 000 au cours de la même période.

Graphique 5. Évolution démographique des États de l'UE de 2008 à 2060 (en nombre d'habitants)

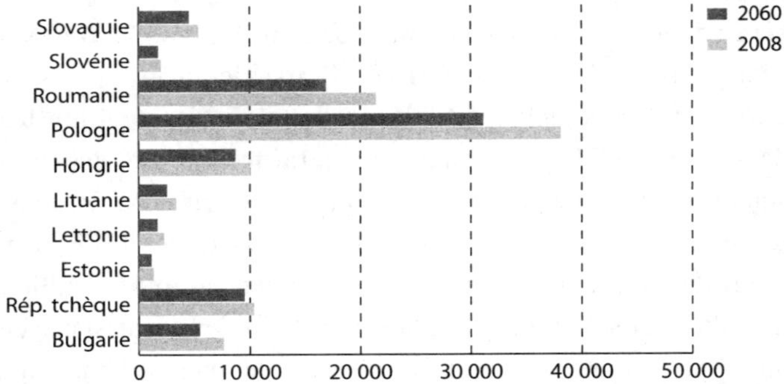

Source : Eurostat, 2010.

Parmi les défis que ces métropoles centre-européennes doivent relever pour renforcer leur attractivité, arrêtons-nous sur deux d'entre eux : la recomposition des espaces urbains et la refonte des modes de gouvernance entre les centres et leur périphérie proche.

Les défis urbains

La configuration des espaces urbains est particulière dans l'Europe postcommuniste. En termes d'occupation de l'espace, les villes ouest-européennes présentent souvent la même physionomie : du centre vers la périphérie, l'espace est de moins en moins densément occupé. En Europe centrale, les fortes densités du centre côtoient une première périphérie peu peuplée et une seconde densément peuplée en raison des grands ensembles construits autour des grandes villes. Une péri-urbanisation atypique s'opéra donc, non pas sous la forme d'un continuum à partir des centres mais par la constitution de grands ensembles situés en périphérie. Le maintien de la mixité sociale dans ces grands ensembles, dont la population appréciait généralement le niveau de confort et les équipements de proximité, est un enjeu crucial pour les pays de la région à l'heure où l'attention s'est de nouveau portée sur les centres-villes.

Dans ces centres, la préservation et la valorisation du patrimoine s'imposent d'autant plus que celui-ci constitue un enjeu à la fois touristique et identitaire. L'appartenance revendiquée de la région à l'espace culturel européen se lit en effet dans les influences baroques de Prague, l'art nouveau de Riga, le néoclassique et le néogothique à Budapest. Deux défis connexes doivent donc être relevés : la gestion de l'étalement urbain et l'évolution des centres-villes où tendent à se concentrer bureaux et habitat ancien, alors que ces centres-villes ont été souvent négligés au cours de la période communiste.

L'étalement urbain est une tendance structurelle dans toute l'Europe (l'espace occupé par les villes a gagné en surface l'équivalent du Luxembourg en une vingtaine d'années) et ses conséquences négatives font l'objet d'une vaste littérature. En Europe centrale, le phénomène n'est pas nouveau. En Hongrie, dès 1987, la croissance démographique de l'agglomération est devenue supérieure à celle de la ville. Il a néanmoins pris une tout autre ampleur avec la libéralisation du marché foncier et l'usage accru de l'automobile dans les années 1990. La péri-urbanisation qui s'est opérée le long des axes est bénéfique pour les petites villes bien reliées à la capitale. C'est en fait tout l'espace métropolitain qui change. À Budapest, les gagnants de la transition s'installent sur les collines verdoyantes de Buda. Les salariés repoussés du centre par la hausse des loyers s'installent plus loin au nord-est où le cadre attrayant demeure accessible et au sud-ouest pour les ménages les plus modestes. Dans ces différentes localités, les péri-urbains sont rejoints par des migrants provenant d'autres régions hongroises et en quête de travail. Cette péri-urbanisation, source de congestion, de pollution et de tensions sur la biodiversité, n'a pas que des effets négatifs. Des localités voisines des capitales qui vivotaient voient arriver des personnes souvent plus éduquées que la moyenne, plus riches, plus exigeantes en matière de services publics.

La revitalisation des centres constitue l'autre défi majeur. À Varsovie, après la seconde guerre mondiale, la municipalisation puis la nationalisation ne concernèrent que le centre de la ville. En conséquence, ce dernier vit plusieurs opérations d'urbanisme ralenties par des litiges juridiques après 1989, tandis que les communes périphériques multipliaient les projets. Bien que dépassé, le schéma d'urbanisme de 1992 n'était toujours pas renouvelé en 2010 et les plans locaux d'urbanisme de 1993 ne concernent que 20 % de la surface de la ville. À l'inverse de Berlin qui a offert l'ancien *no man's land* entre les deux parties de la ville à des architectes de renom pour d'imposants projets, Varsovie n'a connu que quelques réalisations plus modestes (Cour suprême, bibliothèque universitaire, siège du groupe de presse Agora) et la construction de nouvelles églises et de quartiers résidentiels, notamment dans le sud.

La capitale a par ailleurs l'opportunité d'organiser une conurbation en formation avec la deuxième ville du pays, Łódź, qui, après avoir subi les affres de la restructuration de son industrie textile, a misé sur l'arrivée de nouvelles activités (informatique) et sur d'ambitieux projets culturels et urbains. Fait original, la municipalité n'a joué qu'un rôle secondaire dans la réalisation de ces projets. Le plus imposant fut la reconversion de l'usine textile du XIXe siècle, situé en centre-ville et dont les derniers ateliers fonctionnaient encore dans les années 1990, en un complexe appelé

Manufaktura qui associe cinémas, centres commerciaux, musée d'Art moderne et autres installations diverses. Devenu le nouveau pôle central de la ville, le projet n'émana toutefois pas de la municipalité mais débuta par la privatisation du site, organisée par le gouvernement central, qu'un investisseur transforma avec l'aide d'un bureau d'architectes français. Si l'opération a rencontré un large succès dont la ville s'enorgueillit désormais, sa conception n'a pas été intégrée dans un plan global. Résultat : rien ne fut prévu pour les espaces urbains qui jusque-là faisaient office de centre-ville. Depuis 2007, un autre projet est esquissé, à vocation artistique et économique, dans lequel la municipalité est davantage impliquée, même si les milieux culturels de la ville, traditionnellement très actifs, jouent un rôle moteur. Ce projet aboutirait à la transformation de l'ensemble du quartier de la gare. Depuis celle-ci, Varsovie n'est plus en 2010 qu'à une heure et demie contre plus de deux heures dans les années 1990.

Le différentiel important en matière de loyers et de salaires provoque des migrations pendulaires significatives entre les deux villes, sans que l'on puisse encore préciser quel partage des tâches devrait s'imposer entre elles Łódż redoute de se transformer en ville-dortoir mais sa géographie lui permet d'espérer mieux. Elle est au carrefour des deux axes routiers majeurs nord-sud et ouest-est du pays, ce qui lui vaut des investissements importants dans le secteur de la logistique. En outre, elle est au centre d'un quadrilatère formé par les principales villes motrices du pays (Varsovie, Poznań, Wrocław, Cracovie) et est concernée depuis 2004 par plusieurs projets financés par les fonds européens. Pourtant, les schémas institutionnels en place ne sont pas en phase avec les espaces organisés par les flux et les interdépendances. Ce constat d'une gouvernance lacunaire peut être généralisé à l'ensemble des capitales d'Europe centrale.

Les défis de la gouvernance métropolitaine

La métropolisation est un phénomène général. Elle concerne le Japon qui a vu au cours des années 1980-1990 sa structure multipolaire s'affaiblir au profit de la capitale Tokyo, le Royaume-Uni comme la RFA, certes multipolaire, mais dont la croissance bénéficie avant tout aux métropoles régionales. La tendance spontanée dans l'économie contemporaine n'est pas un développement uniforme des territoires. Le dynamisme va au dynamisme. Pierre Veltz (2008) le souligne, les investissements vont en priorité vers les zones les plus riches et non plus, comme pendant les Trente Glorieuses, vers celles où la main-d'œuvre est la moins chère. Si autrefois la ville vivait en symbiose avec son arrière-pays, rien n'empêche aujourd'hui une ville de prospérer dans une région qui décline, dès lors que cette ville est capable de s'inscrire dans un jeu de relations à grande échelle. « Autrefois, le centre bourgeois avait besoin des faubourgs ouvriers, la métropole parisienne des usines provinciales. Ce n'est plus vrai » (Veltz, 2008).

Quelle forme de coopération instituer entre villes-centres et communes périphériques ? La mise en place d'une structure de gouvernance métropolitaine ne va pas de soi. Plusieurs capitales européennes ont connu des échecs ou des succès mitigés en la matière (Londres, Paris, Berlin). Melanie Walter-Rogg note que dans des pays fédéraux (États-Unis, Suisse), les formes d'association sont souples, tandis que dans les pays centralisés, elles tendent à être plus structurées (Walter-Rogg et Sojer, 2006). Dans l'ex-RDA, les villes manquent de l'expérience acquise à l'Ouest, où le « Kommunalverdand Ruhrgebiet » (structure de coopération intercommunale) fut établi dans la Ruhr dès 1920. La ville de Hambourg a des procédures de planification concertée avec le Schleswig-Holstein depuis 1955 et la Basse-Saxe depuis 1957. Les autres grandes villes (Hanovre, Stuttgart, Munich) ont des structures de gouvernance métropolitaine depuis les années 1960 et 1970. En Europe centrale, organiser cette gouvernance est un défi nouveau.

En Pologne, l'Union des métropoles polonaises en souligne l'importance et les documents de planification stratégique s'y réfèrent mais, dans les faits, les progrès accomplis sont modestes. Le Plan national de développement territorial identifia en 2005 neuf zones métropolitaines, en intégrant aux principales villes les communes limitrophes. Les espaces ainsi créés comptent chacun plus de 500 000 habitants (Bydgoszcz-Toruń, Cracovie, Łódż, Poznań, Silésie [Katowice-Rybnik-Jastrzebie], Szczecin, Gdańsk-Gdynia-Sopot, Varsovie, Wrocław). La coopération entre capitale et voisinage s'est développée rapidement à Wrocław et dans la conurbation Gdańsk-Gdynia-Sopot. Des documents de planification (non contraignants) y ont été rédigés, des projets communs formulés, des études communes – notamment sur le marché du travail – conduites, mais aucune institutionnalisation ou structure financière durable n'a formalisé cette coopération.

Les avancées ont été encore plus timides dans le cas de Varsovie. Il est vrai qu'en dix-huit ans, Varsovie a connu sept maires différents (Wrocław deux), que des efforts diplomatiques sont nécessaires pour que la suprématie des villes-centres n'offusque pas les communes avoisinantes et que cette tâche est plus facile lorsque les villes impliquées sont équivalentes (Gdańsk-Gdynia-Sopot). À Varsovie, le contraste est frappant avec le début des années 1930 lorsque la ville fut l'une des premières en Europe à concevoir un schéma directeur du « Plus Grand Varsovie ». Destiné à coordonner l'aménagement du centre et des communes périphériques, il visait à renforcer la fonction de centre industriel et de service de la ville à la croisée des axes Berlin-Moscou et mer Baltique-mer Noire (Jaquand, 2009).

Le facteur européen aurait pu jouer un rôle en Pologne. Pour la période de programmation 2007-2013, la rédaction d'un programme spécifique pour les zones métropolitaines fut évoquée mais il lui a été préféré un programme pour les régions de l'Est. La dynamique qui s'amorçait, notamment entre Bydgoszcz et Toruń, est en partie retombée lorsque la perspective de ce programme disparut. En règle générale, le souci de la défense des intérêts locaux après une longue période d'État totalitaire centralisateur, la passivité de l'État (absence de cadre juridique et d'incitations financières) et le manque de confiance entre les acteurs ont desservi l'émergence de formes de gouvernance métropolitaine. Celle-ci a en outre pu paraître inutile devant l'extension des limites de la capitale (entre 1950 et 2004, la superficie de Varsovie a été multipliée par quatre, celle de Cracovie par deux).

À Budapest, la question d'une gestion cohérente de l'espace métropolitain est ancienne puisque c'est, à l'origine, le souhait de contrebalancer l'influence de Vienne qui a conduit à rassembler trois villes jusque-là distinctes : Buda, Pest, Obuda. Dans les années 1950, le régime communiste a pris acte du rayonnement croissant de la capitale en créant le Grand Budapest. En vérité, l'inclusion de vingt-trois communes avait surtout un but sociopolitique : aboutir à une structure démographique partagée entre paysans, ouvriers et intellectuels. Jusque dans les années 1960, aucune conclusion en termes de planification spatiale ne fut tirée de cette réorganisation. Un phénomène de péri-urbanisation débuta dès les années 1950, avec pour résultat une double évolution : une forte industrialisation de la capitale (dans les années 1950, 60 % de la production industrielle hongroise en émanait) qui généra un mouvement migratoire vers la capitale, et une détérioration du parc de logements qui encouragea les populations à s'installer en périphérie. C'est ce double mouvement qui a conduit le géographe

Carte 3 — Développement territorial et principaux flux en Pologne

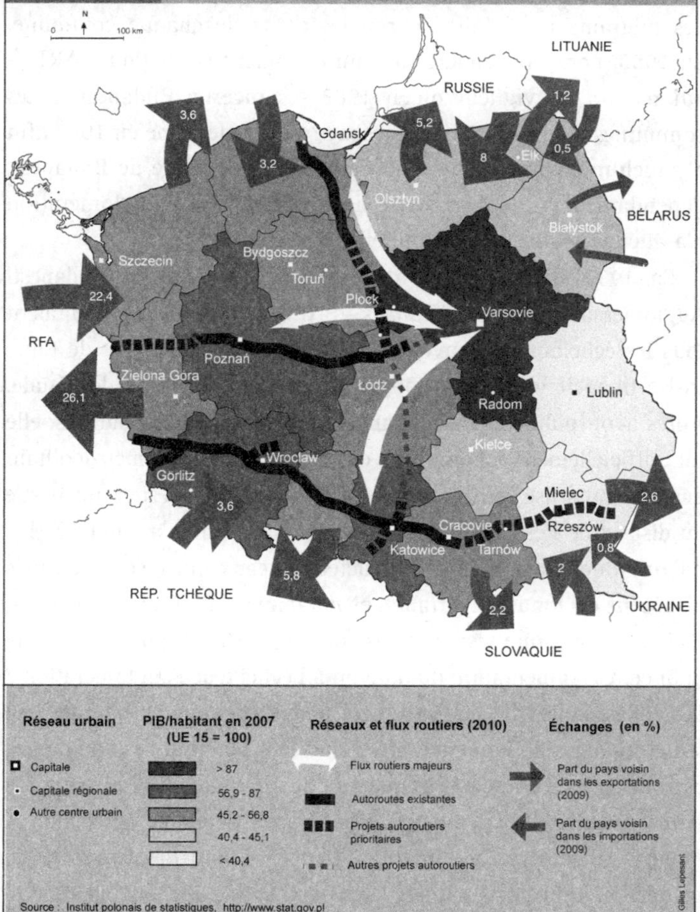

Source : Institut polonais de statistiques, http://www.stat.gov.pl
Eurostat, http://epp.eurostat.ec.europa.eu

hongrois György Enyedi à parler d'une « sur-industrialisation » couplée à une « sous-urbanisation » en Europe centrale. En 1971, les contours d'un espace métropolitain furent dessinés selon la part des migrants pendulaires parmi les actifs de chaque commune. En 1980, pour la première fois, un document stratégique (ART) – qui n'entra en vigueur qu'en 1989 – concerna Budapest et les communes environnantes. Cet espace a été redécoupé en 1997 afin d'y inclure davantage de villes situées dans l'orbite de Budapest. Cependant, bien que transcrite dans une loi, cette agglomération n'a aucune réalité institutionnelle ni financière.

En 1997, un Conseil de développement suburbain (Budapesti Agglomeraácio Fejlesztési Tanács – BAFT) fut établi, où cohabitaient tous les échelons de pouvoir. Mais cette structure, privée de toute assise financière et institutionnelle, finit par tomber en désuétude. Après avoir publié quantité d'analyses et de recommandations, elle fut officiellement supprimée en 2000. L'espace métropolitain demeure organisé en deux entités : la ville de Budapest et une partie du district de Pest. La région de Hongrie centrale n'a, quant à elle, qu'une fonction statistique. Les acteurs locaux qui y sont délégués disposent de fonds importants, et notamment de fonds européens, mais n'ont pas une vision précise des enjeux métropolitains. Pourquoi cette fragmentation du pouvoir à l'échelle de l'agglomération ? Les édiles de la ville ne sont guère impatients de voir émerger une structure métropolitaine qui affecterait leur pouvoir. Les communes périphériques redoutent plus que tout de se voir à nouveau soumises au bon vouloir de la capitale, comme sous le régime précédent. À Prague, la gouvernance métropolitaine a connu des avancées en matière de transports publics. Néanmoins, dès que fut instituée la région de Bohême centrale, les communes voisines de la capitale se retrouvèrent tiraillées entre les exigences de celle-ci et la volonté de la région de s'affirmer.

Cette difficulté à structurer la gouvernance d'espaces métropolitains organisés par les déplacements journaliers aboutit à une mauvaise gestion des transports publics qui ne sont pas coordonnés à l'échelle des bassins d'emploi. Elle entretient des désaccords récurrents entre municipalités sur les droits et devoirs de chacune pour la maintenance des réseaux d'infrastructures. Les petites communes n'ont par ailleurs qu'une faible marge de manœuvre face à des entreprises de réseau qui, elles, couvrent l'ensemble de la région. Cette péri-urbanisation de plus en plus difficile à réguler affecte la qualité de l'environnement : entre 1990 et 2007, plus de 2 000 hectares d'espaces verts – notamment de couverts forestiers – ont disparu autour de Budapest. L'intérêt financier de chacun devient le seul mode de régulation dans les conflits d'usage. Des tensions croissantes apparaissent dans les communes périphériques entre les autorités locales et la population mécontente de l'état de délabrement des infrastructures, du manque de place dans les écoles, du manque de médecins. En Hongrie, les municipalités ne bénéficient que marginalement de l'afflux de populations puisque 10 % seulement des impôts locaux (contre 100 % au début des années 1990) leur reviennent. La seule possibilité pour les communes de disposer de ressources supplémentaires est la requalification des terres – au profit de projets immobiliers –, la vente du patrimoine ou encore l'afflux d'investissements, qui peuvent susciter de nouveaux conflits, lorsqu'il s'agit d'industries polluantes refoulées par la ville-centre.

Les deux décennies de croissance qui ont suivi le démantèlement du bloc communiste ont logiquement alimenté les disparités spatiales, contenues ou même partiellement effacées durant la période communiste. Elles semblent avoir paradoxalement eu un impact territorial plus prononcé que le demi-siècle de centralisme planificateur. Les réalisations des régimes précédents (notamment les pôles urbains développés autour d'usines imposantes) ont souffert de la transition, et les villes qui avant la période communiste étaient déjà des territoires moteurs ont retrouvé ce statut. Globalement, les défis urbains restent importants. Les capitales ont certes bénéficié de l'introduction de l'économie de marché mais, comme leurs homologues ouest-européennes, elles tendent à concentrer à la fois les populations gagnantes et les populations marginalisées. Elles peinent à préserver les quelques aspects positifs de la période précédente (répartition modale des transports favorable aux transports publics, faible étalement urbain, mixité sociale dans les grands ensembles). Les autres villes sont fréquemment confrontées à des centres historiques dégradés et à des infrastructures dépassées (notamment pour la gestion de l'eau). À ces défis s'ajoute parfois celui de la reconversion de friches industrielles ou militaires. Parfois, leurs capacités financières leur permettent de cofinancer des projets européens et donc de recourir à ces derniers. Dans d'autres cas, ces moyens font défaut et, en l'absence de politique urbaine européenne, les gouvernements centraux ne se sentent pas nécessairement obligés de prendre en compte les enjeux urbains.

L'Union européenne manifesta tardivement son intérêt pour les questions urbaines. Ce n'est que dans le milieu des années 1990 qu'Eurostat a reçu mandat de collecter et de diffuser des données statistiques à l'échelle des villes (les zones rurales ne font l'objet d'un traitement statistique spécifique que depuis 2005). Un programme spécifique consacré aux villes (Urban) n'a été conçu qu'à la fin des années 1990. Au cours des précédentes périodes de programmation, un débat avait en effet opposé le Parlement européen à la Commission, le premier souhaitant un programme spécifique destiné aux villes, la seconde redoutant de manquer de moyens pour cette tâche. Pour la période 1999-2006, le Parlement européen avait obtenu le programme Urban. Bien que considéré comme un succès, l'initiative n'a pas été renouvelée pour la période de programmation 2007-2013. Les priorités énoncées dans ce programme ont été réintégrées dans les documents stratégiques généraux (*mainstreamed*). Certains députés européens, constatant le faible engouement de certains gouvernements d'Europe centrale pour les enjeux urbains, l'ont déploré. « On sait ce que *mainstreaming* signifie. Cela signifie centralisation » a ainsi pu déclarer le député européen Jan Olbrycht[4]. Le débat est réapparu à la faveur du Livre vert sur les mobilités urbaines. Lorsque la Direction générale pour le transport et l'énergie (DG TREN) l'aborda, les États membres s'inquiétèrent de l'ingérence de la Commission dans ce domaine, tandis que les maires encourageaient l'UE à s'y impliquer. Selon Jan Olbrycht, « les villes doivent appliquer de plus en plus de normes européennes, notamment en matière environnementale, elles attendent donc des moyens financiers qu'il faut leur accorder à la condition qu'elles aient une stratégie, une approche intégrée et des priorités précisées à l'échelle européenne ».

Quelle européanisation des politiques de développement territorial ?

Privés d'autonomie durant un demi-siècle, les acteurs locaux peuvent-ils, en accord avec la doxa contemporaine en vigueur relative aux vertus des *place-based policies* (politiques fondées sur les besoins spécifiques des territoires), jouer un rôle précieux dans l'invention d'un nouveau modèle de développement ? La politique régionale européenne, qui prévoit le versement de sommes

4. *Intervention au cours de la conférence organisée par la Commission européenne,* L'État des villes européennes : l'Audit urbain, *Bruxelles, 10 juin 2008.*

conséquentes dans le cadre des fonds structurels et du fonds de cohésion, n'est-elle pas la politique européenne la plus richement dotée ? L'Irlande fit un usage pertinent de ces subsides en les intégrant dans sa stratégie globale de développement. D'autres ont vu leur rattrapage retardé (Grèce) ou stoppé (Portugal) malgré l'abondance des fonds européens perçus. À l'heure où les vertus du développement endogène sont célébrées et incarnées dans des politiques publiques (par exemple à travers les *clusters*) et où l'aménagement des territoires n'est plus uniquement synonyme de redistribution, il n'est pas inutile de s'interroger sur l'européanisation des politiques de développement territorial dans les nouveaux États membres.

Chapitre 8 / Une politique d'aménagement ou d'équipement ?

L'Union européenne a la particularité d'être à la fois l'espace ayant développé l'intégration régionale la plus aboutie et celui qui accorde la plus grande importance à la réduction des disparités régionales. Le tiers du budget de l'Union est consacré aux régions en retard de développement, soit une enveloppe de 213 milliards pour la période 2000-2006. Avec l'adhésion en 2004 et en 2007 de douze économies au PIB de moitié inférieur à celui de l'Union existante, les défis de la solidarité et de la convergence se posent désormais en des termes différents. Si les disparités se sont considérablement aggravées du point de vue statistique, l'Union n'a pas pour autant renoncé à leur réduction. Un budget de 308 milliards a été alloué à la politique régionale pour la période 2007-2013 et certains nouveaux États membres auront à leur disposition au cours de cette période une dotation équivalente à 3,5 % de leur PIB.

L'impact des fonds structurels : un débat relancé

Les fonds structurels contribuent au rattrapage des économies moins développées. Ce constat simple est partagé par la Commission européenne et par la plupart des auteurs de travaux consacrés aux fonds européens. Évaluer précisément les effets de cette politique est toutefois difficile. Pour certains, son impact sur le processus de convergence à l'œuvre dans l'Union (du moins jusqu'à l'élargissement de 2004) est avéré. Pour d'autres, elle n'aboutit qu'à

« faire couler à flots le bitume et le béton[1] » sans la valeur ajoutée que pourraient laisser espérer les sommes allouées. Il y aurait bien une convergence entre les États au cours des deux dernières décennies, mais l'intégration européenne et les politiques nationales suivies expliqueraient cette tendance lourde, davantage que les fonds structurels. En effet, les disparités entre régions à l'intérieur des pays ne s'effacent pas malgré les sommes englouties dans les régions en retard de développement. Michele Boldrin et Fabio Canova (2003) font remarquer que certains États intégrés à la suite des élargissements précédents ont connu un meilleur sort grâce à leurs politiques macro-économiques, sans bénéficier d'une telle aide. Alfred Steinherr (2000) considère, lui, que des externalités et les rigidités du marché du travail expliquent les inégalités régionales. Les entreprises s'installeraient là où une activité économique est déjà développée et rechercheraient des services qui ne sont disponibles que dans ces régions, quand les rigidités du marché du travail exacerberaient la différenciation qui s'opère sur la base de ces facteurs et contribueraient ainsi aux inégalités de développement, lesquelles doivent finalement peu à la pénurie de fonds publics.

La Commission européenne affirme que le recul manque pour juger avec précision de l'impact macro-économique des fonds structurels. Ceux-ci ne sont devenus de véritables outils de développement, et non de simples subventions, que depuis la fin des années 1980. L'effet des infrastructures mises en place grâce aux fonds européens devrait être apprécié dans quelques années. L'absence de convergence à l'échelle des régions est avérée dans un nombre de cas limité et peut s'expliquer. Selon la Commission,

---

1. *Formule de Charles Wyplosz, « Le gâchis du budget européen »,* Le Monde, *29 juillet 2003.*

toute phase de croissance à l'échelle nationale (facilitée par les fonds structurels) accroît les inégalités régionales, lesquelles doivent dans un second temps se réduire à leur tour (scénario espagnol).

Ajoutons que les politiques sectorielles ont un impact territorial rarement pris en compte par l'UE, bien qu'il soit parfois aussi significatif que celui de la politique régionale et contradictoire avec les objectifs affichés de cette dernière. En témoigne le cas de la PAC qui a de fait une dimension redistributive, les espaces ruraux bénéficiaires étant fréquemment des espaces moins prospères. Cette dimension ne doit toutefois pas être exagérée pour trois raisons. Tout d'abord, la PAC constitue principalement une politique de soutien aux prix si bien qu'elle n'est pas en soi un encouragement à la restructuration. Elle redistribue des richesses sans nécessairement permettre aux territoires d'affronter dans de meilleures conditions les mutations économiques. Ensuite, elle bénéficie pour l'essentiel aux activités agricoles, alors que le soutien à des activités non agricoles s'impose pour un développement rural réussi. Surtout, en privilégiant le soutien à la production et en accordant des aides proportionnelles aux quantités produites, la PAC a *de facto* privilégié les régions de grandes exploitations : 5 % des bénéficiaires reçoivent en effet 50 % des fonds alloués.

Or les régions concernées se situent pour la plupart autour du Bassin parisien et dans le nord de la RFA, c'est-à-dire au cœur de l'Europe considérée comme riche (Shucksmith, Thomson et Roberts, 2005). La mue progressive de la PAC au profit du développement rural, des productions de qualité et au détriment de la logique productiviste jusque-là dominante devrait néanmoins aboutir à une répartition spatiale de ses bénéfices plus favorable aux territoires déprimés. À ce sujet, l'intégration au sein de la Commission européenne des programmes de développement rural, de la responsabilité de la DG Regio, à la DG Agri sont allés à l'encontre des évolutions de la doxa en la matière. Les actions de développement rural ont alors été prises en charge dans les nouveaux États membres par les ministères de l'Agriculture. Or, dans certains pays, notamment dans ceux où l'agriculture représente un enjeu significatif (Pologne, Roumanie), le ministère de l'Agriculture a une forte influence et s'est attaché à valoriser la seule dimension agricole du développement rural sans manifester d'intérêt pour la collaboration avec les autres ministères. En somme, le fonctionnement en silo – à juste titre décrié dans la littérature consacrée au développement – a été involontairement encouragé par le schéma d'organisation administrative retenu par la Commission européenne.

Le rôle des fonds structurels en Europe centrale

Quel impact pourraient avoir les fonds structurels en Europe centrale ? Seule certitude : aucun lien mécanique ne prévaut entre l'afflux des fonds européens et le taux de croissance des États bénéficiaires. Les précédents élargissements en témoignent et fournissent d'autres enseignements précieux. Premier constat : dans le cas du pays régulièrement cité en exemple (Irlande) comme dans celui régulièrement cité en contre-exemple (Grèce), quinze années se sont écoulées après l'adhésion sans qu'une césure évidente apparaisse dans la courbe du taux de croissance. Deuxième constat : les politiques suivies sont, sinon plus importantes que les fonds européens, du moins essentielles pour valoriser ces derniers. Entre 1991 et 2000, l'Irlande a connu un taux de croissance de l'ordre de 8 %, et le Mezzogiorno de 1 %. Au cours de cette période le PNB par habitant de l'Irlande est passé de 77 % à 116 % de la moyenne européenne, celui du Mezzogiorno est demeuré autour de 70 %.

Comment expliquer ces différences ? Les fonds alloués par habitant étaient en Irlande quatre fois supérieurs à ceux du Mezzogiorno en 1991, 40 % plus élevés en 2000 et 25 % moins élevés entre 2000 et 2006. D'autres facteurs ont néanmoins joué un rôle plus important.

Quels enseignements du précédent irlandais ?

Comme on l'a vu plus haut, l'Irlande a développé une stratégie d'attraction des investissements étrangers et a concentré les fonds sur l'éducation et la formation dans des secteurs qui étaient privilégiés par les investisseurs. La variable démographique a également eu son importance. La population jeune, qui naguère émigrait, est devenu un réservoir appréciable pour l'économie nationale, de même que la main-d'œuvre féminine qui restait traditionnellement en dehors du marché du travail. Une fiscalité avantageuse, un système d'éducation rénové (66 % des personnes âgées de 25 à 34 ans étaient diplômées en 1996 contre 30 % de la classe d'âge 55-64 ans), un consensus entre les forces politiques sur une nouvelle politique fiscale, la négociation d'un « programme pour le renouveau national » entre employeurs, syndicats, politiques, ont été autant de facteurs qui invitent à ne pas surestimer l'impact de la politique régionale (Barry, 1999). Celle-ci a néanmoins été judicieusement intégrée à la stratégie d'investissement du pays dans les technologies et dans l'éducation. Les plans nationaux de développement (PND) successifs ont depuis 1989 (jusqu'en 1999, aucun découpage par région ne fut appliqué) accordé la priorité aux ressources humaines qui ont concentré jusqu'à 30 % des fonds utilisés (fonds structurels + cofinancements nationaux), même si des moyens ont naturellement été alloués aux infrastructures de base et en soutien aux entreprises. Surtout, la logique pluriannuelle des fonds a permis à l'ensemble des acteurs de penser le développement sur le moyen terme.

En Europe centrale, le montant de l'aide de pré-adhésion et les montants alloués dans le cadre de la première période de programmation (réduite à 2004-2006) furent trop faibles pour qu'un impact significatif puisse être observé. Les sommes prévues dans le cadre de la période de programmation 2007-2013 sont, elles, conséquentes : près de 170 milliards d'euros dont 67 milliards pour la seule Pologne. Cependant, près d'une cinquantaine de milliards (soit 28 %) ont été pré-affectés à la protection de l'environnement, et notamment à l'assainissement des réseaux d'eau, afin de satisfaire les exigences communautaires. L'autre dotation importante concerne les transports (plus de 52 milliards) dont l'impact sur le développement économique dépend de nombreuses variables. Certains pays ayant consacré des moyens importants au secteur de la santé (Slovaquie) et à l'e-administration, les montants bénéficiant directement au développement économique ont pu être finalement modestes. En revanche, des implications de la mise en œuvre de la politique régionale sont apparues en matière de gouvernance et de pratiques d'aménagement.

Le rôle de la politique régionale dans la modernisation de la gouvernance

La notion de planification est sortie discréditée de la période communiste. La loi du marché est apparue, dans les débuts de la transition, comme un moindre mal, voire comme la solution à tous les défis. La liberté retrouvée des pouvoirs locaux étant perçue comme un acquis essentiel des révolutions conduites, l'émiettement communal menace désormais (96 % des communes tchèques ont moins de 5 000 habitants). L'inscription obligatoire aux chambres de commerce peut rappeler l'enrôlement forcé pratiqué par l'ancien régime, même si elle confère à ces chambres une efficacité accrue. En matière d'aménagement du territoire et de développement local, les nouveaux États membres sont ainsi confrontés non seulement à une pénurie de moyens, à une défaillance des systèmes de gouvernance, mais aussi à des représentations héritées du passé communiste ou forgées en réaction à ce dernier.

Or l'absorption des fonds européens implique une succession d'étapes, de la rédaction d'une stratégie nationale de développement à l'énoncé des règles administratives et financières à respecter par les porteurs de projets, en passant par la rédaction de plusieurs plans de développement sectoriels et régionaux. La durée même des périodes de programmation (sept ans) invite à une réflexion prospective et à une action planifiée sur la durée qui prenne acte de l'intérêt commun au-delà des mandats électoraux. Or, aux niveaux local et surtout central, une logique du court terme prévaut souvent, d'autant que la trame des chapitres de l'acquis communautaire qui impliqua une continuité sur près d'une décennie lors des négociations d'adhésion ne structure plus l'action publique. L'européanisation après l'adhésion, lorsque la Commission européenne ne dispose plus de la capacité de contrainte qui est la sienne lors des négociations, s'avère compliquée. Dans ce contexte, la politique régionale européenne joue un rôle précieux dans le processus d'apprentissage et de création de nouvelles règles. Cette politique a pour originalité d'user des trois canaux principaux par lesquels l'Union exerce son influence sur son territoire : la norme, le financement et la diffusion des pratiques.

La norme n'est à première vue guère contraignante. Le chapitre consacré à la politique régionale dans l'acquis communautaire est bref. Aucun modèle administratif n'est imposé. La Commission exige simplement que soit mis en place un système institutionnel national au sein duquel les compétences sont clairement établies ainsi que des entités administratives régionales (sans qu'il s'agisse nécessairement d'organes exécutifs) d'une taille comparable à celles qui existent au sein de l'Union (NUTS). En revanche, comme nous l'avons vu plus haut, l'absorption des fonds européens suppose logiquement que la législation communautaire soit respectée. La mise en œuvre des projets implique également des partenariats puisque chaque programme doit bénéficier d'un cofinancement de la part de l'État bénéficiaire (État ou collectivité territoriale).

Enfin, la politique régionale européenne influe sur l'activité administrative des nouveaux États membres en conditionnant l'obtention des fonds au respect de certains principes. Le principe de l'évaluation, peu pratiqué dans l'Union, y compris dans les États arguant d'une tradition administrative bien établie, a ainsi été peu à peu imposé. Il se heurte à des contraintes méthodologiques fortes mais invite à un débat fécond et ancre dans la conscience des acteurs l'idée que toute action de la puissance publique doit être justifiée à l'aune de critères aussi objectifs que possible. La mise en œuvre de la politique régionale implique que soient conçus des plans de développement pluri-annuels, des partenariats entre tous les acteurs publics et privés impliqués, et que les priorités adoptées à l'échelle de l'Union (notamment en faveur du développement durable) soient transcrites dans les choix. Pour des administrations rompues aux logiques sectorielles verticales, cette approche stratégique et partenariale du développement et de l'aménagement des territoires s'apparente à une révolution des pratiques.

À l'échelle régionale comme à l'échelle nationale, l'effet de levier des fonds structurels est donc significatif. Pour la préparation des documents comme pour la réalisation des projets, l'entente entre les acteurs est indispensable. À la logique verticale qui caractérise le fonctionnement du système de gouvernance à l'échelle nationale comme dans la relation État-collectivités locales doit se substituer peu à peu une logique horizontale, moins formalisée, dans laquelle des collaborations se nouent autour de projets concrets. Ce sont ainsi les pratiques et les priorités qui évoluent sous la contrainte, non pas de l'acquis, mais des dispositions régissant l'attribution des fonds structurels. Faute de capacités financières ou administratives suffisantes, les moyens disponibles risquent de ne pas être utilisés dans les délais et être perdus. Dans les nouveaux États membres appelés à recevoir des sommes significatives dans un contexte de rigueur (en raison notamment des délais ambitieux fixés pour l'adhésion à la zone euro), la politique régionale devrait ainsi apparaître clairement pour ce qu'elle est : non pas une subvention mais un outil de modernisation de la gouvernance et un levier pour le développement.

Une partie de la littérature consacrée à la mise en œuvre de la politique régionale en Europe centrale insiste sur les lacunes administratives et juridiques dans les nouveaux États membres, aux deux échelles, locale et nationale, et qui sont susceptibles de limiter la capacité de ces pays à utiliser les fonds européens. Sur ce point, la période 2004-2006 se clôt par un bilan positif puisque tous les nouveaux États membres ont consommé au minimum 85 % de l'enveloppe qui leur avait été accordée. Les réserves exprimées sur la capacité des administrations bénéficiaires ne sont pas pour autant infondées dans la mesure où la période suivante (2007-2013) prévoit des montants nettement plus conséquents à absorber.

Dans le cadre de la politique régionale, l'élaboration des stratégies et des programmes permet de mobiliser des ressources humaines, de sensibiliser administrations locales et centrales et d'apprendre à penser sur le long terme. L'État postcommuniste est appelé à jouer un rôle non pas moindre mais nouveau dans lequel, selon la formule de Michel Crozier (1986), « il ne s'agit plus de faire prévaloir l'intérêt général, mais de faire émerger un consensus suffisant autour d'une vision acceptable de l'intérêt général par ceux qui auront à le mettre en œuvre dans leurs décisions. Ce qui implique de se centrer non plus sur la décision, mais sur les processus de son élaboration, sur sa mise en œuvre et sur les résultats qu'elle obtient ». Cette pratique du partenariat, de la coopération horizontale et du fonctionnement en réseau plutôt qu'en silo va à l'encontre de la culture politico-administrative des régimes précédents.

La modernisation des institutions demande toutefois du temps. En 2006, la Banque mondiale dressait un bilan peu flatteur des administrations d'Europe centrale. Si les trois États baltes avaient à ses yeux modernisé leur système et leurs pratiques, les réformes adoptées par la Hongrie, la République tchèque et dans une moindre mesure par la Pologne ne lui paraissaient guère convaincantes. Sur le plan du management, seuls deux pays, la Lituanie et la Lettonie, avaient selon elle développé des pratiques transversales dans l'activité ministérielle. La situation en matière de ressources humaines lui semblait dans presque tous les pays préoccupante en raison de l'importance des affiliations ou des fidélités politiques dans les nominations. Les conditions de la mise en place d'une administration capable de rivaliser avec le secteur privé, fondée sur le professionnalisme et récompensant les mérites de chacun, n'étaient, selon elle, réunies dans aucun nouvel État membre. Dans la plupart des nouveaux États membres, la haute fonction publique demeure perçue comme un prolongement des partis politiques et doit par conséquent vivre au rythme des alternances électorales.

Toujours selon la Banque mondiale, seules la Lituanie et la Lettonie ont vu se constituer une haute fonction publique relativement stable en dépit des alternances politiques, bénéficiant de la confiance des différents partis au pouvoir pour réformer dans la durée le mode de gouvernance. Ces deux pays se sont également distingués par leur capacité à adopter des stratégies par le biais de plans d'action réalistes, adossés à un calendrier et reposant sur une méthodologie rigoureuse. Le succès en la matière est crucial lorsqu'il s'agit de mettre en œuvre les fonds structurels. L'avance prise par les pays baltes peut s'expliquer par les traditions nordiques ou germaniques des administrations et la nécessité qui est apparue, avec l'indépendance recouvrée, de restructurer l'ensemble de l'appareil d'État.

L'application de la politique régionale apparaît ainsi comme un révélateur des défaillances dans la gouvernance des nouveaux États membres et donc comme un levier puissant pour sa modernisation. Au fond, depuis la fin des négociations d'adhésion, cette politique est l'unique moyen pour la Commission d'appliquer le principe de conditionnalité qui permet d'exercer une pression sur l'État partenaire. Comme nous l'avons vu plus haut, les fonds structurels ne sont en effet pas une subvention garantie. Ils ne sont versés aux États bénéficiaires que si les projets sont conduits de manière satisfaisante et dans les délais. Dans le cas contraire, ils ne sont pas accordés et les paiements effectués doivent être remboursés.

Les négociations d'adhésion impliquaient une coopération interministérielle quotidienne souvent centralisée au niveau du Premier ministre et relayée au Parlement par des dispositifs permettant une activité législative rapide. La mise en œuvre des fonds structurels apparaît comme le second test, après celui des négociations d'adhésion, de la capacité des acteurs administratifs à travailler selon des logiques transversales. Ce nouveau test semble même plus exigeant en raison du nombre plus élevé des personnels impliqués et de la nécessité d'associer les acteurs locaux et régionaux. Dans certains nouveaux États membres, l'acquis des négociations s'est-il dissipé ? Pour les négociations d'adhésion menées dans l'urgence, les États candidats ont valorisé des équipes ou des structures *ad hoc* et ont fréquemment confié la gestion des fonds de pré-adhésion (eux-mêmes administrés à Bruxelles par une DG différente de celle en charge des fonds structurels) à des agences ou à des services peu intégrés dans l'architecture des ministères. De nombreuses exigences formelles ont été d'autant plus aisément satisfaites que le formalisme caractérisait la culture administrative de la période communiste.

La législation européenne a été adoptée mais l'absence de perspectives alléchantes dans les fonctions publiques locale ou nationale a conduit à une perte des compétences au profit du secteur privé ou... des institutions communautaires. Le processus d'adhésion s'est conclu sur un succès sans que les conditions d'une véritable intégration des politiques communautaires soient partout garanties. Dans le jeu qui permet la consommation des fonds structurels, tous les acteurs redéfinissent leur rôle : les appareils d'État qui devaient naguère s'effacer derrière le Parti comme les pouvoirs locaux et régionaux aussi réticents à voir l'État se défausser de ses responsabilités qu'à le voir imposer ses choix. Enfin, les risques de corruption demeurent élevés, même si certains pays ont pris des initiatives en la matière. Des pratiques illégales ont ainsi abouti en 2009 à des tensions entre l'UE, d'une part, la Bulgarie et la Roumanie, d'autre part, tensions qui ont abouti à une suspension partielle du versement des fonds européens.

Une montée en puissance de l'échelon régional ?

La mise en œuvre de la politique de cohésion a-t-elle renforcé le poids des autorités régionales dans des pays traditionnellement centralisés ? La création d'entités NUTS 2 imposée par l'acquis communautaire pourrait laisser croire que l'UE a fortement soutenu les dynamiques de décentralisation souhaitées par les élus locaux. La réalité est plus complexe. Seule la Pologne a créé de véritables exécutifs régionaux et le périmètre retenu pour ces derniers a été celui des entités statistiques NUTS 2. Si depuis 1989, la plupart des pays d'Europe centrale ont connu un mouvement de décentralisation parallèle à celui de l'européanisation, les avancées ont parfois été lentes et les débats difficiles en raison de traditions centralisatrices fortes.

En Roumanie et en Bulgarie, la création des niveaux NUTS 2 exigée par l'acquis communautaire n'a pas abouti à la mise en place d'exécutifs régionaux. En Roumanie, les quarante et un départements (auxquels s'ajoute Bucarest) sont animés par un conseil départemental élu pour quatre ans et un président qui détient le pouvoir exécutif. Les huit régions NUTS 2 ont été dotées d'une agence régionale de développement. Elles s'apparentent à des conglomérats de quatre à six comtés dépourvus de personnalité juridique, et un débat s'est engagé sur l'évolution de ces entités en véritables exécutifs. Dans ce pays, la culture politique est marquée par une tradition centralisatrice inspirée par le modèle jacobin français et présente depuis le XIXe siècle (Hitchins, 1996). Néanmoins, des identités régionales fortes dans des provinces ayant disposé dans le passé d'une certaine autonomie (en Moldavie ou en Transylvanie) nuancent cette tradition. Au cours de la période communiste, la tradition centralisatrice a été renforcée et n'a que partiellement été remise en cause dans la nouvelle Constitution de 1991. Une nouvelle organisation administrative a toutefois été mise en place puis amendée à mesure que le pays s'est rapproché de l'Union européenne. La Constitution de 2003 a ainsi renforcé la décentralisation, et en 2006 une nouvelle loi de décentralisation a été promulguée.

Il est vrai que les systèmes administratifs retenus renvoient à un certain rapport au territoire. En Roumanie, les partis héritiers du régime précédent ont, avec l'extrême droite, mis en garde contre les « risques de balkanisation, d'éclatement de l'État » (Dobre, 2010), tandis que les partis pro-européens et surtout la formation représentant la minorité hongroise ont soutenu une décentralisation des compétences. La Bulgarie ne compte, elle, qu'un seul niveau de collectivité territoriale (les communes), les vingt-huit régions étant des administrations déconcentrées de l'État. Pour la mise en œuvre à l'échelle régionale des fonds structurels, le territoire a été découpé en six régions dépourvues, là aussi, de tout embryon de pouvoir exécutif.

En Hongrie, le territoire a été divisé en sept régions statistiques (dont les limites sont aussi celles des administrations déconcentrées de l'État) qui n'ont qu'un rôle secondaire dans la mise en œuvre des fonds européens. Dans chacune de ces régions, un conseil a été mis sur pied, qui rassemble des élus locaux mais qui est dépourvu d'administration et dont l'unique levier est l'agence de développement régional. Celle-ci conseille les porteurs de projets, collecte les projets, mais la sélection s'opère à Budapest. Cette solution satisfait ceux qui constatent l'absence d'identités régionales marquées, ainsi que les élus des villes, les représentants des dix-neuf comtés et les députés guère pressés de voir une concurrence émergée. Bien que de taille plus petite, la République tchèque et la Slovaquie ont créé des entités régionales dont les compétences et les moyens demeurent modestes mais qui sont probablement appelés à se renforcer. La République tchèque comprend deux niveaux de collectivités territoriales, la commune (au nombre de 6 249) et la région (au nombre de 14). Celle-ci est animée par une assemblée régionale élue au suffrage universel direct pour quatre ans, un comité régional composé de neuf à onze représentants dont le président (gouverneur de la région) est élu par l'Assemblée. Européanisation et régionalisation sont allées de pair. En 1996 fut créé un ministère pour le Développement régional, des agences régionales de développement puis huit entités NUTS 2 instituées en 1998. Finalement, quatorze régions furent créées. Leur autonomie fiscale est limitée puisque 35 % des ressources correspondent à des impôts nationaux redistribués, 40 % à des dotations et 5 % à d'autres sources (Perron, 2009).

En Slovaquie, la mise en œuvre des fonds européens a également contribué à la régionalisation. Celle-ci ne s'est pas opérée à l'échelon NUTS 2, les entités correspondant à ce niveau étant strictement administratives, mais à l'échelon NUTS 3 avec la mise en place de huit régions disposant d'un exécutif et d'une administration (et sans représentation parallèle de l'État). À la différence de la Pologne, les régions n'ont toutefois pas été labellisées « autorité de gestion ». En complément des programmes sectoriels, un programme régional a été conçu pour l'ensemble des régions (à l'exception de Bratislava qui relève de l'objectif de compétitivité) pour financer des équipements non pris en charge par les programmes nationaux. Le ministère du Développement régional en gère une partie, tandis que la sélection et le suivi des projets relevant de certains secteurs (le tourisme ou la rénovation urbaine par exemple) ont été confiés aux régions. En somme, la période 2007-2013 est celle de l'apprentissage avant que les régions ne deviennent, à l'instar de leurs homologues polonaises (voir *infra*), des autorités de gestion lors de la prochaine période de programmation.

En Pologne, la mise en œuvre des fonds a certes été précédée par la création d'exécutifs régionaux mais elle a fortement contribué à leur montée en puissance. Pour la période de programmation 2004-2006, la Commission déconseilla aux autorités polonaises de confier la gestion des plans régionaux aux administrations régionales. Celle-ci demeura donc à Varsovie mais les autorités régionales participèrent à la sélection des projets. Pour la période de programmation 2007-2013, chaque région gère elle-même son programme. Ainsi, sur les 67 milliards alloués au pays, 16 milliards (soit près du quart de la dotation accordée à la Pologne) ont été directement attribués aux régions ; 2,7 milliards ont en outre été affectés à un programme spécifique destiné aux régions orientales du pays les plus défavorisées. Le bilan provisoire établi par les services de la Commission européenne laisse à penser que la capacité d'absorption des exécutifs régionaux est satisfaisante, même si elle varie sensiblement d'une région à l'autre et d'un secteur à l'autre. Sans avoir nécessairement les moyens de cofinancer les projets, elles ont le plus souvent su assumer leurs nouvelles responsabilités, parfois avec le soutien de l'État.

Ce dernier a réformé les conseils d'administration des « fonds régionaux pour la protection de l'environnement et la gestion de l'eau », entités dotées de compétences et de moyens financiers dans le domaine de la protection de l'environnement, afin que les régions y disposent de la majorité. Jusque-là, les services en charge de l'environnement au sein des exécutifs régionaux disposaient de peu de compétences et de peu de moyens, tandis que chaque fonds régional et le fonds national avaient des ressources appréciables, provenant des diverses taxes sur les activités polluantes. Le changement introduit dans la composition des conseils d'administration des fonds régionaux a amorcé un rapprochement sensible entre ces derniers et les administrations des régions. Dans la mesure où il a été opéré avec le souci d'optimiser l'usage des fonds européens, on peut en déduire qu'ici, l'État a renforcé les régions au nom de l'Europe.

Le découpage des entités NUTS 2 fut pensé avec le double souci de permettre un consensus politique aux différentes échelles et d'optimiser l'usage des fonds européens. Varsovie, la ville-capitale, a ainsi été, à l'inverse de la plupart des autres capitales d'Europe centrale, intégrée dans un vaste ensemble incluant les environs caractérisés par un niveau de développement relativement faible. Ainsi, alors que les autres capitales des nouveaux États membres ont rapidement dû renoncer à des fonds européens abondants en raison d'un PNB par habitant élevé, la région capitale de la Pologne a pu arguer de statistiques défavorables pour rester éligible à l'objectif « Convergence » sur la période 2007-2013.

Légalement, l'astuce n'était pas indispensable, chaque État pouvant dissocier les entités NUTS 2 du cadre géographique des régions politiques. Surtout, elle n'a pas permis – du moins jusqu'en 2010 – une consommation optimale des fonds. Si la capitale a pu obtenir des financements importants, l'ensemble de la région a souffert des difficultés de l'administration régionale à formuler une stratégie adaptée à un ensemble territorial aussi disparate. Le taux d'absorption dans la région-capitale reste en 2010 l'un des plus faibles du pays. Varsovie n'est pas un cas unique. En Slovaquie, la seule région à avoir subi un dégagement d'office pour la période 2004-2006 fut la région-capitale. Les mesures envisagées s'avérèrent inadaptées au tissu économique. La ville-capitale souhaitait des moyens conséquents en faveur de l'innovation, les villes et les villages des environs voulaient que la priorité soit accordée aux infrastructures de base, notamment aux transports. C'est ainsi qu'on aboutit à ce paradoxe dans plusieurs nouveaux États membres : les régions-capitales qui sont les principales bénéficiaires de la transition sont les mauvais élèves de la politique régionale.

Faut-il invoquer les arguments de la longue durée, une référence aux partages de la Pologne entre les empires allemand, austro-hongrois et russe ? Longtemps sous tutelle russe, la région n'aurait pas bénéficié de conditions favorables pour l'émergence d'une société civile forte. L'argument ne peut être écarté d'office. Les frontières des partages modèlent encore aujourd'hui la géographie électorale. En Silésie, la limite entre les régions demeurées sous tutelle russe et celles sous tutelle allemande reste de nos jours un clivage sur le plan socio-économique (dont rend notamment compte la géographie du chômage dans la région). D'autres facteurs jouent toutefois un rôle au moins aussi important. En Mazovie, l'instabilité a prévalu durant plusieurs années, à la fois au sein du pouvoir exécutif et dans l'administration. Comment dans ces conditions capitaliser l'expérience et forger des consensus entre acteurs ? L'hétérogénéité du territoire est, il est vrai, un obstacle important. Associer la ville-capitale et ses environs peut se justifier dans une logique de région métropolitaine au sein de laquelle les centres urbains voisins de la capitale bénéficieraient du développement de celle-ci.

Dans les faits, l'héritage des décennies passées, les structures de gouvernance existantes comme la forte concentration géographique des IDE dans la ville-capitale ont concouru à entretenir un clivage entre cette dernière et son environnement. Les intérêts et les besoins diffèrent malgré des interactions fortes construites principalement sur les migrations pendulaires.

L'adhésion à l'Union européenne a incontestablement accéléré les processus de décentralisation en Europe centrale, mais le rôle des États reste prédominant. Lorsque le niveau régional est institutionnalisé, le territoire est de taille modeste (cas de la République tchèque) et/ou n'est pas doté des compétences et des moyens dont disposent d'autres régions en Europe. La Pologne est ici un cas particulier, qui révèle que la décentralisation peut être vertueuse puisqu'en 2010 la Commission considérait que la plupart des régions géraient mieux les fonds européens que l'État[2]. À l'heure où l'action locale est prônée dans la littérature consacrée au

---

2. *Entretien de l'auteur avec un représentant de la Commission européenne, mars 2010.*

développement (« *place-based policies* »), cette absence d'un échelon régional fort dans la plupart des pays d'Europe centrale peut surprendre.

Les processus de décentralisation sont-ils appelés à se poursuivre au cours des prochaines périodes de programmation ? L'hypothèse est plausible. Le seul fait qu'un cadre régional ait été constitué encourage en effet les acteurs à coopérer entre eux et à promouvoir leur territoire. Pour la période 2007-2013, le Portugal qui privilégiait jusque-là une approche nationale a consenti à régionaliser davantage la gestion des fonds, notamment dans les domaines relatifs à la stratégie de Lisbonne. En Finlande, la mise en œuvre de la politique régionale a accéléré la création d'un niveau administratif subnational (Kinnunen, 2004). En somme, l'acquis communautaire en matière de politique régionale n'impose aucun système administratif particulier, mais la mise en œuvre des fonds avec les prescriptions administratives attenantes et l'implication dans des programmes associant des collectivités de différents pays agissent comme de puissants facteurs de transformation des pratiques.

Une lente européanisation des pratiques en matière d'aménagement du territoire

Les fonds structurels permettent d'inventer une politique nouvelle intégrant la doxa en vigueur dans ce domaine dans les pays développés. On peut parler d'une européanisation des politiques d'aménagement du territoire pour signifier, non pas que tous les États membres adoptent les mêmes normes et les mêmes choix, mais qu'un processus est en cours, dans lequel des pratiques, des approches et des solutions se diffusent, lesquelles peuvent, dans le cas d'États en transition, contribuer à la refondation des systèmes de gouvernance. Cet accent mis, non pas sur l'harmonisation, mais sur les processus confère toute sa pertinence à la définition proposée par Claudio M. Radaelli (2000) de l'européanisation, à savoir : « une série de processus par lesquels les dynamiques politiques, sociales et économiques deviennent partie intégrante des discours, des identités, des structures politiques et des politiques publiques des États ».

Pour l'Europe centrale et pour la période 2007-2013, les premières années de la mise en œuvre de la politique régionale relèvent cependant davantage d'une logique d'équipement que d'une logique de développement. Certes, des différences s'observent entre nouveaux États membres. En Slovénie, les transports absorbent 25 % de l'enveloppe communautaire, l'environnement 18 % (notamment pour la gestion et le traitement de l'eau), mais 28,5 % des fonds ont été alloués à la recherche et à l'innovation. L'effort en faveur des PME est l'un des plus significatifs en Europe centrale (17,6 % des fonds). Néanmoins, presque partout, la remise en état des infrastructures de base s'est imposée comme une priorité. Cette rénovation ne s'est pas toujours passée sans difficulté, notamment dans le secteur des transports où l'on peut recenser plusieurs exemples illustrant les modalités et les difficultés de l'européanisation des pratiques en matière d'aménagement des territoires.

En Pologne, pour la période 2004-2006, le ministère des Transports proposa des projets dont la conception remontait à la période communiste. Leur préparation technique étant avancée, la consommation des fonds devait s'en trouver facilitée. Ces projets reflétaient toutefois le choix stratégique de la période communiste au cours de laquelle la Pologne avait la vocation d'être un pays de transit entre l'Est et l'Ouest. Or, les flux nord-sud, notamment en raison des mobilités internes au pays sont désormais plus importants que les flux ouest-est, et la connexion entre la capitale et les principales grandes villes du pays apparaît urgente. En outre, les autorités polonaises avaient prévu des investissements massifs dans la partie orientale du pays pour deux raisons : le sous-développement des territoires situés à l'est de Varsovie, d'une part, la volonté de reconnecter le territoire polonais à l'Ukraine, d'autre part. Au motif que les fonds devaient être prioritairement dépensés dans des projets reliant la Pologne au marché unique, sur des axes où les flux sont en forte croissance, la Commission a souhaité et obtenu que les plans soient revus. Elle a toutefois insisté pour que l'axe Via Baltica (vers les pays baltes) soit privilégié. Certains projets routiers ont par ailleurs été retardés en raison de procédures d'appels d'offres non conformes au droit européen ou d'une législation nationale décourageant l'expropriation ou encore d'entorses aux exigences européennes en matière environnementale.

Un conflit opposa ainsi les autorités polonaises à la Commission européenne en 2005 concernant un projet routier traversant la vallée de la Rospuda, dans le nord-est du pays. Dans son tracé initial, la rocade d'Augustów devait traverser des espaces précieux pour la richesse de leur biodiversité. Aux yeux des autorités locales comme du gouvernement central, elle s'imposait toutefois pour interrompre le flux de camions dans le centre de la ville. Interpellée par des ONG environnementales, la Commission souligna que la Pologne aurait dû désigner les espaces concernés comme sites Natura 2000. Selon la législation européenne, ces sites doivent bénéficier de mesures particulières. Tout projet n'y est pas interdit mais doit être précédé d'études d'impact précises afin de vérifier notamment que l'intégrité du site en question n'est pas affectée. Des mesures de protection de la faune et de la flore, et de compensation doivent également être actées. La Commission souligna que le retard pris par la Pologne pour établir la liste des espaces protégés en vertu de la législation européenne ne pouvait servir de prétexte à la mise en œuvre du projet sans examen de ses implications pour la biodiversité. Selon elle, les espaces en question devaient être protégés.

Les discussions avec la Commission n'ayant pas abouti, celle-ci lança une procédure d'infraction en 2006 puis saisit la Cour de justice en 2007 tout en adressant, pour la première fois à l'échelle de l'Union, une injonction à la Pologne pour que les travaux soient suspendus dans l'attente du jugement. La Commission lança également une procédure à l'encontre de la Pologne pour son retard pris dans la désignation des sites Natura 2000, les sites déclarés étant trop peu nombreux au regard des territoires abritant une faune et une flore exceptionnelles. C'est toutefois la juridiction polonaise qui, en 2008, déclara illégal le projet. Entre-temps, le gouvernement polonais avait changé à la suite d'élections et avait ouvert des négociations pour l'examen d'un nouveau tracé. Une solution fut trouvée mais le différend permit aux ONG environnementales polonaises de disposer d'une visibilité dont elles manquaient jusqu'à présent et fournit une illustration de l'européanisation des nouveaux États membres à travers la politique régionale. Celle-ci, loin d'être une simple subvention, exige le respect de normes et de pratiques, et permet la mise en œuvre de la législation européenne, notamment dans le domaine environnemental.

En revanche, la Commission européenne a eu plus de difficultés à imposer que les projets ferroviaires bénéficient d'autant d'efforts que les projets routiers. Ces derniers sont plus faciles à mettre en œuvre et plus visibles pour les acteurs politiques. Quelques-uns des nouveaux États, faute d'avoir une vision centre-européenne de leur système de transport, ont argué de leur taille trop petite pour investir dans la solution ferroviaire. En Pologne, ce sont les difficultés internes de la société nationale des chemins de fer qui ont provoqué un retard significatif dans la consommation des fonds européens.

La Commission européenne peut ici arguer que les règlements européens contraignent les États membres à des investissements conséquents dans des solutions innovantes et moins émettrices de carbone que le transport routier. Sous réserve d'un inventaire plus détaillé au terme de la période de programmation 2007-2013, il apparaît que les pays d'Europe centrale ont avant tout eu recours à des solutions classiques telles que la construction de routes. Des solutions novatrices ont certes été mises en œuvre en République tchèque (dans le transport routier) et en Slovénie (dans le transport aérien), plus tardivement en Pologne (installation en 2010 de bornes de recharge pour les véhicules électriques), mais elles demeurent peu répandues alors qu'elles se diffusent rapidement à l'Ouest du continent. Le manque d'infrastructures de base dans plusieurs régions peut justifier la priorité accordée au secteur routier, mais les orientations que prennent désormais les politiques de mobilité dans les anciens États membres (mobilités douces, ferroutage, intermodalité, etc.) se retrouvent peu dans les documents de planification en Europe centrale et dans les projets adoptés.

Dans d'autres domaines, le souci d'équiper le pays, en recourant le cas échéant à des solutions techniques peu innovantes, a prévalu sur la volonté de dépasser la simple logique de rattrapage. La lutte contre les risques d'inondation est ainsi souvent passée par la rénovation et la constitution de digues qui présentent l'inconvénient d'accélérer la vitesse des débits en cas de crue et ne font que reporter l'impact de celle-ci sur les communes situées en aval. De même, dans la gestion des déchets, la construction d'incinérateurs (notamment dans les grandes villes) a souvent prévalu sur la mise en place de politiques de recyclage (10 % environ des déchets sont recyclés en Europe centrale contre 50 % dans les États les plus performants de l'Union européenne.

Les fonds structurels permettent de moderniser les infrastructures de base. Dans le domaine des transports comme dans celui de l'environnement, l'heure est toutefois en Europe occidentale à la valorisation de politiques intégrées qui exigent outre des investissements en dur une modernisation institutionnelle et des capacités de planification stratégique. Les fonds européens, utilisés intelligemment, permettent de telles options mais ne les imposent pas. La Commission a des instruments juridiques pour encourager l'adoption de solutions innovantes (notamment plusieurs directives dans le domaine de l'environnement) mais elle dispose d'un pouvoir limité, même si les projets les plus coûteux exigent un examen au cas par cas (la majorité des projets s'inscrivent dans les documents stratégiques approuvés en amont).

La crise intervenue en 2008 ne semble pas avoir changé la donne. En matière de développement durable, le secteur de l'habitat est particulièrement important puisqu'il fut l'un des plus affectés par la crise. Il est en outre responsable de 40 % de la consommation énergétique de l'UE. Le secteur de l'éco-innovation compte principalement des PME, une catégorie d'entreprises vulnérables à l'assèchement du crédit. En outre, les fonds structurels fournissent en théorie aux nouveaux États membres des moyens leur permettant de moderniser leur parc immobilier. Ce sont malgré tout les États les plus avancés en la matière (RFA, Espagne, Suède, par exemple) qui ont pris à partir de 2008 les mesures les plus significatives dans l'UE en faveur de l'efficacité énergétique, la France engageant un processus de rattrapage significatif.

En Europe centrale, des ajustements législatifs ont été adoptés (Pologne, Bulgarie). La République tchèque a pris des mesures d'accompagnement dans le cadre des fonds structurels (elle a également ciblé les ménages les plus modestes) et a adopté un plan d'action en matière d'efficacité énergétique. La Lituanie et la

Lettonie ont actualisé le leur. Néanmoins, des solutions techniques classiques ont été le plus souvent adoptées. En Pologne, l'efficacité énergétique n'a fait l'objet que de cinq projets entre 2007 et 2009, d'un montant total de 7 millions d'euros (Commission européenne, 2009). Les dispositifs complets associant encouragements fiscaux, politiques de formation, modernisation du cadre juridique, qui sont probablement les plus efficaces sur le long terme, restent l'apanage de quelques anciens États membres. Pourtant, en Europe centrale, la question de l'efficacité énergétique revêt une importance stratégique pour la sécurité et l'indépendance des États. Le charbon y joue encore un rôle important dans le bilan énergétique (il est utilisé à 95 % pour la production d'électricité en Pologne), et l'unique alternative à court terme est une hausse des importations de gaz en provenance de la Russie. Un recours accru à l'énergie nucléaire est envisagé dans certains pays mais à court et moyen terme, le rôle du charbon ne devrait décliner que progressivement.

Dans les deux domaines du transport et de l'habitat, la contrainte imposée par la Commission européenne (à travers les règlements régissant l'usage des fonds structurels ou certaines directives, notamment dans le secteur énergétique) ne permet qu'à la marge la diffusion en Europe centrale des solutions les plus innovantes. Il est vrai que la Commission comme les nouveaux États membres ont un intérêt commun : veiller à un taux de consommation satisfaisant des crédits dans les délais alloués (au titre de la règle N + 2[3]). Le développement durable reste encore peu valorisé en Europe centrale, alors même que les fonds structurels permettent en théorie de conduire des politiques intégrées, répondant à la fois aux

3. *Selon cette règle, un dégagement des fonds est opéré au terme de la deuxième année suivant la fin de la période de programmation si les projets prévus n'ont pas été réalisés à temps.*

investissements techniques nécessaires et aux besoins en qualifications. Les recommandations du rapport Barca, suggérant qu'une conditionnalité plus forte soit imposée et que les documents stratégiques soient davantage concertés, apparaissent ici pertinentes, sous réserve d'une dotation conséquente de la Commission en personnel (Barca, 2009).

L'européanisation des législations s'opère et les projets ne manquent pas en matière d'infrastructures, mais l'européanisation des pratiques, à savoir l'adoption de solutions innovantes, dans le domaine de la gestion de l'environnement comme dans celui des transports, tarde. Si le bilan provisoire des nouveaux États membres dans la mise en œuvre de la politique régionale est jugé satisfaisant par la Commission européenne (à l'exception des pays entrés en 2007), un état des lieux complet n'est guère possible en 2010. Même pour la période de programmation s'achevant en 2006, les audits peuvent prendre plusieurs années et de nombreux projets ont déjà été en 2010 déclarés non éligibles aux fonds européens. Le plus souvent, des appels d'offres non conformes à la législation européenne, des études d'impact environnemental trop légères sont la cause de ces corrections imposées par les services de la Commission européenne. Ces audits sont suivis avec attention par les nouveaux États membres qui restent responsables du bon usage des fonds européens, quel que soit le niveau de décentralisation consenti, par la Commission européenne qui se voit reprochée par le Parlement européen de tolérer un pourcentage de projets inéligibles trop élevé (11 % à l'échelle de l'Union) et enfin… par les États soucieux de réduire le budget de telle ou telle politique commune en vue de la prochaine période de programmation. En ce sens, l'avenir de la politique régionale qui absorbe environ le tiers du budget européen se joue en grande partie en Europe centrale et plus particulièrement en Pologne.

Une meilleure gouvernance, la principale plus-value de la politique régionale

Fin 2009, sur les cinq États présentant les finances publiques les plus dégradées de la zone euro, quatre étaient les principaux bénéficiaires de la politique de cohésion au cours des décennies précédentes. Simple coïncidence ? Probablement, à moins de penser que les fonds structurels ont entretenu une « culture du béton » qui a fini par donner lieu à une bulle immobilière aux conséquences dévastatrices. Il reste que cette bulle n'aurait pas eu l'ampleur qu'elle a eue sans les taux d'intérêt bas qui ont prévalu durant plusieurs années dans la zone euro et qu'elle aurait pu être évitée si les États concernés s'étaient refusés à l'entretenir au moyen d'incitations fiscales. Le système bancaire de ces pays n'aurait pas flanché si un changement de paradigme ne s'était pas opéré à la fin des années 1990 au profit d'une sophistication croissante des instruments financiers, importée des États-Unis et qui a finalement abouti à une période de forte croissance suivie de la pire récession depuis la seconde guerre mondiale. On ne peut toutefois passer sous silence le bilan modeste de la politique de cohésion lorsqu'il s'agit de renouveler le modèle de développement des pays bénéficiaires et de permettre l'émergence d'économies de la connaissance.

Faut-il en conclure que les résultats obtenus par une politique de cohésion organisée autour d'un ensemble complexe de principes et de procédures pourraient tout autant l'être par une simple redistribution à l'échelle des États ? Voire que la convergence des PIB pourrait être obtenue par la seule réunion au sein du grand marché des États membres et que l'Union devrait se focaliser sur le financement de l'innovation technologique ? Au terme de ce panorama de l'Europe centrale, il nous semble plutôt que « c'est d'abord et avant tout le manque de solidarité qui menace la viabilité du projet européen[4] ». Il nous apparaît également que la principale valeur ajoutée de la politique régionale relève du politique : elle marque l'appartenance à un ensemble qui se veut davantage qu'un vaste marché et permet à de nombreux acteurs du développement – de la commune à l'État – de s'inscrire dans un espace où se diffusent concepts, débats et pratiques de l'aménagement des territoires.

Quelle tendance s'annonce pour les prochaines périodes de programmation ? Chaque réforme de la politique régionale a abouti à la fois à un renforcement des contrôles des procédures financières et à une simplification de son architecture, généralement saluée par des acteurs locaux et nationaux prompts à dénoncer la bureaucratie européenne. La réforme adoptée pour la période de programmation 2007-2013 a ainsi réduit le nombre des objectifs, des instruments financiers, et supprimé des programmes spécifiques (Leader, Urban). En se simplifiant, l'architecture de la politique régionale s'adapte à une Union élargie et à des défis territoriaux plus variés que naguère mais ne s'assure pas une meilleure consommation des crédits puisque les exigences administratives demeurent quasiment inchangées. Surtout, elle réduit la capacité de l'Union à valoriser certains concepts de développement et d'aménagement du territoire.

Or la plupart des nouveaux États membres ont accordé la priorité aux infrastructures de base sans nécessairement utiliser les fonds européens pour mettre en œuvre des politiques urbaines intégrées, pour initier des politiques de développement rural innovantes dans un contexte de déprise agricole, pour développer des politiques actives de l'emploi à l'échelle locale ou pour répondre aux risques environnementaux par des techniques différentes de celles du passé. Dans des États d'Europe centrale où le

4. *Entretien avec Joseph Stiglitz,* Le Monde, *22 mai 2010.*

développement demeure plus souvent perçu comme le produit d'infrastructures que comme celui d'institutions, de jeux d'acteurs, d'investissements dans les ressources humaines, inciter de manière plus directe à valoriser le capital social ne serait pas superflu. Un plus grand dirigisme de la Commission sur ces sujets se serait néanmoins probablement heurté aux réticences de certains États membres et au manque de ressources humaines de la Commission. Il reste que si l'on représente l'aménagement des territoires comme un triangle reposant sur la ressource financière, la qualité de la gouvernance et le concept de développement, ce dernier ne fait pas l'objet d'une action spécifique. À force de simplifier le cadre de la politique régionale, celle-ci risque de se réduire à un simple outil de redistribution. De même, le seul indicateur retenu dans les réflexions de la Commission faute de mieux (à savoir le PIB par habitant) gagnerait à être précisé et croisé avec d'autres indicateurs tant il offre une vision partielle des dynamiques territoriales. En ce sens, les évaluations strictement économiques de l'impact des fonds structurels négligent le plus souvent le rôle clé que ces derniers peuvent jouer en matière de gouvernance et de diffusion de bonne pratique.

En comparaison avec l'analyse économique néoclassique, les approches institutionnalistes semblent mieux adaptées à l'étude de l'impact de la politique régionale. Loin de pouvoir être réduits à de simples espaces passifs au sein desquels s'organise l'accumulation capitalistique, les territoires ont des dynamiques de développement qui reposent en grande partie sur les réseaux sociaux et les legs du passé. Certains géographes ont ainsi prôné une troisième voie entre l'interprétation néoclassique arguant que le marché résout sur le long terme les inégalités spatiales de développement et l'approche keynésienne qui plaide en faveur d'un État redistributeur d'emplois et de revenus (Storper, 1997). Cette troisième voie insiste sur le rôle des dynamiques sociales, des jeux d'acteurs dans le développement et notamment de la proximité dans les processus d'innovation (Johnson et Lundvall, 1994). D'autres ont spatialisé la notion d'*embeddedness* développée par les sociologues (Granovetter, 1985) pour souligner le rôle des environnements dans le développement des entreprises et l'attachement des entreprises à leur territoire (Storper, 1997). La notion de « dépendance du chemin » a également été reprise signifiant, sur le plan territorial, que les espaces connaissent une inertie susceptible de renforcer leur spécialisation ou limitant leurs capacités d'adaptation.

Cette troisième voie présente toutefois l'inconvénient de réifier l'échelon régional (comme en témoigne le succès rencontré par le concept de « région apprenante »), alors qu'il est sans doute préférable d'analyser le développement comme un processus multiscalaire. À une analyse appréhendant les niveaux mondial, national, régional comme des cadres statiques, il convient dans cette logique de préférer l'étude des interactions entre ces niveaux. Doreen Massey (1994) parle ainsi de l'espace comme un ensemble de relations sociales qui se recoupent, se croisent, et de réseaux sociaux qui structurent le territoire. En outre, l'accent mis sur le rôle positif des dynamiques collectives, du « *collective learning* », ne doit pas dissimuler les divergences d'intérêt et les rapports de force qui apparaissent partout sans nécessairement nuire au développement. Sur ce point, la plus-value de la politique régionale n'est pas de dissoudre ou d'occulter les conflits mais de contraindre les acteurs des différents échelons territoriaux à débattre ensemble du développement.

Conclusion

La crise ouverte à l'été 2008 met-elle un terme, pour la troisième fois en un siècle, à une période d'expansion prometteuse de l'Europe centrale ?

Avant 1989, la région a déjà connu deux phases de rattrapage interrompues : la première au lendemain de la première guerre mondiale lorsqu'un flot de capitaux et un afflux de technologies nouvelles permirent une croissance qui fut abrégée par la crise des années 1930 ; la seconde dans les années 1970 avec une nouvelle phase expansionniste qui, même si elle reposait sur un modèle économique et social inadapté, se traduisit par une hausse du niveau de vie, mais se heurta au manque d'investissements dans le tissu productif et aux restrictions imposées par l'Ouest dans le contexte de l'intervention soviétique en Afghanistan. Les neuf pays qui avaient un PNB par habitant voisin de 59 % de celui de l'Europe occidentale en 1820, de 51 % en 1950, affichaient alors un PNB par habitant équivalant à 40 % de l'UE-15 en 1989 (Berend, 2003, p. 15). En 2008, c'est au terme d'une vingtaine d'années de modernisation réussie mais incomplète que la crise financière mondiale est survenue.

L'Histoire se répéterait-elle ? Certes, des similitudes existent. À chaque fois, l'endettement et donc la dépendance par rapport aux flux de capitaux extérieurs ont constitué l'une des principales vulnérabilités des économies de la région. En 1931, le service de la dette en Hongrie était de 48 millions de dollars américains, soit la moitié des flux entrants de capitaux en 1928 (88 millions de dollars américains). Le ratio service de la dette/exportations était de 48 % en Hongrie, de 36 % en Roumanie et en Yougoslavie, et de 27 % en Pologne. Dans ce contexte, le seul bénéfice de la crise de 1929 fut de réduire l'endettement de ces pays grâce principalement à la dévaluation du dollar en janvier 1934. Dans les années 1970, l'endettement fut à nouveau un problème, notamment en Pologne où le remplacement de Władysław Gomułka par Edward Gierek à la tête du Parti correspondit à une forte hausse de l'emprunt qui alimenta brièvement la consommation et les investissements. En 2008, la question de la dette est à nouveau un problème clé, du moins dans un certain nombre de pays. Au-delà des similitudes de façade, d'importantes distinctions apparaissent entre ces trois phases.

Dans les années 1930, la conséquence tirée de la crise fut une intervention plus importante de l'État dans l'économie. Dans les années 1970, une brèche dans le dogme en vigueur fut tolérée avec l'esquisse d'une économie de marché dans certains pays (Bulgarie, Hongrie, Yougoslavie). En 2008-2010, la crise n'a eu de conséquences sérieuses que dans certains pays, et nulle part, les choix en faveur de l'UE, de la démocratie, de l'économie de marché, n'ont été remis en cause. Début 2010, un hebdomadaire britannique pouvait lancer aux économies du sud de l'Europe en proie à une crise de la dette souveraine : « si vous cherchez une solution à vos problèmes : regardez à l'Est[1] ».

À la vérité, peut-on parler d'un Est ? La crise a révélé une forte différenciation parmi les pays d'Europe centrale. En mai 2010, la Roumanie était sommée par le FMI d'accélérer la mise en œuvre des réformes promises en échange du versement d'une nouvelle tranche du prêt accordé un an plus tôt. Le même mois, l'Estonie se voyait accorder le soutien de la Commission européenne pour son adhésion à la zone euro. Ces écarts étaient visibles dès avant la crise et même au cours de la période communiste. La terminologie employée (bloc de l'Est depuis devenu pays de l'Est) rendait peu compte de la diversité des situations dans l'espace qui s'étirait de

---

1. *« What Went Right »,* The Economist, *18 mars 2010.*

la Baltique à l'Adriatique. Rien de surprenant ici. Même dans le cadre des quatre empires qui composaient l'Europe centrale, les différences étaient sensibles entre les territoires avancés dans leur processus d'industrialisation et les espaces confinés dans des activités agricoles. Depuis 1989, le rattrapage qui s'opère connaît une géographie qui ne se superpose que partiellement à celle qui fut le cadre des précédentes phases de rattrapage. Les pôles et les régions traditionnellement dynamiques le sont toutefois restés.

Le défi pour les nouveaux États membres ne saurait au demeurant se résumer à celui d'un rattrapage avec l'Ouest en termes de PIB par habitant ou de revenu. Le fait que vingt ans après les débuts de la transition, les pays disposant des finances publiques les plus fragiles soient d'anciens États membres suggère que les modèles de développement adoptés à « l'Ouest » ne sont pas tous des exemples à suivre. Surtout, se focaliser sur la question du rattrapage en termes de PIB par habitant reviendrait pour les pays d'Europe centrale à suivre la voie adoptée par les plus avancés à la charnière du XIXe et du XXe siècle. Celle-ci a certes permis une industrialisation selon des schémas inspirés par l'Ouest, mais à l'heure de leur diffusion en Europe centrale, ces schémas étaient déjà perçus comme dépassés par les acteurs économiques ouest-européens les plus innovants. Le problème majeur, identifié comme tel par Ivan Tibor Berend (2003), étant que l'Europe centrale et orientale n'a jamais initié de révolution technologique et n'a jamais disposé des ressources nécessaires pour innover et combler ses lacunes en matière de savoir et de savoir-faire.

La période ouverte en 1989 constitue en ce sens une rupture, non seulement avec la période communiste mais également avec la longue durée dans le sens où, dans l'Union européenne, les États d'Europe centrale ont pu satisfaire leurs aspirations identitaires tout en disposant du grand marché européen. La fragmentation politique est allée de pair avec cette intégration dans un vaste espace que l'économie exige. Certains précédents (notamment celui de la Grèce que les nouveaux États membres de la zone euro – entre autres – ont financièrement assistée dans le cadre du plan européen adopté en 2010) invitent toutefois à considérer que l'intégration européenne ne saurait être une fin en soi. Pour conjurer enfin leur statut de périphérie, fût-ce de l'Ouest plutôt que de l'Est, les États d'Europe centrale ne peuvent limiter leur ambition à « rattaper l'Ouest ».

Bibliographie

ABA, *Austria, the Ideal Hub for Central and Eastern Europe*, Vienne, ABA, 2007.

ACRE REPORT, *From State Socialism to Global Capitalism : Budapest on the Way to Creative and Knowledge-based Cities. Pathways to Creative and Knowledge-based Cities*, Amsterdam, ACRE, 2007.

ACS (Zoltan), AUDRETSCH (David B.) et FELDMAN (Maryann P.), *Innovation and R&D Spillovers*, Londres, Centre for Economic Performance, The London School of Economics and Political Science, 1993.

ADANIR (Fikret), « Tradition and Rural Change in Southeastern Europe during Ottoman Rule », dans Daniel Chirot (ed.), *The Origins of Backwardness in Eastern Europe*, Berkeley (Calif.), University of California Press, 1989.

AGENCE INTERNATIONALE DE L'ÉNERGIE (AIE), *Black Sea Energy Survey*, Paris, AEI, 2000.

AGENCE INTERNATIONALE DE L'ÉNERGIE (AIE), *Security of Gas Supply in Open Markets, LNG and Power at a Turning Point*, Paris, AEI, 2004.

AGHION (Philippe) et HOWITT (Peter), *Endogeneous Growth Theory*, Cambridge (Mass.), The MIT Press, 1998.

ALONSO (William), *Location and Land Use toward a General Theory of Land Rent*, Cambridge (Mass.), Harvard University Press, 1964.

AMIN (Ash), « An Institutionnalist Perspective on Regional Economic Development », *International Journal of Urban and Regional Research*, 23, 1999.

AMIN (Ash) et THRIFT (Nigel), « Institutional Issues for the European Regions : From Markets and Plans to Socioeconomics and Powers of Association », *Economy and Society*, 24, 1995.

AOKI (Masahiko), *Information, Incentives and Bargaining in the Japanese Economy*, Cambridge, Cambridge University Press, 1998.

ASHEIM (Bjørn), « Industrial Disctricts as "Learning Regions". A Condition for Prosperity ? », *Studies in Technology, Innovation and Economic Policy*, Oslo, Université d'Oslo, 1995.

ATKINSON (Anthony Barnes), *The Changing Distribution of Earnings in OECD Countries*, Oxford, Oxford University Press, 2008.

AURETSCH (David B.) et FELDMAN (Maryann P.), « Knowledge Spillovers and the Geography of Innovation », dans Jacques-François Thisse et J. Vernon Henderson (eds), *Handbook of Urban and Regional Economics*, Amsterdam, North Holland, 2004.

AYDALOT (Philippe), « Metropolitan Processes Analysis and Planning, the French Experience », communication au colloque *Economic Change and Urbanization Trends with Medium Size Metropolitan Systems in Europe*, Florence, décembre 1986.

AYDALOT (Philippe), « Les technologies nouvelles et les formes actuelles de la division du travail », *Dossier du Centre Économie Espace Environnement*, 47, 1987.

AYYAGARI (Meghana) et KOSOVA (Renata), « Does FDI Facilitate Domestic Entrepreneuship ? Evidence from the Czech Republic », *Working Paper Series of the Social Science Research Network*, septembre 2006.

BADIE (Bertrand), *La Fin des territoires. Essai sur le désordre international et sur l'utilité sociale du respect*, Paris, Fayard, 1997.

BAFOIL (François), *Europe centrale et orientale. Mondialisation, européanisation et changement social*, Paris, Presses de Sciences Po, coll. « Références », 2006.

BAFOIL (François) (dir.), *La Pologne*, Paris, Fayard, 2007.

Bafoil (François) et Beichelt (Timm) (dir.), *L'Européanisation d'Ouest en Est*, Paris, L'Harmattan, coll. « Logiques politiques », 2008.

Bailly (Antoine), « La science régionale en perspective », *Géographie, économie, société*, 11, 2009.

Bairoch (Paul), *Commerce extérieur et développement économique de l'Europe au XIXe siècle*, Paris, Mouton, 1976.

Bak Basel Economics, *De la subsidiarité à la réussite : l'impact de la décentralisation sur la croissance économique*, Bruxelles, Assemblée des Régions d'Europe, mai 2009.

Banik-Schweitzer (Renate), « Visions urbaines, plans et projets entre 1890 et 1937 », dans Eve Blau et Monika Platzer (dir.), *L'Idée de la grande ville. L'architecture moderne d'Europe centrale, 1890-1937*, Prestel, Munich, 2000.

Banque mondiale, *EU-8 : Administrative Capacity in the New Member States : The Limits of Innovation ? Poverty Reduction and Economic Management Unit. Europe and Central Asia*, Washington (D. C.), Banque mondiale, 2006.

Banque mondiale, *Competitive Agriculture or State Control : Ukraine's Response to the Global Food Crisis*, Washington (D. C.), Banque mondiale, 2008.

Banque nationale tchèque, *Foreign Direct Investment*, Prague, Banque nationale tchèque, 2010.

Barca (Fabrizio), *Agenda for a Reformed Cohesion Policy. A Place-based Approach to Meeting European Union Challenges and Expectations*, rapport indépendant préparé pour le compte de Danuta Hübner, commissaire européen en charge de la politique régionale, Bruxelles, 2009.

Barkey (Karen) et Hagen (Mark von), *After Empire : Multiethnic Societies and Nation-Building : The Soviet Union and the Russian, Ottoman and Habsburg Empires*, Boulder (Colo.), Westview, 1997.

BARRIOS (Salvador), GÖRG (Holger) et STROBL (Eric), « Multinationals' Location Choice, Agglomeration Economies and Public Incentives », *International Regional Science Review*, 29 (1), 2006.

BARRO (Robert J.) et SALA-I-MARTIN (Xavier), *Economic Growth*, New York (N. Y.), McGraw Hill, 1995.

BARRY (Frank), *Understanding Ireland's Economic Growth*, Basingstoke, Palgrave-Macmillan, 1999.

BARTA (Györgyi) et KUKELY (György), « The Role of Foreign Direct Investment in Hungary's Regional Development », *Moravian Geographical Reports*, 15 (2), 2007.

BARTOK (BÉLA), « Népzenénk és a szomszédos népek népzénéje », dans Ivan T. Berend et Eva Ring (eds), *Helyünk Europaban : Nézetek es koncepciok a 20. Szazadi Magyarorszagon*, 2 vol., Budapest, Magveto, 1986.

BATHELT (Harald), MALMBERG (Anders) et MASKELL (Peter), « Clusters and Knowledge : Local Buzz, Global Pipelines and The Process of Knowledge Creation », *DRUID Working Paper*, Copenhague, Danish Research Unit for Industrial Dynamics (DRUID), 2002.

BAUDELLE (Guy) et CASTAGNÈDE Bernard (dir.), *Le Polycentrisme en Europe. Une vision de l'aménagement du territoire européen*, La Tour-d'Aigues, Éditions de l'Aube, 2002.

BAUDELLE (Guy) et JEAN (Yves), *L'Europe : Aménager les territoires*, Paris, Armand Colin, 2009.

BEAUVIALA-RIPERT (Christine), PECQUEUR (Bernard) et ROUSIER (Nicole), *L'Internationalisation, un enjeu territorial*, Grenoble, IREPD, 1993.

BECATTINI (Giacomo), *Mercato e forze locali : il distretto industriale*, Bologne, Il Mulino, 1987.

BENKO (Georges), « Territoires et sciences sociales », dans Xavier Itçaina, Jacques Palard et Sébastien Segas (dir.), *Régimes territoriaux et développement économique*, Rennes, Presses universitaires de Rennes, 2007.

BENKO (Georges) et LIPIETZ (Alain), « De la régulation des espaces aux espaces de régulation », dans Robert Boyer et Yves Saillard (dir.), *Théorie de la régulation : l'état des savoirs*, Paris, La Découverte, 1995.

BÉRARD (Ewa) et JAQUAND (Corinne) (dir.), *Architectures au-delà du mur : Berlin, Varsovie, Moscou, 1989-2009*, Paris, Picard, 2009.

BEREND (Ivan Tibor), *History Derailed, Central and Eastern Europe in the Long Ninetenth Century*, Berkeley (Calif.), University of California Press, 2003.

BEREND (Ivan Tibor) et RANKI (György), *Economic Development in East-Central Europe in the 19th and 20th Centuries*, New York (N. Y.), Columbia University Press, 1974.

BERLIN (Isaiah), *The Age of Enlightenment : The Eighteenth-Century*, Oxford, Oxford University Press, 1979.

BIBÓ (István), *Misère des petits États d'Europe de l'Est*, Paris, L'Harmattan, 1986.

BIROL (Fatih), *Outlook for European Gas Demand, Supply and Investment to 2030*, Paris, Agence internationale de l'énergie, 2003.

BLAU (Eve) et PLATZER (Monika) (dir.), *L'Idée de la grande ville. L'architecture moderne d'Europe centrale, 1890-1937*, Munich, Prestel, 2000.

BLAŽEK (Jiří) et UHLIR (David), « Regional Innovation Policies in the Czech Republic and the Case of Prague : An Emerging Role of a Regional Level ? », *European Planning Studies*, 15 (7), août 2007.

BOEKHOLT (Patries), *Methodology to Identify Regional Clusters of Firms and their Needs*, étude pour Sprint-RITTS Workshop, Luxembourg, 1994.

BOHAN (Charles), « Les stratégies des firmes multinationales de l'automobile dans l'Europe élargie : le modèle centre-périphérie à l'épreuve », *Géocarrefour*, 84 (3), 2009.

BOHATA (Marie), « Linde Technopolyn a.s. », *Eastern European Economics*, 36 (4), juillet-août 1998.

BOHI (Douglas R.) et TOMAN (Michael A.), *The Economics of Energy Security*, Dordrecht, Kluwer Academic Publishers, 1996.

BOLDRIN (Michele) et CANOVA (Fabio), « Regional Policies and EU Enlargement », *CEPR Discussion Papers*, 3744, 2003.

BOUBA-OLGA (Olivier), *Les Nouvelles Géographies du capitalisme. Comprendre et maîtriser les délocalisations*, Paris, Seuil, 2006.

BOURASA (Frédéric), « La Restructuration du secteur automobile en Europe centrale : le rôle des investissements directs étrangers et la formation des réseaux de production », *Actes du GERPISA*, 29, 2000.

BRAUDEL (Fernand), préface à Jenó Szúcs, *Les Trois Europe*, Paris, L'Harmattan, coll. « Domaines danubiens », 1985.

BREATHNACH (Michael) et KELLY (David), « Multinationals, Subcontracting Linkages and the Innovative Performance of Indigeneous Firms : Some Irish Evidence », document présenté lors de l'European Network on Industrial Policy International Conference, Dublin, 9-10 décembre 1999.

BRUNET (Roger), ECKERT (Denis) et KOLOSSOV (Vladimir), *Atlas de la Russie et des pays proches*, Paris, La Documentation française, 1995.

BUCKLEY (Peter J.) *et al.*, « The Determinants of Chinese outward Foreign Direct Investment », *The Journal of International Business Studies*, 38 (4), 2007.

CAHUC (Pierre), *La Nouvelle Microéconomie*, Paris, La Découverte, 1998.

CAMAGNI (Roberto) et MAILLAT (Denis), *Milieux innovateurs. Théories et politiques*, Paris, Economica, 2006.

CAPELLO (Roberta), « Regional Growth and Local Development Theories : Conceptual Evolution over Fifty Years of Regional Science », *Géographie, économie, société*, 11 (1), janvier 2009.

CARTER (Francis W.), « Prague and Sofia : An Analysis of their Changing Internal City Structure », dans Richard A. French et Ian F. E. Hamilton (eds), *The Socialist City : Spatial Structure and Urban Policy*, New York (N. Y.), John Wiley and Sons, 1979.

CHANDLER (Alfred D.), *Scale and Scope : The Dynamics of Industrial Capitalism*, Cambridge (Mass.), Harvard University Press, 1990.

CHENG (Leonard K.) et MA (Zihui), « China's outward Foreign Direct Investment », communication présentée à The Indian Statistical Institute, 12 décembre 2007.

CHRISTALLER (Walter), *The Central Places of Southern Germany*, Englewood Cliffs (N. J.), Prentice Hall, 1966.

CLARYSSE (Bart) et MULDUR (Ugur), « Regional Cohesion in Europe ? An Analysis of How Public RTD Support Influences the Techno-Economic Regional Landscape », *Research Policy*, 30 (2), 2001.

CLINGENDAEL INTERNATIONAL ENERGY PROGRAMME (CIEP), *Study on Energy Supply Security and Geopolitics. Final Report for DG TEN*, La Haye, Institute for International Relations « Clingendael », janvier 2004.

CNUCED, *Case Study on outward Foreign Direct Investment by Russian Enterprises*, New York (N. Y.), United Nations Publications, 8 novembre 2005.

CNUCED, *FDI from Developing and Transition Economies : Implications for Development*, New York (N. Y.), United Nations Publications, 2006.

COASE (Ronald), *The Nature of the Firm*, Paris, Economica, 1937.

COE (Neil M.), HESS (Martin), YEUNG (Henry Wai-chung), DICKEN (Peter) et HENDERSON (Jeffrey), « "Globalizing" Regional Development : A Global Production Networks Perspective », *Transactions of the Institute of British Geographers*, 29, 2004.

COLLINS (Patrick) et PONTIKAKIS (Dimitrios), « Innovation Systems in the European Periphery : The Policy Approaches of Ireland and Greece », *Science and Public Policy*, 33 (10), 2006.

COMMISSION EUROPÉENNE, *Livre vert. Vers une stratégie européenne de sécurité d'approvisionnement énergétique*, Bruxelles, Commission européenne, 2000.

COMMISSION EUROPÉENNE, *L'Europe élargie. Voisinage : un nouveau cadre pour les relations avec nos voisins de l'Est et du Sud. Communication de la Commission au Conseil et au Parlement européen*, Bruxelles, Commission européenne, 2003.

COMMISSION EUROPÉENNE, *European Commission Economic Forecast*, Bruxelles, Commission européenne, 2009.

CONNELLY (John), « Review of Decades of Crisis : Central and Eastern Europe before World War II », *Journal of Economic History*, 59 (4), 1999.

COOKE (Philip) et MORGAN (Kevin), *The Associative Region*, Oxford, Oxford University Press, 1998.

COURAULT (Bernard), « PME et industrialisation : que sont devenues les PME du miracle choletais (1945-2004) ? », *working paper*, 53, Paris, Centre d'études de l'emploi, décembre 2005.

CRONON (William), *Nature's Metropolis. Chicago and the Great West*, New York (N. Y.), Norton, 1991.

CROZET (Matthieu) et LAFOURCADE (Miren), *La Nouvelle Économie géographique*, Paris, La Découverte, coll. « Repères », 2009.

CROZIER (Michel), *État modeste, État moderne. Stratégies pour un autre changement*, Paris, Fayard, 1986.

CUMBERS (Andrew), MAC KINNON (Danny) et MCKASTER (Robert), « Institutions, Power and Space : Assessing the Limits to Institutionalism in Economic Geography », *European Urban and Regional Studies*, 10 (4), 2003.

CZAMANSKI (Stan) *et al.*, *Study of Spatial Industrial Complexes*, Halifax, Institute of Public Affairs, 1976.

DABROWSKI (Marcin), « Structural Funds as a Driver for Institutional Change in Poland », *Europe-Asia Studies*, 60 (2), mars 2008.

DAVEZIES (Laurent), *La République et ses territoires. La circulation invisible des richesses*, Paris, Seuil, coll. « La République des idées », 2008.

DEAK (Istvan), *Assimilation and Nationalism in East Central Europe during the Last Century of Habsburg Rule*, Pittsburgh (Pa.), University of Pittsburgh, 1983.

DELOITTE, *Top 500 Companies in Central and East Europe*, Prague, Deloitte Central Europe, 2008.

DELPEUCH (Jean-Luc), *Post-communisme, l'Europe au défi. Chronique praguoise de la réforme économique au cœur d'une Europe en crise*, Paris, L'Harmattan, 1994.

DENNISON (Rusinow), « Ethnic Politics in the Habsburg Monarchy and Successor States : Three Answers to the National Question », dans Richard L. Rudolph et David F. Good (eds), *Nationalism and Empire*, New York (N. Y.), St. Martin's Press, 1992.

DEUTSCHE BANK RESEARCH, « Russland gewinnt durch Auslandsinvestitionen », *Aktuelle Themen*, 425, 3 juillet 2008.

DOBRE (Ana Maria), « Europeanization and New Patterns of Multi-Level Governance in Romania », *Southeast European and Black Sea Studies*, 10 (1), mars 2010.

DREVET (Jean-François), *Histoire de la politique régionale de l'Union européenne*, Paris, Belin, 2008.

DUPUY (Gabriel) et GENEAU DE LAMARLIÈRE (Isabelle), *Nouvelles Échelles des firmes et des réseaux*, Paris, L'Harmattan, 2007.

DURAN (Patrice), *Penser l'action publique*, Paris, LGDJ, 2010.

DURANTON (Gilles) *et al.*, *Les Pôles de compétitivité : que peut-on en attendre ?*, Paris, Éditions ENS-Rue d'Ulm, 2008.

ENRIGHT (Michael), « The Globalisation of Competition and the Localisation of Competitive Advantage : Policies towards Regional Clustering », dans Neil Hood et Stephen Young (eds), *The Globalization of Multinational Enterprise Activity and Economic Development*, Basingstoke, Palgrave-Macmillan, 2000.

ENYEDI (György) et SZIRMAI (Victoria), *Budapest, A Central European Capital*, Londres, Belhaven Press, 1992.

EÖTVÖS (József), « A nemzetiségi kérdés », dans Báró Eötvös József, *Összes Munkái*, vol. 16, Budapest, Révai Testvérek, 1902-1903.

ERDÖSI (Ferenc), « *Global and Regional Roles of the Russian Transport Infrastructures* », *Discussion Papers*, 69, Pécs, Center for Regional Studies of Hungarian Academy of Sciences, 2008.

ERNST & YOUNG, *Reinventing European Growth. Ernst & Young's 2009 European Attractiveness Survey*, Ernst & Young, 2009.

EUROPE INNOVA, *2006 Innobarometer on Cluster's Role in Facilitating Innovation in Europe. Analytical Report*, Bruxelles, Europe Innova, 2006.

EUROSTAT, *Statistiques communautaires de l'innovation*, Bruxelles, Eurostat, coll. « Statistiques en bref », 2007.

EUROSTAT, *Les Entreprises sous contrôle étranger dans l'UE*, Bruxelles, Eurostat, coll. « Statistiques en bref », 2008a.

EUROSTAT, *The Main Features of the EU Manufacturing Industry*, Bruxelles, Eurostat, coll. « Statistics in focus », 2008b.

FIDRMUC (Jan) et GËRXHANI (Klarita), *Formation of Social Capital in Eastern Europe : Explaining the Gap vis-à-vis Developped*

Countries, Berlin, German Institute for Economic Research, mars 2004.

FLORIDA (Richard), « Toward the Learning Region », *Futures*, 27 (5), 2000.

FOUCHER (Michel), *L'Obsession des frontières*, Paris, Perrin, 2007.

FOUCHER (Michel), *L'Europe et l'avenir du monde*, Paris, Odile Jacob, 2009.

FRENCH (Richard A.) et HAMILTON (Ian F. E.) (eds), *The Socialist City : Spatial Structure and Urban Policy*, New York (N. Y.), John Wiley and Sons, 1979.

FRIGANT (Vincent) et LAYAN (Jean-Bernard), « Substitution ou complémentarité, quel est le statut de l'Europe de l'Est pour les équipementiers automobiles ? », document pour l'atelier *Les Trajectoires de délocalisation : état des lieux et perspectives*, Bordeaux, MSHA, 2007.

FUCHS (Martina), « Borders and the Internationalisation of Knowledge : Two Examples from the Automobile Components Supply Sector in Poland », dans Gerrit Van Vilsteren et Egbert Wever (eds), *Borders and Economic Behaviour in Europe*, Assen, Van Gorcum, 2005.

FUJITA (Masahisa), KRUGMAN (Paul) et VENABLES (Anthony J.), *The Spatial Economy : Cities, Regions, and International Trade*, Cambridge (Mass.), The MIT Press, 1999.

FUKUYAMA (Francis), *Trust : The Social Virtues and the Creation of Prosperity*, New York (N. Y.), Free Press, 1996.

GAFFARD (Jean-Luc), *Économie industrielle de l'innovation*, Paris, Dalloz, 1992.

GERTLER (Meric S.), « Implementing Advanced Manufacturing Technologies in Mature Industrial Regions : Towards a Social Model of Technology Production », *Regional Studies*, 27 (7), 1993.

GERTLER (Meric S.), « “Being There” : Proximity, Organization, and Culture in the Development and Adoption of Advanced Manufacturing Technologies », *Economic Geography*, 71 (1), 1995.

GOOD (David F.), *The Economic Rise of the Habsburg Empire, 1740-1914*, Berkeley (Calif.), University of California Press, 1984.

GOOD (David F.) et MA (Tongshu), « The Economic Growth of Central and Eastern Europe in Comparative Perspective, 1870-1989 », *European Review of Economic History*, 3 (2), 1999.

GÖRG (Holger) et STROBL (Eric), « “Footloose” Multinational ? », *The Manchester School*, 71 (1), janvier 2003.

GÖTZ (Roland), « Pipelinepolitik. Wege für Russlands Erdöl und Erdgas », *Osteuropa*, 54 (9-10), septembre-octobre 2004.

GRABHER (Gernot), *Lob der Verschwendung. Redundanz in der Regionalentwicklung : ein sozioökonisches Plädoyer*, Berlin, Sigma, 1994.

GRANOVETTER (Mark S.), « Economic Action and Social Structure : The Problem of Embeddedness », *The American Journal of Sociology*, 91 (3), 1985.

GROHT (Volker), *Warten auf den Boom. Direktinvestitionen in die osteuropäischen EU-Beitrittsländer : Wunschdenken und Fakten*, Berlin, Sigma, 2005.

GROSZ (Andras), *Intellectual Capital Report for Pannon Automotive Cluster (PANAC)*, rapport rédigé dans le cadre de Ricarda (Regional Intellectual Capital Reporting Development and Application of a Methodology for European Regions), Győr, West Pannon Regional Development Agency-Pannon Automotive Cluster Division, 2006.

GUELLEC (Dominique) et RALLE (Pierre), *Les Nouvelles Théories de la croissance*, Paris, La Découverte, 2003.

HÄGERSTRAND (Torsten), « What about People in Regional Science ? », *Papers in Regional Science*, 24 (1), 1970.

HANSEN (Sander), *Pipeline Politics : The Struggle for Control of the Eurasian Energy Resources*, La Haye, Clingendael International Energy Programme (CIEP), 2003.

HARRISON (Bennett), *Lean and Mean : The Changing Landscape of Corporate Power in the Age of Flexibility*, New York (N. Y.), Basic Books, 1994.

HENDERSON (J. Vernon), « The Size and Type of Cities », *The American Economic Review*, 64 (4), 1974.

HELLIWELL (John F.), « Economic Growth and Social Capital in Asia », *NBER Working Papers*, n° 5470, 1996.

HIGOUNET (Charles), *Les Allemands en Europe centrale et orientale au Moyen Âge*, Paris, Aubier, 1989.

HIRSCH-KREINSEN (Hartmut), JACOBSON (David) et ROBERTSON (Paul L.), « Low-tech Industries : Innovativeness and Development Perspectives. A Summary of a European Research Project », *Prometheus. Critical Studies in Innovation*, 24 (1), mars 2006.

HIRSCHMAN (Albert O.), *The Strategy for Economic Development*, New Haven (Conn.), Yale University Press, 1958.

HITCHINS (Keith), *The Romanians, 1774-1866*, Oxford, Oxford University Press, 1996.

HOMAN (Bálint) et SZEKFÜ (Gyula), *Magyar Tortenet (Histoire de la Hongrie)*, 5 vol., Budapest, Kiralyi Magyar Egyetemi Nyomda, 1935.

ICKES (Barry W.) et RYTERMAN (Randi), « From Enterprise to Firm : Notes for a Theory of the Enterprise in Transition », dans Robert W. Campbell et Andrzej Brzeski (eds), *The Transformation of Centrally Planned Economies*, Boulder (Colo.), Westview Press, 1993.

ISARD (Walter), *Location and Space Economy*, Cambridge (Mass.), The MIT Press, 1956.

JACQUIER (Claude), « Can Distressed Urban Areas Become Growth Poles ? », dans OCDE (ed.), *OECD Territorial Reviews. Competitive Cities in the Global Economy*, Paris, OCDE, 2006.

JAKLIC (Andreja) et SVETLICIC (Marjan), « Unknown Multinationals. The Case of Slovenia », communication, OECD Global Forum on International Investment VII, Paris, 27-28 mars 2008.

JANOS (Andrew C.), *The Politics of Backwardness in Hungary, 1825-1945*, Princeton (N. J.), Princeton University Press, 1982.

JAQUAND (Corinne), « Berlin, Varsovie, Moscou et l'idée métropolitaine 1910-1945 », dans Ewa Bérard et Corinne Jaquand (dir.), *Architectures au-delà du mur : Berlin, Varsovie, Moscou, 1989-2009*, Paris, Picard, 2009.

JAVORCIK (Beata Smarzynska), « Does Foreign Direct Investment Incrase the Productivity of Domestic Firms ? In Search of Spillovers through backward Linkages », *The American Economic Review*, 94 (3), 2004.

JENKS (Leland Hamilton), *The Migration of British Capital to 1875*, New York (N. Y.), Alfred A. Knopf, 1927.

JEZIERSKI (Andrzej), *Handel Zagraniczny Królestwa Polskiego, 1815-1914*, Varsovie, Państwowe Wydawn-Naukowe, 1967.

JOHNSON (Björn) et LUNDVALL (Bengt-Ake), « The Learning Economy », *Journal of Industry Studies*, 1 (2), 1994.

KANN (Robert A.), *The Multinational Empire*, 2 vol., New York (N. Y.), Columbia University Press, 1950.

KANTOR (Jan) et KUKLINSKI (Anton), « Struktura przestrzenna przemyslu na obszarze Polski w latach 1946-1956 », *Inwestycje i Budownictwo*, 7, 1958.

KARASKA (Gerald J.), « Manufacturing Linkages in the Philadelphia Economy : Some Evidence of External Agglomeration Forces », *Geographical Analysis*, 1, 1969.

KETELS (Christian) et SÖLVELL (Örjan), *Clusters in the EU-10 New Member Countries*, Bruxelles, Commission européenne, 2006.

KEYDER (Caglar) et TABAK (Faruk) (eds), *Landholding and Commercial Agriculture in the Middle East*, Albany (N. Y.), State University of New York Press, 1991.

KINKEL (Steffen) et MALOCA (Spomenka), « Produktionsverlagerung und Rückverlagerung in Zeiten der Krise », *Modernisierung des Produktion*, 47, décembre 2009.

KINNUNEN (Jussi), « Multilevel Governance. The Dynamics of EU Cohesion Policy. The Structural Funds as Vector of Change in Finland », *occasional paper*, 3.4-09.04, University of Helsinki, Centre for European Studies, 2004.

KLÍMA (Arnošt), *Industry and Society in Bohemia in the 17th-19th Centuries*, Prague, Université Charles, 1991.

KNACK (Stephen) et KEEFER (Philip), « Does Social Capital Have an Economic Payoff ? A Cross-Country Investigation », *Quarterly Journal of Economics*, 112 (4), novembre 1997.

KORNAI (Janos) et ROSE-ACKERMAN (Susan) (eds), *Building a Trustworthy State in Post-Socialist Transition*, Basingstoke, Palgrave-Macmillan, 2004.

KOSTROWICKA (Irena), LANDAU (Zbigniew) et TOMASZEWSKI (Jerzy), *Historia gospodarcza XIX i XX Wieku*, Varsovie, Książka i Wiedza, 1984.

KRUGMAN (Paul), *Geography and Trade*, Cambridge (Mass.), The MIT Press, 1991a.

KRUGMAN (Paul), « Increasing Returns and Economic Geography », *Journal of Political Economy*, 99 (3), 1991b.

KRUGMAN (Paul), *Development, Geography and Economic Theory*, Cambridge (Mass.), The MIT Press, 1997.

KRUGMAN (Paul) et ELIZONDO (Livas), « Trade Policy and the Third World Metropolis », *Journal of Development Economics*, 49 (1), 1996.

KUZNETS (Simon), « Population and Economic Growth », *Proceedings of the American Philosophical Society*, 111 (3), 1967.

LADRECH (Robert), « The Europeanization of Domestic Politics and Institutions : The Case of France », *Journal of Common Market Studies*, 32 (1), 1994.

LANSON (Gordon H.), « North American Economic Integration and Industry Location », *Oxford Review of Economic Policy*, 14 (2), 1998.

LAUE (Theodore H. von), *The Global City : Freedom, Power, and Necessity in the Age of World Revolutions*, Philadelphie (Pa.), Lippincott, 1969.

LAWSON (Clive) et LORENZ (Edward), « Collective Learning, Tacit Knowledge and Regional Innovative Capacity », *Regional Studies*, 33 (4), 1999.

LAZONICK (William), *Business Organization and the Myth of the Market Economy*, Cambridge, Cambridge University Press, 1991.

LAZONICK (William), *Industry Clusters versus Global Webs*, New York (N. Y.), Columbia University, Department of Economics, 1992.

LEE (Roger) et WILLS (Jane) (eds), *Geographies of Economies*, Londres, Arnold, 1997.

LEPART (Jacques) et MARTY (Pascal), « Le réseau Natura 2000. Vers une gestion intégrative de l'espace rural européen », *Géocarrefour*, 84 (3), 2009.

LEPESANT (Gilles), « Géographie de la crise en Europe centrale », *Les Études du CERI*, 159, décembre 2009.

LIAGOURAS (George), « What Can We Learn from the Failures of Technology and Innovation Policies in the European Periphery ? », *European Urban and Regional Studies*, février 2010.

LINDEN (Greg), « Building Production Networks in Central Europe : The Case of Electronics Industry », *working paper*, 126, Berkeley

(Calif.), University of California, Berkeley Roundtable on the International Economy (BRIE), juillet 1998.

LOCATELLI (Catherine), « Russie : les embarras de la richesse », *Sociétal*, 42, 4e trimestre 2003.

LÖSCH (August), *The Economics of Location*, New Haven (Conn.), Yale University Press, 1954.

LUNDVALL (Bengt-Ake), *National Systems of Innovation : Towards a Theory of Innovation and Interactive Learning*, Londres, Pinter, 1992.

LUNDVALL (Bengt-Ake), « The Learning Economy : Challenges to Econocmic Theory and Policy », communication à la conférence de l'European Association for Evolutionary Political Economy (EAEPE), *Challenges to Institutional and Evolutionary Economic Theory : Growth, Uncertainty and Change*, Copenhague, octobre 1994.

LUNDVALL (Bengt-Ake), JOHNSON (Björn), ANDERSEN (Esben Sloth) et DALUM (Bent), « National Systems of Production, Innovation and Competence Building », *Research Policy*, 31 (2), 2002.

MAGNIN (Éric), « Concurrence fiscale et modèle social dans l'Europe élargie, Convergence ou désunion européenne ? », *Revue d'études comparatives Est-Ouest*, 40 (2), 2009.

MAIER (Charles S.), « Empire, Républiques : la vision urbaine à l'épreuve de l'histoire », dans Eve Blau et Monika Platzer (dir.), *L'Idée de la grande ville. L'architecture moderne d'Europe centrale, 1890-1937*, Munich, Prestel, 2000.

MAILLAT (Denis) et KEBIR (Leila), « *Learning region* et systèmes territoriaux de production », dans Roberto Camagni et Denis Maillat (dir.), *Milieux innovateurs. Théorie et politiques*, Paris, Economica, 2006.

MALISZ (Bolesław), *Lokalizacja Przemyslu*, Varsovie, PAN, 1962.

MANPOWER, *Talent Shortage Survey*, Milwaukee (Wis.), Manpower, 2008.

MARGUERAT (Philippe), « Les investissements français dans le Bassin danubien durant l'entre-deux-guerres : pour une nouvelle interprétation », *Revue historique*, 629, janvier 2004.

MARKUSEN (Ann), « Stick Places in Slippery Spaces : A Tiology of Industrial Districts », *Economic Geography*, 72 (3), 1996.

MARSHALL (Alfred), *Industry and Trade. A Study of Industrial Technique and Business Organization and Their Influences on the Conditions of Various Classes and Nations*, Basingstoke, Macmillan, 1927.

MARTIN (Philippe), « Convergences des richesses, cumul des handicaps : les effets de la mondialisation sur les territoires », *Esprit*, 335, juin 2007.

MARTIN (Ron) et SUNLEY (Peter), « Paul Krugman's Geographical Economics and its Implications for Regional Development Theory : A Critical Assessment », *Economic Geography*, 72 (3), juillet 1996.

MARTONNE (Emmanuel de), *Europe centrale*, dans Lucien Gallois et Paul Vidal de La Blache (dir.), *Géographie universelle*, tome IV, première partie : « Généralités – Allemagne », Paris, Armand Colin, 1930.

MASKELL (Peter) et MALMBERG (Anders), « The Competitivness of Firms and Regions : "Ubiquitification" and the Importance of Localized Learning », *European Urban and Regional Studies*, 6 (1), 1999.

MASSEY (Doreen), *Space, Place and Gender*, Minneapolis (Minn.), University of Minnesota Press, 1994.

MATEJU (Petr), « Social Capital : Problems of its Conceptualisation and Measurement in Transforming Societies », document pour l'OECD-ONS Conference on Social Capital Measurement, Londres, 26-27 septembre 2002.

MAUREL (Marie-Claude) et HALAMSKA (Maria), *Démocratie et gouvernement local dans la Pologne rurale*, Paris, CNRS éditions, 2006.

MAUREL (Marie-Claude) et LACQUEMENT (Guillaume), *Agriculture et ruralité en Europe centrale*, Paris, Aux lieux d'être, 2007.

MAYER (Arno J.), *La Persistance de l'Ancien Régime. L'Europe de 1848 à la Grande Guerre*, Paris, Flammarion, 1990.

MEINECKE (Friedrich), *Weltbürgertum und Nationalstaat : Studien zur Genesis des deutschen Nationalstaates*, Munich, Oldenbourg, 1908.

MENDELS (Franklin F.), « Proto-industrialization : The First Phase of the Industrialization Process », *The Journal of Economic History*, 32 (1), 1972.

MILE (Iboyla), « The Central European Free Trade Agreement : A Step Towards EU Membership or Genuine Cooperation ? », disponible sur www.apfpress.com, accès 2010.

MIŁOSZ (Czesław), *Native Realm : A Search for Self-Identification*, Berkeley (Calif.), University of California Press, 1981.

MINISTÈRE TCHÈQUE DE L'INDUSTRIE ET DU COMMERCE, *Panorama of the Czech Industry 2000*, Prague, 2001.

MINISTÈRE TCHÈQUE DE L'INDUSTRIE ET DU COMMERCE, *Panorama of the Czech Industry 2006*, Prague, 2007.

MLCOCH (Lubomír), *Uvahy o ceské ekonomické transformaci*, Prague, Vyėhrad, 2000.

MOULAERT (Frank) et MEHMOOD (Abid), « Analyser le développement régional. De l'innovation territoriale à la géographie de "dépendance" du sentier », *Géographie, économie, société*, 10, février 2008.

MÜLLER (Bernhard), MAROS (Finka) et LINTZ (Gerd) (eds), *Rise and Decline of Industry in Central and Eastern Europe. A Comparative Study of Cities and Regions in Eleven Countries*, Berlin,

Springer, coll. « Central and Eastern European Development Studies (CEEDES) Series », 2005.

MÜLLER (Friedemann), « Protokoll einer Krise. Russland, Kyoto und die Klimapolitik », *Osteuropa*, 54 (9-10), septembre-octobre 2004.

MUSYCK (Bernard) et REID (Alasdair), « Innovation and Regional Development : Do European Structural Funds Make a Difference ? », *European Planning Studies*, 15 (7), août 2007.

MYKHENKO (Vlad), « Ukraine's Diverging Space-Economy : The Orange Revolution, Post-Soviet Development Models and Regional Trajectories European », *Urban and Regional Studies*, 17 (2), 2010.

MYRDAL (Gunnar), *Economic Theory and Underdeveloped Regions*, Londres, Duckworth, 1957.

NUSSBAUMER (Jacques), *Le Rôle de la culture et des institutions dans les débats sur le développement local : la contribution de l'École historique allemande*, thèse de doctorat en sciences économiques, Lille, Université Lille 1, 2002.

OCDE, *World Energy Outlook*, Paris, Agence internationale de l'énergie-OCDE, 2004.

OCDE, *Business Clusters. Promoting Enterprise in Central and Eastern Europe*, Paris, OCDE, 2005.

OCDE, *OCDE Reviews of Regional Innovation, Globalisation and Regional Economies*, Paris, OCDE, 2008.

OFFICE CENTRAL POLONAIS DE STATISTIQUES, *Foreign Trade Turnover in Total and by Countries*, Varsovie, Office central polonais de statistiques, janvier 2010.

PACH (Zsigmond Pál), *Hungary and the European Economy in Early Modern Times*, Aldershot, Varorium, 1994.

PAIIZ, *Trendbook Poland 2010*, Varsovie, PAIIZ (Agence polonaise de l'information et des investissements étrangers), 2010.

PAVLINEK (Petr), *A Successful Transformation ? Restructuring of the Czech Automobile Industry*, Heidelberg, Physica Verlag, 2008.

PECQUEUR (Bernard), « De l'exténuation à la sublimation : la notion de territoire est-elle encore utile ? », *Géographie, économie, société*, 11, janvier 2009.

PECQUEUR (Bernard) et TERNAUX (Patrick), « Editorial : Mondialisation, restructuration et gouvernance territoriale », *Géographie, économie, société*, 7, avril 2005.

PECQUEUR (Bernard) et ZIMMERMANN (Jean-Benoît) (dir.), *Économie de proximités*, Paris, Hermès-Lavoisier, 2004.

PERRON (Catherine), « Une régionalisation sous étroite surveillance, l'exemple tchèque d'une régionalisation sans régionalisme », *Revue d'études comparatives Est-Ouest*, 40 (2), 2009.

PERROUX (François), *L'Économie du XXe siècle*, Paris, PUF, 1961.

PERROUX (François), *A New Concept of Development : Basic Tenets*, Londres, Croom Helm, 1983.

PERROUX (François), « The Pole of Development's New Place in a General Theory of Economic Activity », dans Benjamin Higgins et Donald J. Savoie (eds), *Regional Economic Development : Essays in Honour of François Perroux*, Boston (Mass.), Unwin Hyman, 1988.

PERROUX (François), *L'Europe sans rivages* [1951], Grenoble, Presses universitaires de Grenoble, 1990.

PERUGINI (Cristiano) et SIGNORELLI (Marcello), « Employment Convergence and Performance in the European Countries and Regions », *European Journal of Comparative Economics*, 1 (2), 2004.

PETROSJAN (Jurij A.), « Die Ideen der Europäisierung in den sozialpolitischen Leben des osmanischen Reiches in der Neuzeit (Ende des 18. – Anfang des 20. Jahrhunderts) », *Bulletin de l'Association internationale d'études du Sud-Est européen*, 19-23, 1993.

PIORE (Michael J.) et SABEL (Charles F.), *The Second Industrial Divide*, New York (N. Y.), Basic Book, 1984.

PONSARD (Claude), *Économie et Espace. Essai d'intégration du facteur spatial dans l'analyse économique*, Paris, SEDES, 1955.

PONTIEUX (Sophie), *Que faire du «* social capital *» ?*, Paris, INSEE, « Les documents de travail », n° F0306, septembre 2003.

PORTER (Michael), *L'Avantage concurrentiel : comment devancer ses concurrents et maintenir son avance*, Paris, InterEditions, 1986.

PORTER (Michael), « Locations, Clusters and Company Strategy », dans Gordon L. Clark, Maryann Feldman et Meric Gentler (eds), *The Oxford Handbook of Economic Geography*, Oxford, Oxford University Press, 2000.

PORTES (Alejandro) et LANDOLT (Patricia), « Downside of Social Capital », *The American Prospect*, 26, mai-juin 1996.

POUNDS (Norman J. G.), « The Industrial Geography of Modern Poland », *Economic Geography*, 36 (3), juillet 1960.

PRED (Allan R.), « The Interurban Transmission of Growth in Advanced Economies : Empirical Findings versus Regional-planning Assumptions », *Regional Studies*, 10, 1976.

PUMAIN (Denise), participation au débat : « Nouvelle économie géographique et géographie : quel dialogue ? », *L'Espace géographique*, 36 (3), mars 2007.

PUTNAM (Robert D.), *Making Democracy Work : Civic Traditions in Modern Italy*, Princeton (N. J.), Princeton University Press, 1993.

RABELLOTTI (Roberta), « Is there an Industrial District Model ? Footwear Districts in Italy and Mexico Compared », *World Development*, 23 (1), 1995.

RADAELLI (Claudio M.), « Whither Europeanization ? Concept Stretching and Substantive Change », *European Integration Online Papers*, 4 (8), 2000.

RAINELLI (Michel), *Le Commerce international*, Paris, La Découverte, 2003.

RAISER (Martin), HAERFER (Christian), NOWOTNY (Thomas) et WALLACE (Claire), « Social Capital in Transition : A First Look at Evidence », *EBRD Working Paper*, 61, 2001.

RANKE (Leopold von), *Geschichte der germanischen Völker. Fürsten und Völker – Die Geschichte der romanischen und germanischen Völker von 1494-1514*, Berlin, Emil Vollmer Verlag, 1824.

REDDING (Stephen), STURM (Daniel M.) et WOLF (Nikolaus), « History and Industry Location : Evidence From German Airports », *CEP Discussion Paper*, 809, 2007.

RICHTER (Sandor), « Europe centrale : la transition économique », *Politique étrangère*, 3, 2009.

RODRIGUEZ-POSE (Andrés), « Do Institutions Matter for Regional Development ? », *Working Papers Series in Economics and Social Sciences*, Madrid, IMDEA, février 2010.

RODRIK (Dani), SUBRAMANIAN (Arwind) et TREBBI (Francesco), « Institutions Rule : The Primacy of Institutions over Geography and Integration in Economic Development », *Journal of Economic Growth*, 9 (2), 2004.

ROMER (Paul), « Increasing Returns and Long Run Growth », *Journal of Political Economy*, octobre 1986.

ROSENFELD (Stuart A.), *A Governor's Guide to Cluster-based Economic Development*, Washington (D. C.), National Governors Association, 2002.

ROSENTHAL (Stuart A.) et STRANGE (William C.), « Evidence on the Nature and Sources of Agglomeration Economies », dans J. Vernon Henderson et Jacques-François Thisse (eds), *Handbook of Urban and Regional Economics*, vol. 4, Amsterdam, Elsevier, 2004.

RUANE (Frances), « Foreign Direct Investment in Ireland », *Lancaster University Management School Working Paper*, 5, 2003.

RUDOLPH (Richard L.) et GOOD (David F.) (eds), *Nationalism and Empire. The Habsburg Monarchy and the Soviet Union*, New York (N. Y.), St. Martin's Press, 1992.

RUGRAFF (Éric), « Foreign Direct Investment (FDI) and Supplier-Oriented Upgrading in the Czech Motor Vehicle Industry », *Regional Studies*, 44 (5), 2010.

SABIRIANOVA (Peter), SVEJNAR (Jan) et TERRELL (Katherine), « Foreign Investment, Corporate Ownership and Development : Are Firms in Emerging Markets Catching up to World Standard ? », *William Davidson Institute Working Paper*, 734, 2005.

SACHWALD (Frédérique) et CHASSAGNEUX (Edwige), « Les facteurs de localisation des centres de R&D à l'étranger : le cas de l'Europe », *Économie et Société*, 41 (5), 2007.

SAINT-ÉTIENNE (Christian), *Mobiliser les territoires pour une croissance harmonieuse. Rapport au Président de la République*, Paris, La Documentation française, 2009.

SASSE (Gwendolyn), « The "New" Ukraine : A State of Regions », *Regional and Federal Studies*, 11 (3), 2001.

SAUVANT (Karl), « New Sources of FDI : The BRICs. Outward FDI from Brazil, Russia, India and China », *The Journal of World Investment & Trade*, 6 (5), octobre 2005.

SCHMOLLER (Gustav), *Principes d'économie politique*, Paris, Giard et Brière, 1905.

SCHULZE (Max-Stephan) et WOLF (Nikolaus), « On the Origins of Border Effects : Insights from the Habsburg Empire », *CSGR Working Paper Series*, 231, 2008.

SCOTT (Allen J.), *Regions and the World Economy : The Coming Shape of Global Production, Competition and Political Order*, Oxford, Oxford University Press, 1998.

SETON-WATSON (Robert W.), *A History of the Roumanians from Roman Times to the Completion of Unity*, Cambridge, Cambridge University Press, 1934.

SHUCKSMITH (Mark), THOMSON (Kenneth J.) et ROBERTS (Deborah) (eds), *The Cap And the Regions : The Territorial Impact of Common Agricultural Policy*, Oxford, Oxford University Press, 2005.

SIOUTI (Vassiliki), « Lack of Money, Research Stops », *Kyriakatiki Eleftherotypia*, 4 avril 2004.

ŠKODA AUTO, *Annual Report 2005*, Mladá Boleslav, Škoda Auto, 2006.

SKOLKOVO, « Russian Multinationals Bullish on Foreign Markets », *Release of the SKOLKOVO–CPII 2007 Ranking of Multinational Enterprises by the Moscow School of Management and The Columbia Program on International Investment*, Moscou, Skolkovo, décembre 2007.

SPULBER (Daniel F.), *Global Competitive Strategy*, Cambridge, Cambridge University Press, 2007.

STAHL (Henri), *Traditional Romanian Village Communities*, Cambridge, Cambridge University Press, 1980.

STATISTISCHE BUNDESAMT, *Engagement deutscher Unternehmen im Ausland*, Berlin, 2010.

STEINHERR (Alfred), « Welche Reformen der EU erzwingt die Osterweiterung ? », *Schriften des Vereins für Socialpolitik*, 274, 2000.

STIGLITZ (Joseph E.), SEN (Armatya) et FITOUSSI (Jean-Paul), *Rapport de la Commission sur la mesure des performances économiques et du progrès social*, Paris, La Documentation française, 2009.

STORPER (Michael), « Regional "Worlds" of Production : Learning and Innovation in the Technology Districts of France, Italy and the USA », *Regional Studies*, 27 (5), 1993.

STORPER (Michael), « The Resurgence of Regional Economies, Ten Years Later : The Region as a Nexus of Untraded Interdependencies », *European Urban and Regional Studies*, 2 (3), 1995.

STORPER (Michael), *The Regional World : Territorial Development in a Global Economy*, Londres, Guildford Press, 1997.

STORPER (Michael) et SCOTT (Allen J.), « The Geographical Foundations and Social Regulation of Flexible Production Complexes », dans Jennifer Wolch et Michael Dear (eds), *The Power of Geography*, Londres, Allen and Unwin, 1988.

STORPER (Michael) et VENABLES (Anthony J.), « Buzz : The Economic Force of the City », intervention à l'Université d'été de Danish Research Unit for Industrial Dynamics (DRUID), *Industrial Dynamics of the New and Old Economy. Who Is Embracing whom ?*, Copenhague, DRUID, 2002.

SUGAR (Peter), « Continuity and Change in Eastern European Authoritarianism : Autocraty, Fascism and Communism », *East European Quarterly*, 18 (1), 1984.

SURDEJ (Aleksander), « Time Horizons and the Institutional Underpinnings of Local Development », dans Paul Blokker et Bruno Dallago (eds), *Regional Diversity and Local Development in the New Member States*, Basingstoke, Palgrave-Macmillan, 2010.

SZANYI (Miklós), « Relationship of Structural Change and Competitiveness in Hungarian Manufacturing, 1998-2003 », *working paper*, n° 170, Budapest, Institute for World Economics of the Hungarian Academy of Sciences, août 2006.

SZLAJFER (Henryk) (ed.), *Economic Nationalism in East-Central Europe and South America : 1918-1939*, Paris, Librairie Droz, 1990.

SZÖRFI (B.), « Development and Regional Disparities. Testing the Williamson Curve Hypothesis in the European Union », *Focus on European Economic Integration*, 2, 2007.

SZÚCS (Jenó), *Les Trois Europes*, Paris, L'Harmattan, coll. « Domaines danubiens », 1985.

SZYMONIUK (Barbara), « Klastry wiejskie na Lubelszyznie », document de travail, Lublin, Université de technologie de Lublin, 2002.

TELESIS, *Review of Industrial Policy*, Dublin, Stationery Office, 1982.

THOMAS (Morgan T.), « Some Explanatory Concepts in Regional Science », *Papers in Regional Science. Journal of the Regional Science Association International*, 39 (1), 1977.

THÜNEN (Johann Heinrich von), *Der isolierte Staat in Beziehung auf Landwirtschaft und Nationalökonomie*, Hambourg, Perthes, 1826.

TODOROVA (Maria), *Imagining the Balkans*, Oxford, Oxford University Press, 1997.

TÖDTLING (Franz) et KAUFMANN (Alexander), « Science-Industry Interaction in the Process of Innovation : The Importance of Boundary-Crossing between Systems », *Research Policy*, 30 (5), 2001.

TÖDTLING (Franz) et TRIPPL (Michaela), « One Size Fits All ? Towards a Differentiated Regional Innovation Policy Approach », *Research Policy*, 34 (8), 2005.

TOPOLSKI (Jerzy), *The Manorial Economy in Early-Modern East-Central Europe*, Aldershot, Varorium, 1994.

TOYOTA PEUGEOT CITROEN AUTOMOBILE (TPCA), *Annual Report*, 2006.

TURNOCK (David), *The Economy of East Central Europe 1815-1989 : Stages of Transformation in a Peripheral Region*, Londres, Routledge, 2006.

UHLÍŘ (David), « Regional versus National Development : What Sort of Policy for the New Czech Regions ? », dans Dusan Drbohlav, Jan Kalvoda et Vít Voženílek (eds), *Czech Geography at The Dawn of the New Millenium*, Olomouc, Czech Geographic Society and Palacký University in Olomouc, 2004.

UZZI (Brian), « The Sources and Consequences of Embedness for the Economic Performance of Organizations : The Network Effect », *Americain Sociological Review*, 61 (4), 1996.

VAN DEN BERG (Leo), BRAUN (Erik) et VAN WINDEN (Willem), « Growth Clusters in European Cities : An Integral Approach », *Urban Studies*, 38 (185), 2001.

VAN ZON (Hans), « The Mismanaged Integration of Zaporizhzhya with the World Economy : Implications for Regional Development in Peripheral Regions », *Regional Studies*, 32 (7), octobre 1998.

VELTZ (Pierre), *Des lieux et des liens. Le territoire français à l'heure de la mondialisation*, La Tour-d'Aigues, Éditions de l'Aube, 1992.

VELTZ (Pierre), *Mondialisation, villes et territoires*, Paris, PUF, 1996.

VELTZ (Pierre), « Territoires innovateurs : de quelle innovation parle-t-on ? », *Revue d'économie régionale et urbaine*, 3, 1999.

VELTZ (Pierre), *La Grande Transition. La France dans le monde qui vient*, Paris, Seuil, 2008.

WALLERSTEIN (Immanuel), *The Modern World-System*, New York (N. Y.), Academic Press, 1974.

WALTER-ROGG (Melanie) et MARTIN (Sojer), « Metropolitan Governance Reform in Germany », discours pour la conférence *Governance and Spatial Discontinuities : Reterritorialization or a New Polarization of Metropolitan Spaces ?*, Montréal, INRS-Urbanisation, 24-25 avril 2006.

WESTPHAL (Kirsten), « Handlungsbedarf. Die Energiepolitik der Europäischen Union », *Osteuropa*, 54 (9-10), septembre-octobre 2004.

WILLIAMS (Allan) et BALAZ (Vladimir), « International Petty Trading : Changing Practices in Trans-Carpathian Ukraine », *International Journal of Urban and Regional Research*, 26 (2), 2002.

WILLIAMSON (Jeffrey G.), « Regional Inequality and the Process of National Development », dans Lionel Needleman (ed.),

Economic, Development and Cultural Change, Londres, Penguin, 1965.

WILSON (Andrew), *Ukrainian Nationalism in the 1990s : A Minority Faith*, Cambridge, Cambridge University Press, 1997.

ZERNATTO (Guido), « L'Autriche et l'Europe centrale », *Politique étrangère*, 5 (1), années 1940.

ZIMMER (Kirstin), « The Old Industrial Region Paradigm Re-visited : Donetsk Oblast' (Ukraine) throughout the 1990s », présentation à la conférence internationale de la Regional Studies Association, *Reinventing Regions in a Global Economy*, Pise, avril 2003.

Index thématique

IMPRIM'VERT®

Achevé d'imprimer par Corlet, Imprimeur, S.A.
14110 Condé-sur-Noireau
N° d'Imprimeur : 133530 - Dépôt légal : décembre 2010
Imprimé en France